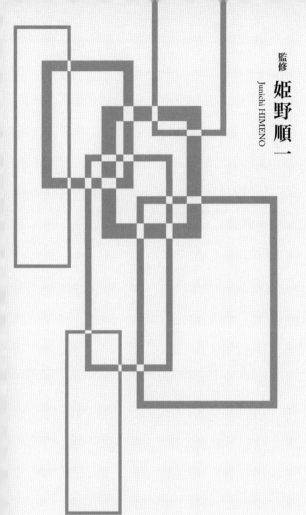

監修
姫野順一
Junichi HIMENO

資料に見る
長崎英学史 —— 日本における英学と英語教育の発祥

History of English Studies

Origin of English Studies
and its Education in Japan

新長崎学研究叢書 | 1
Series of New Nagasaki Studies

序　文

　本書は、英語発祥地長崎において切り開かれた日本の英語教育160年を記念し、長崎における英学・英語学・英語教育の歴史を史資料により長崎英学史として検証する試みです。

　安政5年(1858)7月、立山の岩原目付屋敷で開設された英語伝習所で始まる英語伝習は、我が国英語教育の始まりでした。その100周年に当たる昭和33年(1958)、長崎外国語短期大学の青山武雄学長は、長崎の有力者に働きかけて長崎英語教育百年史刊行委員会を組織し、翌年『長崎における英語教育百年史』を記念出版いたしました。これは長崎における英(洋)学研究の第一人者古賀十二郎先生の先行研究を発展させる内容でした。青山学長は、外国語大学の使命として英学史研究の重要性を自覚されていました。それから60年の令和元年(2019)は英語教育発祥から160周年となります。この間、昭和20年(1945)に創設された外国語大学は、平成12年(2000)から4年制大学として発展し、英(米)学研究は語学、英学、英学者、英語教授法の分野で研究教育の進展をみせています。

　本書は、今では入手困難となった古賀先生の長崎における英学研究の古典と、我が校が取り組んだ英学教育百年記念の著述を、解題と書誌的論考を加えて復刻し、「長崎英学史」として刊行するものです。

　英学は、本学の建学の精神に深く関係しています。キリスト者青山学長は、明治17年(1884)に創立されたYMCAの活動を引き継ぎ、原爆復興の渦

1

中にあった長崎で、UNESCOが発足した1カ月後の昭和20年(1945)12月1日、長崎外国語学校を発足させました。除隊して帰郷し、絶望で虚脱状態にあった青年に再建日本の担い手となることを教育する。その中核が英語教習会や婦人の英会話講座といった英語教育でした。

　その後外国語専門学校としてYMCA会館(本大工町)を校舎とし、泉町から横尾に移転して4年制大学となり、今年で学校創設75周年、また4年制大学が創立されて20周年を迎えます。建学の精神はキリスト教主義であり、外国語教育を基礎とする国際文化と国際教養の涵養と、国際的な人格形成および世界平和を教育理念としています。

　平成28年(2016)、創立70周年を記念して新長崎学研究センターが創設されました。ミッションはこの建学の精神を磨き、教育理念の具体的な内容を研究することです。この度設立5年目を迎え、シリーズ「新長崎学研究叢書」の出版を企画いたしました。本書はその第1集となる「資料に見る長崎英学史」です。年1回の刊行を計画しています。今後共皆様の格段のご支援とご協力を賜りたく、何とぞよろしくお願い申し上げます。

　なお、本学の歴史の詳細につきましては、BOOK1末に附した長崎学院長崎外国語大学沿革をご参照ください。

　　令和2年(2020)3月31日

　　　　　　　　　　　　　　　　長崎学院長崎外国語大学
　　　　　　　　　　　　　　　　新長崎学研究センター長

　　　　　　　　　　　　　　　　　姫　野　順　一

目　次
Contents

BOOK3　長崎英学に関する資料

装丁デザイン　納富　司デザイン事務所

長崎英学の開拓

Development of English Studies in Nagasaki

BOOK

1

解　題
『長崎における英語教育百年史』注1
　英語教育発祥百年記念事業委員会

姫野　順一

1. 出版の経緯と執筆者について

　昭和34年(1959)に、長崎外国語大学が中心となって刊行された本書は、英語教育発祥地長崎における「英語教育百年」の歴史を市民的な行事として顕彰しようとするものであった。それより百年前の安政5年(1858)、日本における最初の英語学校となる長崎英語伝習所が創設された。このとき長崎県市の教育委員会とアジア財団ホール博士から支援を受けて、英語教育発祥百年記念事業委員会が結成され、顕彰事業が企画された。長崎大学長を退任したばかりの古屋野宏平が委員長に就任し、小松直行、佐々木梅三郎、青山武雄の3人が副委員長に選任されて、式典、記念講演会、資料展示会および英語伝習所の記念碑建立が実施され、本記念誌が刊行された。図書刊行事業の委員長は青山武雄長崎外国語短期大学長であった。

　青山は、1947年に創設された外国語短大の10周年で本大工町から住吉(現泉町)に校地を移転し、法人名を学校法人長崎学院に改称して理事長に就任する。このとき青山は英語発祥地長崎に設置された外国語学校として、長崎の英語教育百年の歴史を顕彰する責務を自覚していた。

　青山が、安政5年(1858)の英語伝習所の創設をもって日本の英語教育の発祥と主張するのには理由があった。江戸の洋学所は安政4年(1857)に蕃書調所と改称され、西周助(周)、津田真一郎(真道)等が確かに英語を教え始めたが、この主たる科目は蘭学であった。江戸における本格的な英語教授は万延元年(1860)から始まる。また文化5年(1808)のフェートン号事件をきっかけとした奉行所の長崎の蘭通詞への英語学習の命は、英語履修の命でありであり英語教育の始まりではなかった。その前の本木良永による英

語への接近は研究の段階に過ぎなかった。

英語伝習所址の石碑(現在は長崎歴史文化博物館の裏庭に移転)

　安政5年(1858)に長崎で日本の英語教育が始まった背景には、鎖国期に長崎がオランダに開かれた開港場であり、幕末にはオランダ以外の英米が鎖国の門戸を開くため接近してきていたという開港の危機が存在した。長崎では、オランダ人教師を招いていち早く実践的な海軍伝習所が開始された。ここで英・仏・露語の教習が始まり、安政5年に至り英語教育に特化した英語伝習所が開設されたわけである。この学校はその後英語所、洋学所、済美館と名を変えて、維新後の広運館へと引き継がれる。開港直後長崎にやってきたオランダ改革派教会の宣教師フルベッキは、洋学所、済美館および佐賀の英語学校である致遠館の英語・英学の教師であった。青山はフルベッキについて「長崎英語教育史、日本教育史の上に輝く人であり、逸することのできない人」と紹介している。

　本書の執筆は、長崎東高等学校および西高等学校の社会科歴史教諭であった林潤一と奥村孝享両氏に委嘱された。奥村は自著の随想・論文・翻訳をまとめた著書『歴史学への道』のなかで、本書の執筆分担について「林氏は(第一部として)明治までの歴史、私は"教授法"の回顧として第二部を担当して書いた」と書き残している。林には「長崎会所の成立」(『藝林』15(3・4), 132-150, 1964-08 藝林会)の歴史論文がある。いずれも英語の教師ではなく社会科の歴史研究者であった。奥村はその後ウェスレヤン大学に職を転じている。執筆者は執筆にあたり古賀十二郎の『徳川時代に於ける長崎の英語研究』(九州書房昭和22年)に多くを依拠しており、本の装幀も古賀の著書を模しているほどである。

2. 第一部長崎における英学の誕生：英語教育の発祥地長崎

　林潤一が執筆した第一部は、長崎における英学の誕生を論じるものである。内容は本書の表題である「長崎の英語教育史」に焦点が当てられている。長崎の英学が英語教育発祥地となるのは、長崎が日本の西南の端にあり、蘭英米人と直接交渉する場であったからである。そこで第一部は平戸英商館の商館長リチャード・コックスと水先案内人ウィリアム・アダムスから説きおこされる。文化5年（1809）の奉行所による蘭通詞への英会話および英文解読の要請は、英船フェートン号の強制入港をきっかけとする対外応接の実践に備えるためであった。その場合の英語教師は、英語を解する出島のオランダ人商館長のヤン・コック・ブロンホフであった。このとき英語語彙の理解には、蘭英・蘭仏辞書や蘭文による英語文法書が読み解かれた。また漢文を得意とする日本人にとって、英人モリソンが上海で出版した『華英英華辞書』が便利であった。第一部では古賀を援用しながら、相次いで来航した英米船の船員からの直接英語学習が紹介されている。なかでも密航して長崎に護送されたアメリカ人ラナルド・マクドナルドの通詞たちへの囚獄での英語教習は、身振り手振りを通じたネイティブ・スピーカーからの英語の直接伝授として重要であった。長崎では蘭通詞のみならず唐通事も英語習得に参入した。英語教師は、米船でやってきたマクゴワンや米商人ウォルシュ、米聖公会牧師のリギンスやウィリアムス、オランダ改革派教会牧師のフルベッキなどであった。文久元年（1861）、唐通事が崇福寺で開設した訳家学校は、長崎の中国系英語学校として興味深い。長崎における英語教育の伝統は、文献を通じた解読に加えて、のちに正則教授法と呼ばれることになるネイティブからの直接教育が特徴であった。

　第一部で特筆されるのは、海軍伝習所から自立してできた日本最初の英語教育の学校である英語伝習所の成立の紹介と、フルベッキの教授法の称揚である。幕府の目付屋敷であった岩原屋敷で開所された英語伝習所の英語教育は、江戸の開成所のように文献により翻訳・解読を試みるものではなく、蘭人ウィツヘルス、デ・フォーゲル、英人フレッチェルといったネイティブ・

スピーカーから直接英語を学ぶことであった。英文法のテキストについては、オランダ人パイルが蘭語で著した『蘭英対訳辞書』が、安政4年（1857）に奉行所西役所で早くも印刷復刻され、テキストして用いられた。長崎で隆盛した蘭学は、英学への転換を促進する媒体であった。

　中国語経由の英語学校であった訳家学校に目を向けてみると、英語伝習所が英語稽古所または英語所に改称され、唐通詞の何礼之助と平井義十郎が学頭に任命された時点でこれに吸収されたようである。この英語所の外国人教師がフルベッキであった。フルベッキは語学所から新町の済美館に発展する奉行所の英学校と、佐賀藩が長崎に開設した致遠館で英語と英学を教えた。聖書を会読したバイブル・クラスは自宅で行われた。学校では英語を通じて欧米の思想や技術、政治経済の仕組みを教授した。林も指摘するように、英語伝習所から済美館に至る長崎の英語学校は基礎学科を取り入れて門戸を蘭通詞以外に開放し、自由貿易に備えて英・仏・露・独語を教授する近代的な学校であった。ここから維新の原動力となる多くの人材が輩出された。そこにはフルベッキら外国人教師によるプロテスタントの影響を受けたオランダ＝アメリカ流のリベラルアーツ教育の反映がみられた。

3.　第二部英語教授法回顧：正則教授法の受容

　奥村孝享が執筆した第二部は、英語教授法の歴史に特化し、外国人から直接学習できた長崎の英語教育の実践的な性格を明らかにしている。具体的なモノに即し、身振り手まねで言葉を覚えさせ、実践を通じて英語を教習させるという伝統は長崎から始まった。このような直接教授法の優れた教師としてフルベッキの名前が挙げられる。フルベッキ自身も、初めて訪れた日本の長崎で、具体的なモノに触れ、会話を通じて新しく日本語を発見するという日本語の直接理解者であった。彼は直接知る方法で新規の構文を知ることを喜びとしていた。この直接英語教授法はフルベッキの後継者であるオランダ改革教会のヘンリー・スタウトにも受け継がれている。奥村によれば、スタウトの教育法は授業中一言も日本語を話すことを許さない、英語で

英語を教える方法であったという。現代のイマージョン英語教授法である。

　奥村は、維新後慶應義塾をはじめ東京の英学塾が漢文教育の伝統をひく会読中心の変則教授法であったのに対し、長崎で開校された柴田昌吉の英語学舎は、外国人との応接通信を教える正則教授法であったことを指摘する。ここで日本における正則英語教授法の流れについての整理も興味深い。日本は変則教授法が一般的となったが、東京では高等師範の岡倉由三郎、外国語学校の神田乃武、東京大学の外山正一らが正則教授法の普及者であり、大正期にロンドン大学から文部省に招聘されたハロルド・イ・パーマーの文部省における教則本により正則教授法が全国的に普及したという。奥村によれば、日本における英語正則教授法の先覚者パーマーは、長崎のYMCAの招きに応じて袋町にあった青年会館で九州の第一声を放ったという。YMCAも正則教授法を重視していたわけである。この流れを汲む長崎学院外国語大学もその伝統を引き継いでいる。

　戦後この流れにあったミシガン大学のチャールズ・フリーズのオーラル・アプローチも跡づけられている。ここで紹介されている昭和34年段階における長崎県の英語教師が標準としていた英語の教授案が興味深い。戦後YMCA短大は長崎県下に半数以上の英語教師を輩出した時代もあった。その内容は、あいさつから始まり、復習について質問し、口頭で新素材を説明し、理解できたか質問し、読みの練習を加え、語法や文法上の要点を説明するという手順、つまり直接対話型の正則教授法なのである。奥村は英語教育の共通理解として、福原麟太郎や岡倉に依拠しながら、英語学習の目的すなわち表現方法の喚起、興味の覚醒、外国知識の付与、外国人の感情理解と興味の刺激という教育法を指摘する。これは今も長崎外国語大学にも引き継がれている英語教授法の伝統なのである。

注1　2017年に江利川春雄監修・解題で刊行された『英語教育史重要文献集成』全10巻は、日本における英語教育史上の重要な文献の復刻に解題を付した重要な出版物である。本書は第5巻英語教育史研究の第三文献として復刻紹介されている。本書は解題で、長崎学の学統を引き継ぐものであり、原爆復興を果たす青山および長崎外国語大学のキリスト教精神と国際的な視野を持った人材育成の熱意の現れと述べ、その意義を「長崎

を中心とした日本の英語教育史を平易に記述した通史として、英語教育史研究史におい
て類書にない価値を有している」と評価している。

凡例

1. 以下は『長崎における英語教育百年史』長崎英語教育百年史刊行委員会（青山武雄委員長）の完全復刻版である。
2. 原本は縦書きであるが、現代風に読み易く横書き仕上げとした。
3. 漢数字は算用数字に改めた。
4. 読み易くするために原本にはない小見出しを補った。
5. 原注は【注】の印を付けた。
6. 書名には『　　』を補った。
7. 洋書名はイタリックとした。
8. 年の表記を和暦年（西暦）の表記に統一した。
9. 明らかな誤植は訂正した。
10. 執筆者名を補った。

> **復刻**

長崎における
英 語 教 育 百 年 史

英語教育発祥百年記念
事 業 委 員 会

目　　次

はしがき

　昭和33年（1958）8月は、我が国における英語学校の濫觴とも言うべき長崎英語伝習所の創立よりして、ちょうど100年目に当っている。

　すなわち安政5年（1858）旧7月、長崎奉行所内岩原屋敷に、日本における最初の英語学校たる長崎英語伝習所が発足したのである。

　あえて最初というのは、もとより江戸における蕃書調所を念頭においてのことである。

　周知のように、幕府は、外国文書翻訳を行う機関として、洋学所を蕃書調所と改めたが、諸外国との交渉が、日増に頻繁になるに及んで、語学の教授をも併せ行うことにし、安政4年頃より、西周助、津田真一郎らをして、英語を教授せしめている。しかし、蕃書調所における主たる教授科目は、依然として蘭学で、英語が本格的に教授されるようになったのは、万延元年（1860）以降であった。

　従って、長崎における英語伝習所は、これより以前に発足していること、当初から英語教育を目的としていたこと、従前外国語の履修は一定の通詞またはその家族に限られていたものを一般志願者にも解放したことなどによって、あえて日本最初の英語学校たる栄誉をになうものということができるのではなかろうか。

　長崎における通詞の英語研究は、文化5年（1808）にさかのぼることができる。

　かのフェートン号事件に驚愕した幕府は、通詞若干名に英語の履修を命じている。

　これより以前、宝暦11年（1761）頃、本木良永が、ひそかに英語研究を行ったことも有名である。

　そもそも日本人が英国船を初めて見たのは、永禄7年（1564）、五島に英国船が近づいた時であった。

　慶長5年（1600）来日、後徳川家康の家臣となったアダムス即ち三浦按針

については、よく人の知るところである。

　さて文化年間以後幾多の消長はあったが、通詞の英語学習は引きつづき行われていた。

　しかし幕末に至って、ペルリの来朝をきっかけに外国との交渉が繁くなり、在来の通詞のみではとうてい間に合わず、しかも有力な通詞の多くが江戸出向を命ぜられるということから、どうしても多量に通詞を養成する必要に迫られたことは、十分推察できる。

　しかし、長崎における英語学校設立についての長崎奉行川村対馬守の幕府との接衝（せっしょう）も実を結ばないまま、すでに安政2年（1855）に設立されていた海軍伝習所で、一般市民に広く志願者をつのり、英・仏・露の3カ国語が学習されることになった。

　その後海軍伝習所は江戸に移された。そして安政5年（1858）英語伝習所の発足となった。

　これについては、時の長崎奉行岡部駿河守、提案者であり熱心な世話役をつとめた奉行支配組頭永持享次郎の努力を忘れてはなるまい。校舎は永持享次郎の官舎であったのである。

　ちなみに永持享次郎は、もともと江戸から勝海舟らと共に海軍伝習生として長崎に派遣された人であったが、才幹抜群であるところから、海軍伝習生を免ぜられ、長崎奉行支配組頭として栄転していたのである。

　ここに発足した英語伝習所においては、海軍伝習所教官であった蘭将校ウイッヘルス、出島蘭館役員デ・ヴオーゲルなどが相ついで教師であったし、柴田昌吉なども世話役として任命されている。

　不幸にしてこの学校は、目まぐるしく変転する政治的事情や、奉行所内部事情などの影響を受けて、幾度かその名称、位置を変えている。英語稽古所・英語所・洋学所・済美館（せいび）がそれである。

　殊に済美館時代もっとも充実、諸藩よりも英才多くここに笈（きゅう）を負うて集った。これは当時の長崎奉行服部長門守の功績に負うところ大であるが、同時にフルベッキの如き名教師を迎えることができたことによる。

　フルベッキはもともと安政6年（1859）、長崎に来朝した新教宣教師であった

が、布教が公認されていなかったため、服部長門守の懇望(こんもう)によって洋学所の教師となったもので、すばらしい力量と人格で信望を集めた。岩倉具視、伊藤博文、井上馨、大隈重信、副島種臣などが出入したと伝えられるかれの今籠町の家塾とは、崇福寺内広徳庵であったのである。

フルベッキこそは、長崎英語教育史、日本教育史の上に輝く人であり、逸することのできない人であろう。

かれが長崎に滞在したのは10年に亘るが、不幸にして長崎時代の事蹟については不明なところが多い。フルベッキ伝の唯一の著書であるグリフィスのものでも、長崎時代のところは、抽象的で曖昧模糊(あいまいもこ)としている。筆者もこのことを遺憾(いかん)として数年来注意して来たが、幾分か明らかになしえたものもある。いつの日か機会を得て顕彰することができたなら、多少ともかれの志に報いることができようかと思っている。

さて済美館以後、明治5年(1872)学制改革により第五大学区第一番中学校、6年広運学校、10月立山旧県庁跡に移転、7年3月長崎外国語学校、翌年長崎英語学校、11年長崎中学校、16年長崎外国語学校、19年公立長崎商業学校を合併して長崎商業学校となり、ついに30年に近い歴史を閉じている。

この間長崎においてこれらの学校に学んだ人々として、西園寺公望、井上哲次郎、前島密、伊東巳代治、田川大吉郎、藤山雷太などを挙げることができよう。

昭和33年(1958)英語伝習所の記念すべき創立百年を迎えるに際し、有志のものが相集って英語教育発祥百年記念事業委員会を組織し、この意義ある事実を顕彰し、いくつかの記念事業を企画した。

委員会は委員長に古屋野宏平、副委員長に小松直行、佐々木梅三郎、青山武雄を選出、記念事業として、

㈠　記念式典並に記念講演　（昭和33年12月2日、長崎国際文化会館）
㈡　資料展示会　　　　　　（同　　　上）
㈢　記念碑建立　　　　　　（立山の元伝習所跡）

（四）　長崎英語教育百年史刊行

　この『長崎における英語教育百年史』は、右の記念事業の一つとして企画されたものであり、奥村孝亮、林潤一両氏に依嘱したものである。

　執筆依頼から締切りまでの時日が余りにも短く、御迷惑であったろうが、両氏共本書刊行の意義を深く認められ、状況の困難を克服して労作を完成していただいた。

　もとより特に長崎英語教育史の上では重要な役割を果したミッションスクールの歴史など、紙幅の都合もあって、割愛したこと二、三に止まらない。これは他日を期さねばならない。

　ただ願わくば、本書の出版を機縁として、今後この地における英語のみならず、他の外国語をも併せて、その教育史に関する研究が刺激され促進されることになるならばと念ずるのみである。

　最後に、本記念事業委員会に対し、絶大な援助を賜った県市教育委員会ならびにアジア財団ホール博士に対し、心から謝意を表す次第である。

　　昭和34年11月

　　　　　　　　　長崎英語教育百年史刊行委員会
　　　　　　　　　　委員長　青　山　武　雄

第一部　長崎における英学の誕生

奥村　孝亮

リーフデ号漂着から始まる英学前史

　我が国における英学の始めは、せいぜい遡っても200年を出ない。しかし鎖国以前の江戸幕府草創期にしばらくの期間ではあるが初めて英人に接したことを無視することはできない。

　オランダ船リーフデ号が豊後（大分県）の海岸に漂着したのは、慶長5年（1600）3月で、徳川の覇権が確立した関ケ原の戦の5カ月程前であった。この船に英人ウイリアム・アダムス（William Adams 1564-1620）が航海長として乗っていた。彼はオランダ人ヤン・ヨーステン（Jan Joosten 現在の東京八重洲に邸宅を貰い耶揚子と名のった）と共に家康に仕え、相模国三浦郡逸見村（神奈川県）に250石の領地を貰い三浦按針と称した。

　彼は最も家康の信頼を受け、外交顧問として活躍した。そして彼の要請によって英船は慶長18年（1613）に来航し、平戸に商館を設立した。初代商館長にはリチャード・コックス（Richard Cocks 1624歿）が就任し、我が国との貿易が始められた。オランダの貿易におくれること4年であり、貿易が行われたのは、元和9年（1623）オランダとの競争に敗れて日本を去るまでの11年間であった。

　この間、元和2年（1616）貿易を平戸、長崎に制限するまでは、京都、大坂、江戸、駿府（静岡）、堺、浦賀等に支店、代理店を有し大いに発展していた。従って貿易に当って英人は勿論日本語に通じようとしたであろうが、日本の商人も英語に習熟しようと努めたものと思う。しかしこの時代のことはよくわからない。

【注】ウィリアム・アダムスは母国語を忘れるほど日本語に習熟していたようである。

やがて17世紀前期に鎖国が行われて以来、長崎の港だけが外国交渉の唯一の窓となり、それも西欧諸国ではオランダのみが交易を許されることになった。曾っての諸外国との活発な貿易や文化交流は時と共に忘れ去られ、その後の西欧の事情や文明については、長崎のオランダ人を通じてわずかにうかがい知るに過ぎなかった。また西欧の科学の発達は東洋とは比較にならないほどすぐれた段階にあったが、禁書令(1630)より後は、キリスト教に関する記述を含んでいる漢籍や、一般の西洋科学の書物でも、マテオリッチなどの宣教師の著述は輸入を禁ぜられていたので、幕府中期まではこれらのすぐれた科学技術に接触する機会はほとんどなかった。

西欧の科学の発達に注目したのは、新井白石に始まる。彼はキリスト教布教の目的で我が国に潜入して来たイタリア人シドッチを取調べ、『采覧異言』や『西洋紀聞』(1709)を著わし、キリスト教の教義は不合理だが、科学はすぐれていることを認めた。

ついで8代将軍吉宗は、幕政強化策の一つとして殖産興業を奨励し、享保5年(1720)禁書令を緩めて漢訳科学書の輸入を計り、青木昆陽、野呂元丈らにオランダ語を学ばせた。これより後、昆陽(1744-1769)は5年の間甲比丹の江戸参府の折、通詞についてオランダの文字言語を筆録し、更に長崎に来て(1698)通詞本木良永、吉雄幸作、西善三郎について学んだ。

これまでは長崎の通詞は会話とごくありふれた読み書き以外に西欧の書物を読んで学術を研究することを禁ぜられていたが、この縁で昆陽があっせんして、通詞にもオランダの書物を学ぶことが許された。これから蘭学の学習が始まるのである。

前野良沢、杉田玄白らが西洋の医学に注目して、ターフェル・アナトミアを翻訳して『解体新書』を著わしたのは安永3年(1774)のことであり、その苦心はあまねく世に知られており、『蘭学事始』に記されている。

18世紀末になり、北辺にロシア人が現われ始め、また西に英仏の東洋侵略の形勢が伝えられるようになると、工藤平助は『赤蝦夷風説考』を著わし、林子平が『海国兵談』を著わして(1791)、国防の急務であることを唱えた。この頃識者の間では外国勢力の南下や東進の形勢が憂えられ、海外事情

研究の必要が痛感されていたのである。

　さて長崎において幕府の命で正式に英語が学習され始めるのは、文化5年(1809)以降であるが、それより以前に蘭通詞本木良永(1735–1794)が出島のオランダ人から英書を借りて写し取っている。この事は良永の子、本木庄左衛門正栄(1767–1822)が『諳厄利亜興学小筌』の凡例に、家に伝わる古書を調べていたら、50年前に父が勉学の折に写してしまっていた数冊の本を発見した、この書物はオランダの学語を集めた書物で、片側にオランダ語、他方に英語を細字で書いたものである、よくよく考えてみるに、これは昔長崎にもたらされた奇書で、オランダ人はそれについて何も教えず、またその頃英語を知っている人もなかったが、借り受けてそのまま写し、原本はオランダ人に返したのであろうと記している。この序は文化8年(1818)のものであるから50年前といえば宝暦11年(1761)頃のことである。

【注】印度においてイギリスがフランスを打破って優位に立ったのは、プラッシーの戦である。これは1757年のことで、このことに刺激されて良永が英語に関心を向けたのではないかとも思われるが、新村博士はこれを英人の印度侵略の影響だとするのは少し早すぎるようだと言っている。

　19世紀に入りロシアとの関係がますますひんぱんになったが、たまたま文化4年(1807)に北辺に現われたロシア人が残して行った書面がフランス語であったところから、文化5年(1808)2月には、大通詞石橋助左衛門、同中山作三郎、同見習本木庄左衛門、小通詞今村金兵衛、同見習楢林彦四郎、馬田源十郎の6名が、甲比丹ヅウフの指導でフランス語を研究するよう命ぜられた。

フェートン号事件に驚いた幕府が英語学習を命じる

　しかるにその直後8月、オランダ国旗を掲げて長崎に不法入港した英船フェートン号が、オランダ商館を強迫して薪水食糧を補給して立去り、その

責任を感じた長崎奉行松平康英が自殺するという、いわゆるフェートン号事件がぽっ発した。驚いた幕府は今後の英船の渡来を予想して、10月長崎へ文書を下し、言葉が通じないために起る紛争をさけるため、通詞に英語を学ぶ事を命じ、同時にロシアとの関係から、ロシア語、満洲語を修業させることとした。そして11月町年寄高島四郎兵衛を語学修業監督として唐通事に満洲語を修業させ、翌文化6年(1809)2月には、大通詞本木庄左衛門、小通詞末席末永甚左衛門、小通詞格馬場為八郎、小通詞並西吉右衛門、同末席吉雄権之助(六次郎)、稽古通詞馬場佐十郎の6名にロシア語ならびに英語の稽古を命じた。

【注】重久篤太郎氏は鎖国以後オランダ語についで起った外国語はフランス語で、これは18世紀末のフランス革命やナポレオン戦争の影響であると言っているが、西欧に起った事件がすぐさま鎖国中の我が国に影響を及ぼしたかは疑問と思われる。
　　　フランス語はオランダ人によって学ぶことができたであろう。本木庄左衛門は早くからフランス語を研究して居り、吉雄権之助、楢林栄左衛門(彦四郎)の協力を得て、『払郎察辞範』を編修している。しかしロシア語の学習がどの程度行われたか疑問である。馬場佐十郎は文化5年(1808)江戸天文方で翻訳に努めていたが、この年の冬から江戸でロシア漂流から帰国した伊勢の幸太夫についてロシア語を学び、文化10年(1813)には我が国に捕えられていたロシア艦長ゴロウニンに学んでいる。ロシア語は長崎より北海道方面において必要であり、また長崎より江戸、北海道方面がロシア語学習の機会も多かったと思われる。

　つづいて文化6年(1809)6月に小通詞並岩瀬弥十郎、同末席吉雄権之助、8月には小通詞並中村得十郎、同石橋助十郎、同末席名村茂三郎、稽古通詞志筑龍助、同茂土岐次郎、同本木庄八郎が英語とロシア語を同時に学習するよう命ぜられ、同じ年の9月、本木庄左衛門、末永甚左衛門、馬場為八郎、岩瀬弥十郎、吉雄権之助、馬場佐十郎の6名が蛮学稽古世話役を命ぜられた。

そして10月に一同の者が相談して、蛮学は幼少より学ばなければ記憶が進まぬという理由で、年少の者も一緒に学習することになった。

これらの人々の教授に当る者としてはオランダ人のうち英語に習熟している者を任命することとなり、この年6月に渡来したヤン・コック・ブロムホフ（Jan Cock Blomhohh 1779～1853）が専ら英語教授に当った。彼は文化10年（1813）オランダ国旗を掲げた英船2隻が長崎に渡来し、蘭館引渡しを要求した事件で、英国側と交渉するためジャワ総督のもとに行き、文化14年（1817）再び長崎に来た。そして後任の甲比丹と交替して帰国したのは文政6年（1823）であった。

この間彼は英語を教授し、文化7年（1810）3月頃には16名の蘭通詞─大通詞から稽古通詞にいたる人数の過半数にあたる─が彼に学んでいる。

しかるに同年3月には、蛮学稽古はオランダ語がまだ十分できない者は、混同してかえって英蘭両語とも上達しないが、オランダ語を既に習得している者は英語の上達も早いという理由で、本木庄左衛門、馬場為八郎、末永甚左衛門がこれまでの通り英語学習の世話をし、岩瀬弥十郎、西吉右衛門、吉雄権之助、猪股伝次右衛門、馬場佐十郎の5名だけが英語の教授を受けることになり、町年寄高島四郎兵衛の役宅で大通詞石橋助左衛門、小通詞末席末永甚左衛門等が立ち合いの上で、右の者らに対して、オランダ人より直接に学び、かつ通詞部屋に稽古出勤簿を備えることが申し渡された。他の者は本業のオランダ語が上達した後、おいおい英語修業に加わることにするというのである。

ブロムホフの指導のもと和英辞書の編修にとりかかる

このようにして英語学習が始められたが、文化7年（1810）の12月には早くも『諳厄利亜言語和解』（『諳厄利亜常用語例』ともいう）の第1冊が吉雄権之助により作られ、翌文化8年（1811）閏2月には猪股伝次右衛門が第2冊を脱稿し、これに続いて第3冊を岩瀬弥十郎が奉行所に提出している。また本木庄左衛門も『諳厄利亜興学小筌』（内題は諳厄利亜国語和解となっている）10冊を

文化8年秋に奉行所に提出した。文化6年（1809）秋に本格的に学習を始めてわずかに1年で、その精励の様を想像できるであろう。

【注】言語和解』と『小箋』の間に共通の底本はなかったと思われると豊田博士は言っている。『小箋』の序文には本木良永の写本とブロムホフ所有の書物とを修業することになった、と記しているから、恐らく『小箋』は本木良永の書の訳述で、言語和解の方はブロムホフ所蔵の書の訳述であると考えてよいのではなかろうか。

　その後文化8年（1811）9月、奉行所では英和辞書編修を命じ、本木庄左衛門が主任となり、楢林栄左衛門、吉雄権之助、馬場為八郎等とヤン・コック・ブロムホフの指導のもとに編さんにとりかかり、文化11年（1814）夏6月にはこれを完成し「諳厄利亜語林大成」と題して奉行所に提出した。
　この語林大成の序の日附は文化9年（1812）壬申夏5月23日となっており、11年甲戌夏6月と附箋がついている。跋も初めには壬申季夏朔と記されている。そこで古賀十二郎氏は文化9年壬申夏5月下旬に書いておいた序の年月日の部分だけを、文化11年甲戌6月に全部完成した時に改めたものであろうと述べている。
　ところで、文化9年にはどの程度のものであったのであろうか。
　『語林大成』の序文には巻数及び内容の体裁が記してあり、また篇中記載する言語は天地万物、人事におよぶまで、おおよそ7000余言あると述べている。従って文化9年には右の通りの内容で15冊のものであったことがわかるのである。そして冊数は本木家由緒書の「同十一戌年右国語字引拾五冊相仕立差出」とある記事に一致し、語数は豊田博士の見た写本には約6000語が収められているとの事であるから、語数に多少食い違いがあるが、文化9年にはほとんど出来上っていたことになる。では文化9年から文化11年までは何をしたのであろうか。
　文化8年（1811）秋に編修の命をうけ、翌年夏までに15冊、7000余言を仕上げた早さに比べて、この2年間の仕事は校正としては長すぎるように思わ

れる。そこでいささか臆測がすぎるが、次のように解してよいのではないかと考える。

先ず『語林大成』の原本は何であったかということであるが、恐らく字書ではないと思う。字典の翻訳であれば、和解または訳述と記すはずであるし、また本木家由緒書には字引仕立とあるからである。そこで序を見てみると、諳厄利亜所有の言詞悉く纂集訳釈と記しているから、『語林大成』は当時の書物の中から単語を集めたものと考えられる。

すなわち、『小筌』、『言語和解』やその他彼らが見聞し得た限りの英書（良永の書とブロムホフ所持の本2、3冊程度と思う）から単語を集め分類したものではなかろうか。そして文化9年夏には拾集分類を終ったので序文が書かれ、その時の予定ではその後「裘と葛を経て」つまり1年後にはその訳を完成することになっていたが、蘭書やフランス語書を参考に用いて復訳再訂し、更に邦語に改める仕事は思ったより困難で、2カ年を費したものと考える。本書の単語に訳を欠いたものがあるが、これは右の推論を助けるものと言えるのではなかろうか。

なお長崎本の署名は本木正栄、馬場貞歴、末永祥守、吉雄永保、楢林高美の5名となっている。

『諳厄利亜語林大成』の凡例は、簡単な文法を記したものである。これについては、エンゲルシュ・シュプラーククンストやその他の英文法書を使用したのであろうとの説があるが、『語林大成』の題言の品詞名が『訂正蘭語九品集』と一致するのでこの書が参照されたことは疑いない。

【注】エンゲルシュ・シュプラーククンスト（Engelsch Spraakkunst）は近藤正斉（1771～1829）の好書故事に『諳又利亜国文則』と見えて居り、オランダの英語教師レーマンの著書で、1805年にアムステルダムで出版されている。

『訂正蘭語九品集』は『和蘭品詞考』（志筑忠雄編）の追補である『蘭語九品集』を馬場佐十郎が文化11年に補訂したものである。

『諳厄利亜語林大成』には、長崎本、水戸彰考館本、大槻本の3種がある。

水戸彰孝館本は『諳厄利亜語林大成』に若干の補遺を加え、その外に『諳厄

利亜輿学小筌』の重要な部分を加えたものである。

水戸彰孝館に蔵されている『諳厄利亜辞書』15巻は文政8年(1825)の写本であるが、これについて新村博士、勝俣教授、豊田博士は何れも『語林大成』と同じものと思うと述べている。

以上のように文化5年(1808)に英語学習を開始してから、わずか10年位の間に次々と成果をあげたが、これ以後しばらくの間長崎においては空白時代がつづくのである。

文政11年(1828)に吉雄権之助が英人モリソンの『華英英華辞書』を翻訳しているが、これは英語と蘭語をおきかえて訳した蘭語辞書であった。

蘭通詞の学習法で耳と口で幼時から学ぶ

英語学習開始の頃の目的は小筌に「不虞に備る一大の要務にして、説話言談通釈も自在なるべし。」とあるように、英国人の渡来に備えてその応対交渉、持参した文書の訳解に習熟することにあって、国家の役に立てようという熱意のもとに行われたものであり、とくに会話のできることを目指していた。

『諳厄利亜言語和解』が内題を「諳厄利亜常用語例」といい、『興学小筌』の序に「此編は諳厄利亜国字音釈呼法より業を発して、言談問答に至る。」とあり、また『語林大成』の跋に「譚話問答文書訳解の際に巻を開けば了然として一義一音の詳悉ならざることなからん事を要す。」と記されていることにもそれが示されている。

この頃は西洋事情や学術研究の熱意が盛んになって行く時期であるが、蘭学自体が甚だ未熟であったことを思えば英語による学術研究は考えられず、また英書もほとんど我が国にもたらされていなかったと思われる。

『諳厄利亜辞書』の徳川斎修の序文には、更に明白に当時の英語学習の目的が示されているので次に記すことにしよう。

「此のふみはいかなる文ぞ、いぎりすてふ国の文字に和蘭陀の解をつけて、

かの国にてもはら行ふふみなり、ちかきころ、長崎にあなる吉雄権之助永保なる
もの蘭語の通辞にて侍りしが、いぎりすのことばもかたはらまなび得にけり。かれ
門人の学びやすからむために、蘭語を国語にかへてもろこしの文字にあててつ
くり出たれば、ことにいと見やすくこそなりぬ。ある日蘆沢惣兵衛元昇かの永保
が従弟なる吉雄忠次郎宜（宜も蘭語の通辞いとめでたく、人にこえてかずかずのくにの辞
に及びぬ。癸未の夏、江戸に召て外蕃天文の書訳を承りぬ。丙戌の夏、事終りて長崎に帰る）
のひめをきたりしを、ひそかにかり得て、もておこせぬ。あれもめでたうおぼえて、
此本を宜井門人某をしてうつさしめ、漢字にて谷佐之衛門忠明に筆とらせ侍る
に、日ならずしてその功を終にけり。宜元昇にかたりけるは、このふみ無用の齗
に似たれども、いぬる甲申の夏、しろしめる国の大津の浜に彼国の人来泊せし
に、おほやけの御命をもてあつかりつかさどれる人々、やつがれのごときもいそぎ
つどひゆきて、こと国の人にこと葉かはし、その届をかなえ、ことなく放ち帰しぬ。

かかることあまたたびにおよびなば、やつがれの如きもそのおりおりにゆき侍ら
むはよからず。またゆゆしきつはものおびただしうまもらせ給ふも、かへりて国のた
めあしかりなむ。

かやうの時は、この文もて、ゆびさしてこと人にしめし、こと人も此ふみもてその
届のみをかよはしめば、をのづからその心をもはやうしり、つはものをうごかすこと
もなく、民もやすかるべうこそといふに、げにもかくあるべきなり。さはいへど、つか
さつかさの人もてあつかふときは、くにのためとなり、ねぢけびとのもてあつかふ
時は、国のみだれとやならんとて、巻の末にしるしをき、いくさつかさにあたへて、
弓のふくろつるぎのさやとともに、ひめをかしめ侍るとしかいふ。」（文政8年＝1825）

さてこのような目的で必要に迫られて始められた英語の学習は、はじめの
頃は全く見当もつかず、しかも早急に成果をあげねばいつまた事が起るかも
知れぬこととて、焦慮したことであろう。しかし幸いにも6月中頃甲比丹の次の
役としてブロムホフが渡来し、英語の教授を担当するにいたって、ようやく学
習が具体的になった。

蘭通詞は耳と口によって、少年の頃から家業として習い、オランダ語に習
熟するようになったらしいが、会話を目的とする英語の学習も、先ず簡単なこ

とを話すこと、会話の丸暗記から始められたと思う。

「ブロムホフの理想とする所は、幼若の者に英語を教え込むことであり、正則的教授を行う積りであったろう」と古賀氏も言っているが、恐らくそうであったろう。

そして幼少の頃から学ばなければ記憶がうまく行かぬとの事で、文化6年(1823)の10月からは年少の者にも学ばせることとなったのである。

しかし年長の者も、若年の者も同席であり、ことに年少者はオランダ語と混同し易く、年長の者は記憶が十分でなく、学習はなかなか進まなかったであろう。

先に述べたように本木庄左衛門が先人本木良永の写蔵した英書を発見したのはこの頃のことである。

彼はこの書を手にし非常な驚きと喜びをもって、ブロムホフに教わりながら読み始めた。蘭語を読み得る者にとっては、文字や書物を通じて英語を学ぶことの方が、より容易であったに相違ない。

そこで正栄の発見した書物とブロムホフの有する英書を学ぶという方法が、英語学習の方法として採用されるに至った。したがって本業のオランダ語と混同しがちな若年の者を先ず除外し、更にオランダ語に通じ、蘭書を読みうる者のみに限ることになり、前述の人々が任命を受けたのであろうと考えられる。

かくて前述の如く文化7年(1824)12月から翌年にかけて、『諳厄利亜言語和解』、『諳厄利亜興学小筌』の完成を見た。

英船サマランチ号渡来で学習中断を反省

さて弘化2年(1845)7月佐嘉藩神島に英船サマラン号が停泊した。長崎からオランダ小通詞末席堀達之助、本木昌造、中山兵馬、楢林栄七郎、稽古通詞志筑辰一郎、岩瀬弥四郎や通詞森山栄之助(多吉郎)らの若手通詞もかけつけたが、彼等のうち誰一人英語のわかる者はなかった。結局サマラン号の乗組員の中に広東人が居たので、唐大通事頴川四郎八、小通事

游龍彦十郎などが通訳にあたり、また蘭語を少々知っていた英人砲手に大通詞楢林鉄之助がたずねて、ようやく船名、渡来の目的、要求の件などがわかった次第だった。

この事件は文化5年（1808）から約40年後のことである。文化年中に英語を学んだ通詞らはことごとく亡くなっていた。

すなわち、本木庄左衛門は文政5年（1822）に、吉雄権之助は天保2年（1831）、末永甚左衛問は天保6年（1835）、楢林栄左衛門は天保8年（1837）、馬場為八郎は天保9年（1838）に歿していた。しかも彼等に続いて英語を学習する者はなかったと見える。

英学衰退の理由としては次のようなことが考えられる。

一つは初めの英語学習の目的が、外船渡来に備えて主に会話に習熟することにあったことで、文化5年（1808）以後余り長崎に英船の渡来がなく、英語を実地に用いる機会のなかったためであろう。そしてフェートン号事件から遠去かるに従って英学の衰退を招くに至ったのではないかということである。

今一つの理由としては、文化時代の英語学習が、書物の読解から始まり、蘭書の読める者を選んでいたことである。

文政6年（1823）シーボルトが来朝して医学やその他の科学を教授するようになると、蘭通詞の中で外国書読破に志あるすぐれた者が彼について学ぶようになった。そしてその多くが英語学習者であった。やがて彼らのうちの幾人かが、幕府天文方高橋作左衛門景保がシーボルトの所持するナポレオン戦争記と日本地図を交換して幕府の処罰にあった、いわゆるシーボルト事件に連坐した。

すなわち馬場為八郎は天保元年（1830）江戸の牢獄に投ぜられ、後に出羽国由利郡亀田へ護送されて天保9年（1838）ここに歿し、末永甚左衛門は役追放となり、吉雄忠次郎も連坐した。これらの人々は英学の先達であり、同じくシーボルトに学んだ吉雄、楢林らは幸い事件に関係しなかったが、おそらくひっそくをやむなくされたであろう。

この事は英語学習にも影響し、ついには後を継ぐ者が絶えたのであろう。そこへ弘化2年（1845）のサマラン号渡来となったのである。

江戸の英学は馬場佐十郎、足立左内から

　ここで筆を転じて、江戸における英学を眺めてみよう。

　19世紀ともなると、江戸方面の近海に英船が出没し、文政元年(1818)5月に英船ブラザース号が江戸で貿易をするつもりで浦賀沖に来た。この時蘭通詞馬場佐十郎と天文方手伝足立左内(1769-1845)が出張し、交渉に当っている。この時の船長ゴルドン(Captain Peter Gordon)の手記には、

　「この度における我等の滞津の第四日目に、予は二人の訳官の来訪を受けて満足した。一人は蘭語に熟達し、今一人は幾らかロシア語を心得ていた。また彼等は両人とも少し英語を話すことができた。しかしすべて彼等の交渉は蘭語をもって行われた。」とあって、馬場、足立の両人が少々は英語を知っていたらしいが、余り自信はなかった様子がうかがわれる。

　古賀氏は馬場佐十郎は文化5年(1808)から文政5年(1822)まで江戸に居たから、長崎の英語学習に関係ない、多分蘭英英蘭辞書の助けによって学び、長崎の通詞が江戸に来た時に色々不審をただして勉強したのであろうと言っているが、まことに長崎と同時に江戸においても英語の学習が始められていたのである。

　この時ゴルドンが『漢訳新約聖書』2部をもたらしたことに注目しておきたい。

　文政5年に英国捕鯨船サラセン号が江戸湾に入港した時にも、馬場、足立両人が交渉に当り、薪水食糧を与えて浦賀から立去らせている。この時名はわからぬが何人かが、英語の単語45種を採集しており、これが諳厄利亜語の大概と題して『甲子夜話』に収録してある。

　ついで文政7年(1824)5月には英国捕鯨船2隻から武装した乗組員10数名が、常陸国大津港に上陸したので江戸から足立左内と蘭小通詞吉雄忠次郎が交渉に来た。

　先にあげた『諳厄利亜辞書』を水戸藩が写させたのは、この事件に刺激されたためである。そして彰考館蔵の語林大成もこの頃のものであろう。

　また珍らしいことに京都大学図書館には、やはりこの頃のものと推定されている、『忽児部土語諳厄利亜集成』という日蘭英対訳の会話本がある。こ

れは英船と応対した時に行われたらしい会話の問のみを記載し、後に来船した英船等に渡したらしい諭告の写しと、その英蘭文がついている。本文には英語の発音がかたかなで書いているが、これに限らず長崎でできたものもオランダ語流の発音である。

　以上のように江戸方面では、長崎よりやや後まで英船との交渉があり、英語に関する書物が作られている。そして天保元年（1830）には英人モリソンの『華英英華辞書』を江戸天文台に備えつけた。また天保薪水令で外国船打払令を緩めた結果であろう、天保11年（1840）に天文方見習渋川六蔵敬直が藤井三郎質の協力によって、我が国最初の英文法書『英文鑑』の写本を幕府に献上した。

　藤井質は加賀藩医の子で、弘化4年（1847）には『英文範』を著わして英書の読法を示したが、未完成のうちに嘉永元年に歿した。

　英文鑑は米国の文法家ディンドレイ・モレー（Dindley Murray）の著書の蘭訳書を重訳したもの。

　英文範は今日所在不明であるがどこかにきっと残っていることと思う。

　さて長崎において英語研究がほとんど中絶したのに対し、江戸では断続的にも行われていたことは前述の通りだがそれは会話を任務とする長崎と異なり、江戸の天文台ではひるがえやく翻訳を主としていたためであろうと考える。

　天文台では文化末年（1817）から、天保年間にかけて宇多川玄真、杉田成卿、大槻玄幹、宇多川榕庵、小関三英、箕作玩甫等の一般洋学者も採用して、専ら西洋学術書の研究を始めているが、これらは殆んど蘭書の翻訳であった。

　英書の翻訳が継続的に行われたかどうかは不明だが、天保元年（1830）にモリソンの『華英英華辞書』を天文台に備えつけたことなどから、英語への関心の高かった事が知られる。

　前述のゴルドンは次の如く記している。

　「なお予は、新聞紙及び欧洲政情に関する出版物ならびに少数の地図や地理に関する書物を彼等に残す事は、予に愉快を与うるであろうと述べ

た。それは彼等が此等の問題に関して知識を得ることを特に切望しており、かつ其の上に彼等がつねに船上に携えて来る蘭英字書の助けによって、英書を了解することができるのを観看したからである。」と。

　彼等とは言うまでもなく、足立、馬場の2氏である。この頃江戸には長崎の通詞が来ていて語学上の事に当った。蕃書和解御用の和解御用方であった馬場佐十郎が文政5年（1822）に歿した後に、吉雄忠次郎（1787-1833）が江戸に来ている。この傾向は後の世も同様である。

ラナルド・マクドナルドが長崎で教えたこと

　サマラン号の渡来や、さらには阿片戦争の報らせなどによって、幕府は英国の勢力を身近に感じ取り、ここに再び英語学習の事が取り上げられるに至った。

　弘化3年（1846）には日本開港の目的で浦賀に来た米提督ビッドルの差出した文書を長崎の通詞で天文台勤務の品川梅次郎外2名が和訳している。これは英文を一度蘭文に直し、再び和文に翻訳したものである。なお参考に浦賀から差出した堀達之助の和解が添えてある。

　これらのことはサマラン号来航の翌年のことで、『蘭英英蘭辞書』などに頼って、オランダ語を通して英文を読むことができるまでになったことがわかる。

　ついで嘉永元年（1848）に米人ラナルド・マクドナルド（Ranald Macdonald 1824〜1894）が漂流を装って北海道に来た。彼の目的は日本語を学び、江戸に出て英国か米国かが通商を開くため来航した時に、通訳として用いられることであった。しかし捕えられてこの年の晩秋には長崎に送られ西山郷に宿泊所を与えられることとなったのである。森山栄之助は蘭語辞書と首っ引きで彼を尋問し、後には森山の外に10数名の通詞が毎日のように来て、辞書に頼りながら、マクドナルドの必要とする品をきいたという。やがて彼は蘭通詞10数名に英語を教えることになった。

　この通詞らについては彼の自伝中にローマ字綴りで記されているが、それ

は、西与一郎、植村作七郎、森山栄之助、西慶太郎、小川慶十郎、塩谷種三郎、中山兵馬、猪俣伝之助、志筑辰一郎、岩瀬弥四郎、稲部禎次郎、茂鷹之助、名村栄之助、本木昌左衛門、であった。

伝記によると彼はひとりひとりに英書を読ませて発言を正し、聞き覚えた邦語に英語を交えて、文字や章句の意味を説明した。通詞たちはLを発音する時に、Rの音を出し、また日本人の発音の癖として、子音の発音にiかoの音が終りに加えられ、また母音については何の困難もなく全く円満な声で発音し、語尾のeやoeさえ発音すると驚いている。また皆熱心で文法の心得があり、驚く程上達が早かった。とくに森山栄之助は会話が上手であり、常に会話の際に蘭英々蘭対訳辞書を持っていたという。

嘉永2年(1849)3月下旬、米艦プレブル号が、先に漂流して長崎に幽閉されていた米国人14名の受取りに来た時は、「アメリカ語心得の通詞」として森山栄之助が応対した。マクドナルドはこの時帰国した。

後に森山栄之助は堀達之助と共に、ペリーの来航に当り、通訳として活躍している。

嘉永3年(1850)9月には町年寄福田猶之進、高島作衛が、唐通事並びにオランダ通詞中の若年者の満洲語、ロシア語、英語の勉学や、言語和解取締掛を命ぜられた。満洲語は唐通事に、ロシア語、英語はオランダ通詞に学ばせたことは文化年中と同様である。

同年9月にはオランダ大通詞西吉兵衛、小通詞森山栄之助、唐方立合大通事平野繁十郎、小通事鄭幹輔、頴川藤三郎などが世話掛となった。そして在留甲比丹、オランダ人中に英語を心得ている者があれば、通詞と相談するようにとのことが、高島、福田両町年寄を通じて甲比丹に申し渡されている。

翌嘉永4年(1851)8月初め、オランダ船ヨアン号が長崎に来た。この船の船長コーニング(C.T. Van Assendelft de Coningh)は僅かの滞在ではあったが、その間に2人の通詞に英語を教えた。

「森山栄之助は無遠慮であったが聡明だった」

「通詞たちのうちで、最も無遠慮な者は森山栄之助であった。彼以外かくの如く無遠慮な者には逢うた事がない。なお彼は最も聡明なる通詞中の1人であった。彼は甚だ良きオランダ語を話し、英語を少しく了解した。そして他の知識においても同僚よりすぐれていた。」とその著「日本における私の書簡（Mijn Verblijf in Japan）」に記して居り、彼等がその頃少しではあるが英語を解したことが知られる。

嘉永4年（1851）8月から、安政元年（1858）にかけて、『エゲレス語辞書和解』（English en Japaned Woodenbock）が7部まで脱稿した。その序によると、これはホルトロップの著わした英語字典を翻訳したものであった。この編集に携った人々は、西吉兵衛、森山栄之助、楢林栄七郎、名村五八郎、中山兵馬、志筑辰一郎、岩瀬弥四郎、西吉十郎、川原又兵衛、品川藤十郎の10名であり、辞書の体裁は語林大成と同じく、横文字の側に片仮名で発音を記したものであった。

【注】ホルトロップの辞書は今日長崎県教育会に所蔵されているが、使用された跡がないので、おそらく当時のものではあるまい。

さてこの間の英語学習について考えて見ると、『エゲレス語辞書和解』の序に、「皇国にて英吉利語を学ぶ始は文化の度先輩ロシア語諳厄利亜語兼学の命を受け、英吉利字彙嘶書数巻を訳し之を公館に捧げ其後絶えて伝らず、然るに近年異船の来ること屢々にして漂泊の異民頻に多し。是に語の通るは英吉利のみなり。故に嘉永三庚戌の秋旧令に復し蛮語兼学の命下り春秋に英語訳二巻を捧ぐべしとなり。」とある通り、当時太平洋の捕鯨業が盛んで、また米国の対支貿易も増大しつつあったので漂流民や渡来する船には米船が多かった。そこでその応接のため、会話を主な目的とする点、前と同様であった。この方向—通詞としての英語—はこの時に限らず、幕末長崎の英語を貫く一つの性格である。

マクドナルドは聖書、文法書、歴史、地理書等を持参していたので、その読解も行われたであろう。しかし海外事情や西洋の文化をうかがい知ろうとの要求は次第に強まっていたが、英学はまだその任にたえるだけの発達をしてなく、この時代の要求は、江戸における蘭学の隆盛となって現われている。

ペリー来航での急務で通詞以外にも学習を許可

安政元年(1854)ペリーによって神奈川条約が結ばれ、函館、下田の両地において外国船との交渉が行われるに至り、幕府中央においても文書翻訳、或いは外人応接のことが必要となり、通詞を求めることが急務となった。その上、急激に諸外国の勢力が及んで、科学技術の優秀さを痛感させられ、ここに海外事情や科学技術の研究が益々重要となって来た。

諸藩にも蘭学学習の気運が起り、薩摩藩ではしばしば琉球に渡来する異国船に対し通訳を必要とするので、島津斉彬は藩士を長崎に派遣し、蘭通詞について、オランダ語を学ばせることの許可を幕府から得ている。このように蘭通詞、蘭学者の必要性が増大すると共に、長崎の通詞等も色々の実務のため江戸に招かれて行った。

嘉永6年(1853)7月、勝海舟は幕府の諮問に応じて海防意見書を差出し、西洋式兵学校と正確な官板の翻訳書を刊行する必要があると述べたが、翌安政元年(1854)オランダの蒸気船スームビング号が入港し本国の情報をもたらしたので出島蘭館長ドンケル・クルチュウスは長崎奉行水野筑前守忠徳へ書を呈し、幕府が注文した軍艦輸入の遅延を弁解し、艦の運転、指揮法の伝習をすすめ、長崎に滞在中のオランダの船将次官フアビュスの意見をも差出した。フアビュスは意見書の中で、海軍伝習に関して、伝授の蘭通詞に頼っていては面倒であるから長崎に学校を建て若年の者にオランダ語を教えることが肝要である旨強調している。

これらの事から安政元年、江戸に蕃書調所を創設する準備にかかり、翌2年(1855)には実現した。そして翻訳掛として小田又蔵、勝麟太郎(海舟)、箕作阮甫、森山栄之助らが任命された。安政3年(1856)には九段坂下の竹本

図書頭屋敷に移り、教導、手伝等を増し御目見得以上、以下の次三男厄介に至るまで年令に拘らず自由に稽古させることにした。

　当時日に100人以上の者が、多い時には340、350人程の者がオランダ語の会読、輪講、書読稽古に努めたという。

　このような江戸の状況に対し長崎の通詞養成も再検討され、安政2年11月、閣老阿部伊勢守は「通事の外にも有志の輩は勝手次第稽古致させ翻訳通弁等出来候方然るべし」と長崎奉行に命じた。

　長崎奉行川村対馬守は洋学の修業方について一応唐通事、および蘭通詞の意見を徴することになった。これに対して蘭通詞は以下の通り答申した。

　「現在主だった通詞などは甲比丹より伝習を受けているが、双方とも要務のためはかばかしくない。また自余の通詞らは主立った通詞から家業を伝え受け、其の外は洋書によって修業しているが、外国人に対する通弁や翻訳の事に至っては、各自心掛けるだけの事で何分行届きかねる次第である。そこで、できることなら此際洋学所を設立してとくに師範のオランダ人を採用の上、皆で修業するようにすれば熟達も早く、役に立つと思う。」と。

　それで蘭通詞は幼年の頃から家の職業としてオランダ語を習い覚えていたが、通詞の用務多忙と、江戸出張などで学習の便宜を失い、また長崎でも安政2年（1855）に始められた海軍伝習に通詞が必要であったので、洋学所設立について答申が行われたのであった。

　安政3年（1856）2月、長崎奉行川村対馬守は目付浅野一学、江戸在留長崎奉行荒尾石見守と打合せた上、幕府へ洋学所設立を上申した。そして安政4年（1857）6月に幕府閣老堀田備中守から左の訓令を受取った。

一、洋学所の取建は見合わす。

一、西役所において海軍伝習と一緒に洋学を伝習すること。

一、差当り英語、仏語、ロシア語など心得たるオランダ人、3人位を呼寄せ、蘭通詞はもとより唐通事などへも勉強させ、其外有志の者にも学習させるよう心得ること。

一、別に蘇木（染料とする熱帯産の植物）を輸入した時は長崎会所で売払い、その益銀を洋学伝習の費用に当てること。

　こうして西役所において海軍伝習と共に英、仏、露語の学習を始めることになり、8月には奉行所から「英語稽古のものを新たに増員するから、希望者は廿九日までに名前を書いて差出すよう」と一般の人々からも英語学習者を募集した。これはオランダ語を学習させた江戸の蕃書調所と異なる長崎の特色であり今日、学習の始められた安政5年（1858）をもって長崎英学誕生の記念すべき年としている。

　西役所には安政2年からの海軍伝習所と、安政4年からの医学伝習所があった。とくに海軍伝習は幕府および諸藩の伝習生29名が学問技術を学んでいた。

海軍伝習・医学伝習の流れで外国語学習に勢いがつく

　ここに前述の如く英語伝習が加わったのだが、今詳細を知ることができない。そこで、当時海軍伝習、医学伝習の両方とも外人に直接講義をうけ、通訳がついていたので、これに関する資料として万延の頃、医学所に学んだ長与専斎の手記の一部を掲げよう。

　　「翌日講義の席に列し、松本先生の紹介にてポンペ氏に引合はされしが、生来初めて外国の人に接せし事とて、一言の挨拶も出ず、只無言にて握手せしのみ。やがて講義は始まりけるが、通詞の一語一語口訳して伝ふる事さへしかと耳に止らず、茫然として酔えるが如く（中略）かくて日を送るに従い、ポンペの口演も略其意味を会得し、時には自分の喉舌を以て質疑問答することも出来るようになり、稍事情を解するに付き、つらつら学問の仕方を観察するに従前とは大なる相違にて極めて平易なる言語すなわち文章を以て直に事実の正味を説明し、文字章句の穿さくの如きは毫も歯牙にかくることなく、病症、薬物、器具その他種々の名物記号等の類、曾て冥捜暗索の中に幾多の月日を費したる疑義難題も物に就き図に示し、一目瞭然掌を指すが如くなれば、字書が如きはほ

とんど机上の飾物にすぎず。」

　医学では学業が進むにつれて専門語を会得すれば次第に教授の話を理解できたようであるが、海軍伝習所の方ではとくに基礎学課について通詞に頼る所大であったらしい。

　当時の海軍伝習教授であったオランダ人リッダー・ホイセン・フアン・カッティングの著の邦訳である、「揺藍時代の日本海軍」から以下の記事を引用しよう。

　　「ポンペ氏の教育は、長崎の数人の患者を実地に診療しながら授業したのであるが、これはたしかに多大の貢献をなした。しかし代数や運転術つまり一言にして言えば、理学に関する学課は先ず語学の十分な力のある通辞が、自ら十分に研究し知っていて、教官の意志を間違いなく生徒に伝えるというのでなければ、到底教育の効果は期待し得られない。然るにその肝心の通辞が非常に不足している。学課の数は教官の数に応じて勢い増加せざるを得なかったが、何分にも通辞の不足によって断られることがしばしばあった。（中略）長崎の貿易が日増しに盛んになるにつれて、通辞がその方にとられ、学校の講義はたいていお留守にされ勝ちとなったので、いよいよ益々その欠陥が増大して行くばかりである。（中略）おまけに通辞の何名かが長崎から神奈川、函舘の方に転勤を命せられてしまった。

　　ここにおいて吾等は仕方なく危なげな日本語の知識を以て通辞抜きの講義をやって見たが存外うまく行った。しかし数科目はどうしてもその様な不満足な方法で講義を進めては行けないので、ついに全く停止するのやむなきに至った。

　　ところで生徒の方はかかる欠陥のため課業に対する熱意が冷却するかと気遣われたが、事実はそれと反対でかえって益々学業に精を出し、教官の家庭に講義を聴きにくる者が段々ふえて行った。

　　尤もその家庭講義は通辞の都合のよい時刻を見計らって、通辞の通訳をかりて行われたものである。その通訳に対し、通辞は生徒達から報酬を受けた。」

伝習係の通弁官は、岩瀬弥七郎、楢林栄左衛門、荒木能八、西吉十郎、西慶太郎、末永猷太郎、本木昌造、横山又之丞、志筑禎之助、三島米太郎、石橋庄次郎、西富太、荒木卯十郎、植村直五郎などであった。

　やがて安政6年（1859）2月長崎の海軍伝習所は中止となった。

　少々引用が長すぎたようであるが、長崎の通詞が西洋学術研究の初期の時代にどのような役割を占めたかということと、貿易に伴って通詞が多忙となり、江戸、神奈川、函舘等まで行き、長崎に通詞が払底したことや、あわせて当時の学生の学問への情熱などその当時の状態を知ることができるので、ここに掲げた次第である。

　なおこれらの通訳はオランダ語が主であった。

　さて安政5年（1858）の開市開港によって、今まで徐々に進出して来つつあった英国の勢力が急激に伸び、オランダをはじめ諸外国圧倒して行った。貿易において英国が遙か群を抜いていたことはいっそう英語の重要性を高めるものであった。

　かくて先に英、仏、露、蘭語を習得させる目的で、西役所におかれた語学の伝習所は、時勢の変化に応じて安政5年7月に岩原屋敷にある組頭永持享次郎役宅に移され、名称も英語伝習所と改められた。そして蘭通詞楢林栄左衛門、西吉十郎の両名が頭取となり、蘭国海軍将校ウィツヘルス、蘭人デ・フォーゲル、英人フレッチェルなどが相継いで英語教授となり、唐通事、蘭通詞その他地役人の子弟らが英語の教授を受けた。

　安政6年（1859）3月頃、長崎に碇泊していた米艦ポーハタン号（Powhotan）の乗組員水兵が長崎奉行の依頼で9名の通詞の英語学習に関係した。この時の水兵が米誌に投じた一文によると彼に学んだのは下の人々である。

　横河元之丞、三島末太郎、石橋助十郎、楢林栄左衛門、名村五八郎、北村元四郎（名村泰蔵）、岩瀬弥四郎、磯田慶之助、西富太、これら通詞の大部分の者が、先にマクドナルドに学び、あるいはホルトロップの辞書の編修に当り、あるいは伝習係通弁官を勤めていた人々であるから、学習も相当に進んでいたものと思われる。

さて安政年間にはオランダ語文法書や辞書などが刊行されて、蘭学研究の便宜がととのえられたが、同時に洋学の中心が蘭学から英学へと移り始める時期でもある。

　そして西役所において外国語の伝習が始められた安政4年（1857）は、我が国で以下の数種の英語学習の入門書が刊行されて居り注目される年である。

　　一、『蘭英対訳語学書』（初歩）
　　　　長崎において出版された、英学初心者のための一般学習書 R.vaner Pijl の著書を H.L. Schuld が増訂した（1854）ものの翻刻
　　一、『英吉利文典』
　　　　大野藩で出版したもの。R.Vander Piji の初学者のための英語読解翻訳書の増訂版の一部を飜刻したもの。
　　一、『英吉利文典』
　　　　美作藩の宇田川塾で出版、版本はオランダの英学者の翻刻で、その原本は Vergani の著書
　　一、『英語箋前篇』（米語箋ともいう）
　　　　江戸で出版されたもので、井上修理校正、村上英俊閲となっている。これは英国宣教師メドハーストの英和和英語彙（天保元年＝1830）が原本。
　　　　なおその一部は早くも安政2年（1855）に村上英俊が洋学捷径伝英訓弁に紹介している。
　　一、『伊吉利文典』
　　　　中浜万次郎が嘉永4年（1851）帰朝の時持って来たものが原本で、出版はほぼ右のものと同じ頃と考えられる。
　　　　手塚律蔵、西周助閲、津田三五郎、牧助右衛門校正となっている。

　これらの刊行書はいずれも初学者の入門書であり、それも各地で出版されたことに英語学習ぽっ興の気運を見ることができる。
　しかし一般には英語を学ぶ便宜はなかなかなく、上に掲げた書物なども

容易に手に入らなかったらしい。

蘭学から英学への転向は福沢諭吉も苦労する

　明治時代における西洋文化輸入の第一の先覚者福沢諭吉は、安政6年(1859)に蘭学から、英学研究に転ずる決心をしている。

　それは新らしく開港した横浜で外国人の店に行き話したところが、数年間熱心に蘭学を学んだにも拘らず、少しも言葉が通じなかった。そして店の看板もビンの貼紙も分らず、何を見ても知っている文字がなかった。そこで失望したが、気を取り直して英学に転ずる決心をしたということである。

　この時のことを自伝に次のように伝えている。

　　「あそこに行われている言葉、書いてある文字は、英語か仏語に相違ない。ところでいま世界に英語の普通に行われているということは予め知っている。何でもあれは英語に相違ない。いま我が国は条約を結んで開けかかっている。さすればこの後は英語が必要になるに違いない。

　　　洋学者として英語を知らなければ、とても何にも通ずることができない。この後は英語を読むより外_{ほか}に仕方がないと、横浜から帰った翌日だ、一度は落胆したが同時にまた新たに志を発して、それから以後は一切万事英語と覚悟を極めた。」

　それから英語の学習にかかり、先ず森山多吉郎(栄之助)に学ぼうとしたが、条約締結のため忙しくて習われず、結局字書さえあれば横浜から買って来ている蘭英会話書2冊によって独学できるからと考え、字書を手に入れようとした。しかし横浜にないので仕方なく幕府の藩書調所の字書を借りようとここへ入門した。

　しかし藩書調所の字書は持出し禁止であったので利用を断念する外なく、ついに横浜の商人に頼んでホルトロップの英蘭対訳発音付きの字書を買った。代価は5円という大金であったので、藩に買取ってもらい、その辞書

と首っ引きで毎日毎夜独りで勉強し、英文を蘭文に訳したりして英文になれることに努力したということである。

　最も明敏で、時勢を見る眼もあり、かつ当時蘭学においては江戸で杉田成卿以外に怖れる者なしと自負していた福沢でさえ英学に転ずる時にはこのように学ぶ手段に苦労している。しかし蘭学が英語学習に大いに役立ったと述べて居る。

　また福沢は神田孝平に英語を一緒に学習しようと誘ったが、神田孝平は、「いやもう僕もとうから考えていて実は少し試みた。試みたが如何にも取付端がない。何処から取付いてよいか実にわけがわからない。しかし年月を経れば何か英書を読むという小口が立つに違いないが、今の処では何とも仕方がない。まあ君達は元気がよいからやってくれ、大抵方角がつくと僕もきっとやるから、だが今の処は何分自分でやろうと思わない。」と断った。そこで村田造六（大村益次郎）にすすめたところが、

　「無益なことをするな。僕はそんなものは読まぬ、いらざる事だ。何もそんな困難な英書を辛苦して読むがものはないぢやないか。必要な書はオランダ人が翻訳するからその翻訳書を読めばそれで沢山ぢやないか」と言ってどうしても同意しなかった位で、まだまだ英語学習はこれら先覚者の中でも行われ難かった。

　文久に入ると既に咸臨丸の太平洋横断の壮挙があり、米国へまた欧州へ使節が赴いているが、この頃になっても英文翻訳のできる者の得難かったことが、大槻磐渓事略の記述にうかがわれる。

　「咸臨丸の航海は140－150日ばかり、サンフランシスコまで往って、帰って来られた木村摂州がアメリカみやげとして、盤渓先生に贈られたのはペリーの日本紀行の原書である。これかたじけなしと、早速仙台の君公へ差出した所で、原書ではわからぬ、翻訳して御覧に入れよとあったが、この時まだ英文を十分に読んで翻訳する人が少ない。ようやくの事で佐倉人手塚拙蔵、津軽人土藤岩次の2人を得て、家に寄宿させ、1年ばかりで文久2年4月翻訳できた。」

英学と蘭学の交替は安政年間に始まった。そして江戸の藩書調所は文久3年(1863)開成所となりやがて英学、仏学、ドイツ学、ロシア学が設けられるが文久2年(1862)すでにここに日々学ぶ学生100人中60、70名が英学であったといわれる。しかして本格的に英学が発達するのは慶応以降である。

　ところで当時の英語学習には幾つかの系統が考えられる。すなわち、長崎の英語伝習所や江戸の洋学所で学んだ者と福沢のように独学で勉強し、漂流人でも子供でも、英語を知っている者をたずねて発音を学んだ者があった。江戸では森山多吉郎のように長崎通詞出身の者と、江戸の蘭学者出身の者や、それに漂流から帰った中浜万次郎が居た。

　また安政4年(1857)伊東貫斎、立石得十郎や支配向の子供等の中2人程と藩書調所の中で優れた者2人程が幕府の命で下田へ行き、アメリカ領事館の者について英語を学習した。そして伊東貫斎らが最も早く江戸に本式の発音を紹介した。

　これら当時の英語習得者がどの程度の学力をもっていたかは興味のあることだが、これについては『福翁自伝』に、「森山という先生も何も英語をたいそう知って居る人ではない。ようやく発音を心得て居るというくらい」と述べており、福地源一郎は箕作麟祥君伝の中の談話で、「その時分ろくな師匠はない。森山といえども、中浜にも今の中学校の生徒ほどの事は怪しいものさ」と言っているが、まあ大体そんなものであったのであろう。

唐通事の英語習得者は優秀者が続出

　今まで述べて来たところは蘭通詞の英語学習についてであるが、ここで唐通事の英語学習について考えて見るとしよう。

　安政2年(1855)末、長崎奉行川村対馬守は、蘭通詞の他に有志の者にも語学を学ばせよとの幕府の命により、唐通事らに対して満洲語の学習を中止して、洋学に転ずる方が国の役に立つであろうと諭した。これに対して唐通事は異議なく承知して、洋書に唐音を附した『五車韻符』その他上類の書籍を中国より取寄せたい旨を申し出ている。

文化の頃はじめて蘭通詞が英語を学んだ時は、まだ鎖国時代であって、オランダ以外に正式の交渉を持った欧米の国はなかったから、専らオランダ語を媒介として英語を学ぶほかなかった。

　然るに英仏勢力が中国に及び、阿片戦争（1840～42）やアロー号事件（1856）を起すに及び、我が国の英仏に対する警戒と認識も一段と強まった。一方欧米諸国の大陸における活動は増大し、中国語研究も促進された。

　早くも1816年から1823年にかけて英人モリソン（Dr. Robert Morrison）は『華英英華辞書』をマカオにて出版しており、また英人メドハウスト（W. H. Medhurst）は中国語に訳した聖書が日本人に役立つかどうかを確めるため日本人編集の蘭漢和辞書、漢和字書を使用して英和和英語彙を作成し（1830）、安政年間には日本でも洋学者に用いられている。

　欧米人の中には漢詩文を作る者もあり、後に述べるがリギンスは中国刊行の欧米人の著わした漢籍科学書を1000冊以上も日本に持来り、売却したというから、恐らく『華英英華辞書』や『華英対訳書』等も相当に作られていたと考えられる。

　また発音から言っても日本のひらがなによる傍書より、中国語の傍書の方がより正確であったであろう。

　ともあれ安政年間ともなれば、唐通事にも中国語を媒介として英語を学ぶ道が開けていたと言える。

　以上のような理由で安政2年（1855）に長崎奉行が唐通事に英語学習を勧め、唐通事もこれに応じたのであろう。

　安政4年（1857）には正式に唐通事の英語学習のことがきまったが、まだそれ程積極的ではなく、また伝習所で学習することになっていたが、唐通事としては蘭通詞と一緒にオランダ人から英語を学ぶことはできなかったと思われる。従って恐らくまだ個人的な学習で、組織化したものではなかったであろう。

　ところが安政5年（1858）には唐大通事鄭幹輔（1811-1860）は英国の勢力が中国を覆い行くのを見て、率先して唐通事も中国語のみでなく、英語を学ばなければならないと唱え、長崎奉行岡部駿河守に建白し、奉行もこれに

賛同した。

　たまたまこの年9月に長崎に来航した米艦ポーハタン号（Powhatan）の牧師ヘンリー・ウッズ（Henry Wood）は長崎滞在中に奉行所々属の6名の青年の英語教師を頼まれたという。

　またその頃長崎に来合せていた米国プロテスタント派の上海宣教師であったシリ（Edward W. Syle 明治7年から12年まで開成学校、東京大学文学部の哲学および歴史学教授であった）は、自分から希望して長崎に英語教師として転任することになり、住宅問題まで当事者と相談したが、彼は任地上海を離れることが許されず実現の運びに至らなかった。

　翌安政6年（1859）正月には鄭幹輔、游龍彦三郎、彭城大次郎、太田源三郎、何礼之助、平井義十郎ら6名の唐通事は、長崎滞在中の米船に行き、米人マクゴワン（Daniel Jerome Macgowan）から中国語を媒介して英語を学んだ。

　彼等はアルファベットの発音からスペルなど英語の初歩を学習した。それはわずか2週間余りのことだったが、非常に熱心で長足の進歩を示したので、マクゴワンは驚いたということである。

　マクゴワンがすでに中国語に熟達していた事は、航海金針（1853）という漢文著述をしており、唐通事等の中で彼は瑪高温という名前で知られていたらしい。唐通事らの英語学習は勿論中国語を介して行われたが、彼らが特に発音によく注意したというのは興味深いことである。

　マクゴワンは安政6年正月下旬長崎を出発した。

　マクゴワンの後は出島に居た米人ワルシ（R. J. Walsh）が、出島や唐通事会所において教えた。彼が何時頃まで教えていたかは不明だが、恐らくそれ程長くはなかったであろう。

リギンス、フルベッキの長崎移住が英学を急伸させた

　米国のプロテスタント・エピスコーパル教会（Protestant Episcopal Church）の外国伝道員で中国布教に努めていたリギンス（John Liggins）が我が国に来

たのは安政6年(1859)5月である。

　彼は伝染病や暴徒の災禍で健康を害し、日本から来たマクゴワンの診察で転地療養を勧められて来たのだった。彼は米国領事ワルシ(J. G. Walsh)のあっせんで上陸を許され、長崎奉行の依頼で健康の許す範囲で、8名の通訳官に英語を教授することになり、毎週月、水、金曜の3日をこれにあて、6カ月間教授した。その居住地は崇福寺の後山にある広徳院であった。

　この年6月にはリギンスの同窓で、同じく中国伝道に努めていた米人ウィリアム(Channing Moore Williams)が渡来して、リギンスと同居し、同じく11月にはフルベッキ(Guido Herman Fridolin Verbeck 1830-1897)が来て、崇福寺境内の広福庵に落着き、やがてその妻も来た。

　彼ら3名はいずれも英語を教授すると共に、日本語を学んだ。高杉晋作は文久2年(1862)ウィリアムとフルベッキに会って「彼2人日本語を学ばんと欲する。何とも怪し、其心中を推し謀るに耶蘇教を日本へ推し広めんことを欲するならん」と考えた。事実リギンスはこの派の最初の日本宣教師に任命されており、高杉晋作に会ったウィリアムの方は、後に米国聖公会伝道局から日本および中国伝道監督に任命されて居る。

　リギンスは病のため万延元年(1860)2月長崎を去って帰国したが、ウィリアムはその後、大浦に移って英語と数学を教えていた。そして慶応2年(1866)に本国に帰った。大隈重信は慶応元年(1865)の頃彼に数学を学んだ。

　フルベッキも後に出島に移り、やがて大徳寺内に住した。

　この間、文久元年(1861)10月、唐通事らは長崎奉行と町年寄に願出て、学校を設けてその子弟に中国語および英語を教授するとの許可を得た。そして彼等が積立てておいた資金で、崇福寺境内の空地に学校を建て、訳家学校と称した。

　教授陣としては、本業教授方小通事呉泰蔵、小通事過人鄭右十郎、小通事助頴川保三郎、洋学世話掛小通事助彭城大次郎、小通事助過人何礼之助、同上平井義十郎などであり、おそらくウィリアムやフルベッキも教授として関係していたのではなかろうか。そしてオランダ人を通して開かれた日本の英語学習は、この頃は専ら米国人によって行われたのである。

英語伝習所から次々組織と名称が変更された

　さて主に蘭通詞の英語学習を行った英語伝習所は文久2年（1862）を片淵郷の組屋敷内の乃武館（編集部注·現上長崎地区ふれあいセンター）のうちに移り、英語稽古所または英語所と改称された。

　教頭に楢林栄左衛門の高弟中山右門太、英語稽古助世話方は柴田大介がなり、外に教員4名がおかれた。

　翌文久3年（1863）7月には英語所は立山奉行所の東長屋に移り、何礼之助、平井義十郎ら唐通事から学頭が任命されており、柴田大介はこれまで通り稽古人の世話役となった。

　訳家学校は何時まで続いたか不明であるが、ここの洋学世話掛の何、平井両人が英語所の学頭となったことから、古賀氏は訳家学校の英語学習は英語所に移されたものと言っている。

　文久3年12月に英語所は江戸町の元五ヶ所宿老会所跡（県庁裏門附近）に移り、洋学所と改称し、学頭何礼之助、平井義十郎、教授会頭柴田大介、教員12名（内6名は諸藩士）、外国教師フルベッキという陣容であった。

　元治元年（1864）正月、大村町に語学所を設け、英、仏、露語、3カ国語を教えることになり、大村町の校舎の成るまで江戸町の仮語学所で教授した。そして何人でも語学執心の者には入学を許した。

　その後慶応元年（1865）8月に語学所は新町の元長州屋敷あと（もと雨森病院跡）に移り、新たに済美館と称し　長崎奉行服部長門守の熱意で始めて洋学校の体裁をなした。学頭は何礼之助、平井義十郎、各科の教員19名で、英、仏、露、満、蘭、および洋算や歴史、地理、数学、天文、経済、化学などの諸学の教授が行われた。

　大隈重信が英語を学んだのもこの頃で、諸藩からの留学生が多かったという。

　さて安政に設けられた伝習所では、幕府の外交に必要な人材の養成を目的としていた。それも唐通事、蘭通詞のように幕府召抱えの役人として外国語を学習させ、会話と文書翻訳の学力を養わせた。そして事実長崎で英

語を学習した通詞は次々と長崎を離れ、実務についた。

　文久3年(1863)以後、伝習所が洋学所、語学所、済美館へと移り変ったのは、今までと異なる性格の学校の成立を意味しているように思われる。

　第一に済美館では歴史、地理、数学、物理、化学、天文、経済等の広範な学科を教えて居り、単なる通訳官養成から脱皮して、広く基礎学科を正式に取入れた近代的な学校になったと考えられる。そして洋学所の教授数から見て、済美館の学科の大部分はすでに洋学所時代に設けられ、この頃から前述の方向へと進みつつあったものと考える。

　丁度この頃、江戸においても洋学所(洋書調所)は開成所と改められ、従来の翻訳局的なものから、教育機関へと進んでおり、長崎もこれに応じたものであろう。西洋科学文明の急速な吸収という時代の要請によって、基礎学科からの学習となったのだと思われる。

　第二は何人でも語学執心の者には入学を許可し英、仏、露、独語を学習させたことである。これは貿易形体の変化と関係がある。

　すなわち安政の開国以後は、今までのオランダ人だけの官貿易と異なり、各国それぞれ自由貿易となったため、官貿易に附属していた唐蘭通詞の仕事は新らしい貿易に適応した形体に分化するのが当然である。それは外国貿易事務と、民間貿易の通弁とである。

　外国貿易事務は港会所、運上所等において取扱い、貿易における英国の進出に伴って、万延元年(1860)の頃、正式に英語通詞をおき、万延元年に堀一郎がオランダ稽古通詞手代より一代限り英語稽古通詞に任命された。彼は文久元年(1861)に英語小通詞末席となって、慶応元年(1865)まで勤めた。また柴田大助は英語稽古所世話役をしながら、文久2年(1862)英語通詞手加勢となり、港会所詰となり、翌年は運上所勤務、元治元年(1864)には奉行所ならびに外国人方応接御用や運上掛翻訳などを勤め、慶応元年に一代限り新規英語小通詞となり、慶応3年(1867)に江戸の海軍伝習所に移っている。

　また佐藤鱗太郎も文久2年(1862)英語通詞となって梅ケ崎運上所に勤務した。

一方、民間の貿易にも外国語が必要なことは言うまでもない。語学熱心の者に、諸外国語を学ばせたのはそのためであろう。

当時一般には『和英商売対話集』(安政6年長崎版)やその続篇に当る『蕃語小引』、また『英語箋』(文久元年石橋政方が横浜で出版)などのかなつき会話集が出ており、江戸の洋書調所からも『英和対訳袖珍辞書』(文久元年=1860)が出版され、その他にも2、3の会話集が出版され、多大の便宜を与えていた。

さて慶応元年(1865)済美館ができ上ると、運上所で取扱っていた洋書取締方はここに移管された。外人教授として英語にフルベッキ、仏語にベルールド・ペティエンが居た。

明治元年(1868)には済美館は長崎府所管となり、奉行屋敷跡に移り、広運館と改称し6月に洋学局の外に本学局、漢学局を新設し、洋学局では英、仏、蘭、露、清語と数学を教えた。

明治2年(1869)フルベッキは開成所教授として招かれ、その後に米人スタウト(Henry Stout 1838-1912)が広運館教授に任命された。これまで述べたようにフルベッキは安政6年(1859)来日以来、長崎において10年間英語教育に尽して来たのであり、その功績は大きい。

その後広運館は明治3年(1870)に大蔵省所管となり、翌4年には文部省所管となった。

明治5年(1872)の学制改革では、第5大学区第一番中学と改称し(明治6年5月第6大学区となる)、6年には県庁と場所を交替して立山に移り、広運学校となった。

その後、明治7年(1874)に外国語学校となり、翌8年、長崎英語学校となったのである。

「致遠館」や「培社」の私学塾から人材輩出

以上で長崎における英学の誕生についてほぼ概略を述べたが、なお二、三書き落した事をつけ加えて結びとしたい。

○　県立長崎西高等学校の蔵書中に、柳河春三訓点の『智環啓蒙塾課初歩』（全1冊）があり、長崎英語学校の朱印と長崎中学校文庫の印がおしてある。

　内容は各方面の事にわたる教訓、人生訓を上段英文、下段漢文と英語と漢文の対訳にしてあるもので、慶応2年（1866）江戸の開物社から出版されている。原本は香港英華書院の出版である。

　これは恐らく広運学校あたりで教科書として使用され、英語学校、長崎中学に引継がれ、戦後の学制改革によって長崎西高等学校に保管されるようになったのであろう。

　『智環啓蒙』は原題を *A Circle of knowledge in 200 Lessons* すなわち"二百課より成る智の環"といい、慶応2年柳河藩でも刊行され、明治3年（1870）には鹿児島藩、沼津学校で刊行している。

　また、石川県学校蔵版の『智環啓蒙和解』は明治6年（1873）広瀬渡、長田知儀の訳述であり、この書は慶応2年（1866）の翻刻後、相当広範に使用されたものと考えられる。

○　長崎には幕末に致遠館や培社という私学校が建てられていて、各藩士が学んだらしい。致遠館は慶応2年、長崎浦五島町の諫早屋敷内に設立された佐賀藩の藩校であったが、財政難に陥った時に大隈重信が引き受け、佐賀の商人に出資させて経営したといわれている。

　フルベッキはここで1日置きに教授にあたって居り、明治2年（1869）の上京後は、スタウトが後任となった。致遠館の学課は政治、経済、軍事、理学などであった。

　大隈重信はフルベッキについて次のように言っているが、よくその面目を示している。

　「先生は極めて温厚なる紳士たり。予長崎にある日、塾生50人のために請うて英語教師とす。時々キリスト教を聞きたることあり、先生はある宣教師等の如く強いてこれを説かん人にはあらず、予は蘭書について研究し不審の

所はこれを先生にただす、往々言過激にわたり、礼を失することあるも、先生はこれを咎めず親切に懇篤に教授せられたり、予がキリスト教の知識を得たるは3年間先生について学ぶところありしに因る。一時は信者たらんかと思ふ程なりしも遂に決心するに至らず……。」

致遠館の変遷はいまのところよくわからぬが、明治2年（1869）の頃に廃校となったらしい。

培社は何礼之の家塾で、ある禅宗寺院の空堂にあったらしい。文久3年（1863）12月に前島密はここに学んだ。当時塾長代理は越前藩土瓜生寅であったという。

何礼之は文久3年には英語所頭取となって居るが、別に家塾を開いていたものであろう。

なお彼は慶応3年（1867）には江戸の海軍伝習所通弁頭取に任命されたから、培社はおそくとも慶応3年には解消されたものと思う。

第二部　英語教授法回顧

林　潤一

英語教育初期は教える方も教わる方も苦労した

　わたくしたちの母国語についての学習も容易なことではない。ましてや外国語の学習ともなれば、少なからぬ骨折りを必要とする。

　学習する側だけではない、教える側も同様である。ことに初学者を相手とする場合、とくに強い困難を感ずるのではなかろうか。

　そこで英語教育初期の外国人たちは、どのようにして日本人を教授したのであろうかという疑問と興味がわいて来る。

　一体言葉というものはおかしなもので、全く未知の言葉であっても、なんどもきいているうちには、同じ場面が繰り返されるにともない、おぼろげながらもその意味が通じて来るものである。What are you called ? でもよいし、What is your name ? でもよい、とにかく繰り返し繰り返したずねてみる。さらに付け加えて I am Verbeck. とでも言ったなら、生徒の方は、ウオット・イズ・ユア・ネイムは人の名前をたずねているのであり、ネイムは名前という言葉であるということを知り、さらに教授者によって黒板あるいは紙の上に提示された（NAME）の文字を知るということは、容易に期待できることである。

【注】黒板は、米人スコット（Scott. M. M 1843-1922）によって伝えられた。かれは明治4年（1871）来日、その後明治14年（1881）離日するまで、大学南校・官立東京師範学校・東京英語学校・東京大学予備門等の教師を歴任した。

　黒板は明治5年（1872）に輸入したもので、それが地方に普及したのは明治6年（1873）の頃である。だからフルベッキの長崎時代はまだ使用されてはいなかった。

　このような方法の他に、また次のように、たとえば本を生徒に示して教授者は、ウオット・イズ・ジス（What is this ?）ときく、生徒の方は質問を受けたこと

を感じとって、答えると言うよりもむしろささやきあいするように、ホンとかショモツとか言うであろう、すると教授者はすかさず、(オオ・イエス・ジス・イズ・ア・ホン Oh, yes, this is a Hon. ホン・イエス・ブック・ブック)と連呼しながら、(Book)と書いてみせるだろう、生徒の方は、ホンがブックであることを知ってうなずく、まあこのようにして次第に言葉を覚えさせていく方法をとることも考えられる。あるいは、身振り手まねの方法もある。もっとも簡単なところで、教授者が歩いて見せては、アイ・ウオーク(I walk.)と言い、止まっては、アイ・ストツブ(I stop.)と言う、そこで生徒は、ウオーク・ストップの言葉を覚えるというわけである。

　本邦最初の英語を母国語とする英語教師、米人ラナルド・マクドナルドが、嘉永元年(1848)10月から翌年7月までの長崎滞在中に、堀達之助・本木昌左衛門らを教えたのも、これに類したものであったであろう。(編集部注・マクドナルドの教え子のリストの中に堀達之助の名前はない)

　文久2年(1862)、サミュエル・ロビンス・ブラウン(Samuel Robbins Brown 1810-80)が横浜に作った私塾(修文館)では、mastery system (Practical method とも言われ、プレンダガスト Prendergast が唱導したものである)を使って教えている例もある。これは簡単な formula(形式)を最初に提示しておき、それにだんだんと attribute 限定詞や adjunct 付加詞を付け加えいくというやりかたである。たとえば I am a boy. I am a school boy. I am a good school boy. I am a very good school boy. と言った風にである。

　英語学習の日本人学生も苦心したであろうが、教える外人教師の苦労も並みたいていでなかったことが想像される。

アメリカ人教師フルベッキ、さっそうと登場

　慶応元年(1865)長崎に済美館が設けられて、そこで清・蘭・仏・英・露語が教えられたが、非常に日本語が上手で教授法もうまく、成績大いにあがったアメリカ人教師のいたことを、『日本教育史略』(明治9年文部省出版)はしるしている。東山学院五十年史(昭和8年)を編した井川直衛は、これをフルベッキで

あろうと推定しているが、まちがいなかろう。

　だが、フルベッキにしても、始めからこうであったわけではなかったようだ。かれが日本語を学習し始めた頃は、学習の参考書となるような本はなかった。もっとも後ではだんだんと出るようになったが、とにかくも、かれが「当時は、日本語の一つの新しい品詞の発見、または新規の構文を知ることは、われらにとりて往々にして、新大陸の発見にまさりてうれしく、欣喜雀躍を禁ずることができなかったのである。」と、伝道局に送った報告書にのべていることは、決して誇張した言葉ではないであろう。

　フルベッキが来日した安政6年（1859）の頃までには、すでに、メドハアストの『英和和英語彙』、『英華辞典』、モリソンの『華英英華辞典』などもできていて、長崎にももたらされており、『エゲレス語辞書和解』さへ編集されていたのであるからフルベッキの言葉も一寸異様に聞えるが、いずれ簡単に一般が入手できそうな本ではないのだから、フルベッキもこれらの作業を聞き知ってはいたろうが、現に手にとり目で見て学ぶという機会はなかったものだろう。

　慶応元年（1866）1月、横浜発のある書信が、長崎の一宣教師は、前年中その学校において、1日3〜4時間英語教授に没頭したことを伝えているが、ここに言う一宣教師も、フルベッキを指していると解してよい。

　このフルベッキの門下から、伯爵伊東巳代治が出ている。

　なおまた、大隈重信・副島種臣等、同じくフルベッキの門に学んだ人たちである。

　長崎においてフルベッキの後を継いだヘンリイ・スタウト（henry Stout 1838-1912）は、明治7年（1874）24坪の木造の会堂を作ることから始めて、その2年後の明治9年には、長崎日本基督教会と称し、10人の会員と2人の小児の洗礼者とを得ているが、伝道会社の記録によると、伝道のつてとして英語の教授は重要視され、バイブルが教科書として使用された。そしてここに集まる夜学の青年の数も相当数に上ったようである。

　スタウトの弟子瀬川浅の手記には、「そのころの聖書研究会はすこぶる不完全なるものにて、その教師たるスタウト博士は日本語に熟せず、その聴

講たる青年等は英語を十分に解せず、ずいぶん研究に困難を感じたるものである。かつ、その折には未だ日本語訳の聖書1冊もなく、ただわずかに漢英対訳の書が一部あって、博士も青年もこの聖書により研究を続けた。だから博士はたびたび言語をもって説明しない時は、身振り手まねで聖書を解釈したのである。」と書きしるしている。このスタウト博士についてはまた、東山学院の受業者岡部一太郎は、博士の英語教授法が実に厳格で、少しでも日本語を使えば、ここは英語教室であると言って許さなかったことを伝えている。英語でもって英語を説明するという方法を、スタウトはとっているのであるが、この点については、フルベッキほどには日本語に習熟していなかったスタウトの場合、よけい厳しかったにちがいない。(瀬川浅は中津藩の人、嘉永6年(1853)東京に生れた、明治6年(1873)受洗、1カ年下で同じ中津藩の人であり、明治9年(1876)に受洗した留川一路と共に東山学院草創期の俊秀であり、後年有能な牧師として九州各地に、布教の任に当った。)

瀬川の話は明治5、6年の交(まじわり)のことであり、岡部は明治26年(1893)の卒業である。

スタウトと共にエ・ピイタルス(Albertus Pieters 1869-1956)が東山学院に教えていた。この人については、受業者中屋司輔は、「ピイタルス先生の会話のけいこには、一々自宅に呼ばれたものだ。しかして応待坐作進退、実際につき修練せしめ、家庭の什器習慣等に至るまで、懇切丁寧に説明せられたものだ。」と語る。もちろんこれは会話の助けになること大きかったろう。

中屋は、ピイタルスが、「英語学習の手引」を作ったことを伝えるが、どこかに現存していてほしいし、現存しているとすればまことに珍重するに値する。中屋の東山学院在学は明治20年代の終りである。

外国人の教師にすれば、このような方法は全く自然なものであろう。

バイブルを、スウィントンの万国史を、ユニオン・リーダーを、ナショナル・リーダーを、それぞれテキストとして教える場合、一貫して英語をもって英語を説明するというやり方であったろう。(もちろん、間々いくらかは日本語をまじえることはあった

ろう。)英語をもって日本人の生徒に答えさせることもあったにちがいない。

　とにかくも、外国人の教師について学ぶ限り、日本人の生徒たちは、日本語をできるかぎり少く使うような鍛えられ方をされたものであろう。

　大正・昭和の時代のオーラル・メソッド（Oral method）の先駆と言うべきである。

【注】長崎におけるミッション・スクールは、スタウトが明治19年（1886）に作ったスチール記念学校（後の東山学院）、スタウト夫人エリザベスが作った明治20年（1887）の梅香崎女学校、（エリザベス夫人は1902年長崎で昇天、坂本町外人墓地に眠っている。）明治12年（1879）エリザベス・ラッセル女史が建てた活水女学校（今日の活水学院）、明治14年（1881）のシー・エフ・ロングとデビソンの協力になるカブリー英語学校（後の鎮西学院）、明治25年（1892）にできた海星学校等があるが、これら外人の経営になる各学校の外国語教授は、さすがにオーラル・メソッドの最上を行くものであったようだ。

内村鑑三も新渡戸稲造も外国人教師に鍛えられた

　明治3年（1870）にできた「大学南校規則」では、正則生は外人教師に従って韻学会話より始め、変則生は邦人教師に訓読解意を主として教授を受くべきことを規定している。正則生のためには多数の英米人を傭い入れて、Direct method すなわち正則によって、英語はもとより普通学をも教えたのであった。

　明治4年（1871）長崎の広運館に入学した井上哲次郎（1855-1944）の懐旧録では、教科書は全部英書、先生は皆英米人であったと言っている。もとよりここにおける英語教授法は Direct method である。

　このような風は長崎だけに限るまい。官立の英語学校（長崎の他に、宮城・新潟・愛知・広島・大阪）はみなこうであったろう。もちろん中央の開成学校しかりである。外国人教師による Direct method で鍛えられた人々の中から、植村正久（1857-1925）、内村鑑三（1861-1930）、岡倉覚三（1862-1913）、新渡戸稲造

（1862-1933）等の人物が輩出したことは記憶しておいてよかろう。

【注】幕府は文化8年〈1811〉蛮書和解御用方を設置して外国語研究に留意していたが、安政3年〈1856〉、幕府はこれを洋学所すなわち蕃書調所と改めた。その後の変遷を言うと、文久2年〈1862〉洋書調所、文久3年開成所、明治2年〈1869〉政府は、この幕府の外国語学校であった開成所を接収して開成学校とする、―開化所と称した例もある―。さらに大学南校と改め、明治6年〈1873〉再び開成学校、明治7年東京開成学校と改称、翌8年東京大学法理文の三分科大学、そして明治10年〈1877〉東京大学となる。

　しかるに明治7年、文部省学監マレー（David Murray 1830-1905、日本では普通ダビッド・モルレーとよばれている）は、文部省所轄の外国語学校においては、オルレンドルフ（Ollendorff）の方法を採用することを大臣に申報している。すなわち、文法を基礎として日常生活に関係のある簡単な例文をあげて、これを問答式で練習するというのである。
　これは当時ヨーロッパで行われていた翻訳式教授方式のプレウツ（Plötz）の系統に属するものであった。そのせいか、文法が重視せられて行く傾向を、次に引く釘本小八郎の言葉でうかがいうる。
　英語学校時代に井上哲次郎と同学であった釘本小八郎（1857-1937）は、県立長崎中学校50年をしのぶ座談会で、外国語学校時代のことを回顧して（長崎広運館の後身である英語学校は明治11年〈1878〉廃止、16年〈1883〉外国語学校ができている。）「外人の教授振りですか、訳は分らん、訳も意味も言はない。歴史なんかも読んで向ふの間にイングリッシュで答えねばならん。
　Grammar が大分訳語には助かりました。この文章にはどれが Subject かまたは Predicate であるかということを、文法を知っているからいえる。これが Adverbial Clause という式で、その掛り工合で字引を引張っておりました。字引ですか、その頃は大分できております。柴田というのがあった。初めはウエブスターの大・中・小があって、その小を引っ張っておりました。しかし引いても、それを読むのにまた字引が要るという具合に、字引を引いても分ら

んものは困っておりました。しかしおかげで Grammar はなかなか忘れません。これは今でも教授ができます。毎時間 Grammar がある。リンニーという文法、ケツケンボス、それからブラウンの文法、文法はほとんど始めからしまいまで毎日やりました。それで Grammar ではみな精しい。それで訳にせよ、みな Grammar でというわけです。」と語っている。ずいぶんの鍛われ方、むしろほほえましい。

ところでこの釘本翁の回顧談であるが、当時の外国語学校の学習振りには、すでに、正則ならぬ変則の風がほの見えていることは、注意しておかねばなるまい。

つまり Grammar にかじりついて、translation にいっしようけんめいの風がある。

長崎の外国語学校はさすがに外人教師に接するのであるから、発音もしっかり学ばせられたことであろう。だが、私塾あたりでは、そうもなかったのではないか。

『明治国民教育史』(昭和3年)の著者町田則文は、明治7年(1874)土浦から上京して、本郷にあった進文学舎に入学しているが、(当時、東京には、中村正直の同人社、尺振八の共立学舎、福地源一郎の共慣学舎、箕作秋坪の三叉学舎、その他数多くの英学塾があった。)その当時を回顧し、英学塾に共通した事項の一つとして次のように言っている。

　　「会読(従来の漢学の輪読の如きもの)という方法であった。しかし漢学の輪読なるものの如くに、諸般にわたって研究審議して談論風発するの気概はなかったのである。学生は字引と首引きしつつ十分に下読をなし、教師の下で会読する。該教師は一々黒白点を手帳に満載しおき、その黒白点の多少により、毎月席次を昇降されたのである。白点は他学生の会読し能はざるところを解釈した者に附与し、黒白点差引の上優劣が評定せられるのである。もちろんただ訳解のみであって、音読には少しも関係がなかったのである。たとえば、The をヘーと発音するも、サイと発音するも、これによって別に黒白点が附与さるる訳ではなかった。すなわち当時これが変則英語学習と唱えられたものであって、正則

英語学習とは、作文、会話ならびに書取等が課せらるるをいうのである。もっとも英語文典は多々課せられたのである。」

会読については、安政3〜4年頃の、大坂緒方洪庵の適塾における蘭学学習の時の光景が、福翁自伝に詳しい。

慶応2年（1866）に、福沢諭吉の慶応義塾に入った馬場辰猪（1850−1888）も、英語学習についての会読のことを伝えている。なおまた馬場は、「発音は何時も間違っていたのだが、当時は正しい発音を知っているものは誰もなかったのだ。」と言っているが、発音については、幕末以来、明治になっても、まずいいかげんなものであったようだ。

私塾の第一等と言うべき慶応義塾も、英語教授においては訳読中心のようである。

私塾がこのように訳読いってんばりの"変則教授"の方法を主としていたことは、外人教師を雇い入れるだけの資力に不足していたことが、主な原因であろう。日本人の教師が英語教授に当ることが多かった関係から、自然訓読中心に傾いたものだと思われる。

慶応義塾では明治5〜6年の交、3人の米人が次々に6カ月間雇われているが、その費用は、旧掛川藩主太田資美の篤志による寄付金であったし、町田則文の学んだ進文学舎にしても、明治5年（1872）3月の開校時には、外国人教師を2名雇い入れたことを大きく新聞広告はしているものの、それから2年後の7年には、すでに町田の記したところであり、私塾としては外人教師雇い入れは大きな負担であったことだろう。

とすれば変則教授はまず無理のないことだったと思われる。

片山寛は、日本における英語教授法の歴史を書いて（昭和10年）明治5〜6年の頃については、「これほど英学が盛んになっても外国人教師のいない学校ならば Oral work も実施せず、発音も正しく教授せず、漢文の素読同様な英文の読方や、日本式におもしろい節をつけた読方をそのまま教授して、語句を無茶につめこむ機械的諳記法に依るのであった。」とし、

「明治14〜5年頃については、英語教授法は概して訳読一方で、教

師の方でも教授法を気にかける者はほとんどいなかった。まだ Practical English に目覚める時代にはなっていなかったのである。ただむりやり語句をうのみに覚えさせて文を解釈させるだけであった。」と叙しているが、まず正しい観察と言はねばなるまい。

【注】長崎では、柴田昌吉(1841–1901)の柴田英語学舎(明治17年英語義塾として開設)では、宣教師を外人講師として招いて、教則にも普通の英語学を伝え、外国人と応待通信の道を指南するといっていることは、一種の正則であって、一私塾の経営方針として、これは大いに多としなければなるまい。これは、柴田が通詞の出であり、中央で通訳の仕事が主であったこと及び貿易港として当時の長崎でこのような会話を要求することが多かったわけからであろうか。先述の釘本小八郎の回顧談に出て来る「柴田」の辞書は、柴田昌吉・子安俊と共著の『附音挿図英和字彙』を言うのであろう。明治6年(1873)初版である。

とにかくも、しかし、変則教授にしても、それはそれとして意味は十分に認められる。

新渡戸稲造が、「この方法で訓練された学生たちは、一般に他の、意味は十分に考えないで、文章を一つずつ、オームのように読むことを教えられた学生たちより、自分たちの読んだところのものを、もっと正確に理解したことはほめられてよい。」と言っていることによっても、敬意をもって回顧しておいてよかろう。

英語を通じて一般泰西文化と、その動向を知るという念願が、その当時は強かったため、変則教授法むしろ利するところ大なりと考えられたとみてよいであらう。

現代にも通じる外国語教授法十カ条

さて日本人の英語教授法についての研究はどうであったろうか。

明治22年(1889)文部省から『正則文部省英語読本』(*Conversational*

Reader）が出版されているが、これはそれまでの英語教授に対する反省を
よびかける声でもあったわけである。

　明治も30年代に近づくと、外国語の教授法についてのすぐれた見解が、
ぽつぽつ現われて来るようになった。

　岡倉由三郎の『外国語教授新論』は、『教育時論』という雑誌に、明治27
年(1894)に掲載されたが、それは「日本英学新誌」に、さらに引き続いて載せ
られた。

　神田乃武の『*English in Middle School*』は、明治29年(1896)雑誌「太
陽」に、単行本としては、重野健造の『英語教授法改良案』が明治29年、
外山正一の『英語教授改良案』が明治30年に、内村鑑三の『外国語の研
究』が明治32年に、岸本能武太の『中等学校に於ける英語科』が明治35
年(1902)に、高橋五郎の『最新英語教習法』は明治36年に、それぞれ出版
されている。

　そして明治39年(1906)、岡倉は、『外国語最新教授法』を刊行したのであ
る。

　これは英人メリー・ブレブナ(Mary Brebner)の『ドイツにおける現代語の教
授法』の大意訳であった。

　その10個の要領を次に示すと、

1. 読書科を語学教授の中心とすること。
2. 文法を帰納的に教えること。
3. 全過程を通じて、外国語をできる限り多く用いること。
4. 課業のあるごとに、会話の練習を正式に行うこと。
5. 教授を、生徒の日常の生活と連係させること。
6. 教授の初期には、実物及び図書を用いること。
7. 風土文物を、特に初期以後の教授において広く教えること。
8. 発音の教授には、十分の注意を与え、特に初期において、これに意を用
　 いること。
9. 自国語を外国語に翻訳することはなるべくこれを止め、これにかえて自由

作文を広く課すこと。

10. 外国語を自国語に翻訳することは、なるべく減縮すること。

以上である。

　外国語の教授法としては、もっともなことばかりである。岡倉がこの本を翻訳した意図の正しさも推察できる。

　岡倉は明治23年（1890）、『日本語学一班』を出版して以来、数冊の言語学の著作をし、明治39年（1906）、『英語発音学大綱』を書き、さらに明治44年（1911）、『英語教育』を出版した。

【注】岡倉は明治元年生れ、福井藩士の子として横浜に生れた。天心岡倉覚三の
　　　弟である。昭和11年（1936）没。

　岡倉は、耳と口の練習から、眼と手の練習に入ることを説いた。発音教授の重要性を説いたのである。

　作文については、自分が駆使できる言葉の範囲内で易しい英文を書くことをすすめた。そしてまた直読直解をすすめて漢文素読式の返り読みを戒めた。

【注】かれは、大正10年（1921）には、『英語発音練習カード』を、翌11年には、『英語
　　　小発音学』を著わしている。なお同じ頃、11年に豊田実の『英語発音法』が、12
　　　年には市河三喜の『英語発音辞典』が出た。

　明治期における英語教育の方法論を改良することについての功績は、もとより岡倉一人だけのものであったわけではない。先の神田・外山・岸本等の名前を逸することはできない。

　神田乃武が英独留学中（1900-1901）の手控えノートをのぞいてみよう。（訳・筆者）

神田乃武は、安政4年(1857)生れ、蘭学者神田孝平の養子、10才で英語を学びはじめ、15才にして森有礼に随行して渡米、留学8年にして明治12年(1879)に帰国する。以後一高・東京大学・東京高商等に教べんをとる。

明治22年(1889)芝に正則尋常中学校を創立して、耳と口による新教授法を採用している。

The Principal Features of the New Teaching.
　　（新しい教授法の原則的特徴）

1. Purely Oral teaching at the beginning
　　（初期に、純粋な口頭教授をする。）

2. The use of the foreign tongue, as much as possible, from the beginning and throughout.
　　（はじめから、そして一貫して、可能な限り、外国語を使用する。）

3. The absolute or partial exclusion of translation from the native into the foreign tongue, except in the higher classes.
　　（高学年を除いては、母国語を外国語に翻訳することは、全然または一部分排除する。）

4. The reduction to a minimum of translation from the foreign tongue into the mother tongue.
　　（外国語を母国語に翻訳することは、最小限度に減ずる。）

5. The extensive use of pictures in the younger classes, and generally as concreat a way of putting things as possible.
　　（低学年においては、絵を大いに使う。そして一般に、ものごとをできるだけ具体的にする。）

6. The extensive teaching of Reality, ie, the life, Customs and institutions, geography, history and literature of the foreign nation.
　　（風土文物すなわち外国の生活・習慣・制度・地理・歴史・文学を手広く教える。）

7. Constant convesations on the reading-book, either in the form of preparations, or, more frequently, by way of revisal.

（準備の形においてか、あるいはもっとしばしば再吟味の方法によって、リーダーについて絶えず会話をする。）

8. The use of the reading-book as material for learning grammar inductively.

（帰納的に文法を学ぶための資料として、リーダーを使用する。）

　神田乃武が構想していたと思われる教授法は、先の岡倉が、『外国語最新教授法』に言うところに、ほとんどそのまま通ずるものがある。共に、1882年ドイツのフィエター(Vietor)が発表した Reform method(Phonetic method とも言う)につながるものである。

【注】神田は、明治35年、ホワード・スウォン(Howard Swan)を、東京高商の英語教師として招いている。スウォンは、仏人フランソワ・グアン(Francois gouin 1931－1995)の唱道したいわゆるグアンメソッド(gouin method)を日本に伝えた。この法は別に自然教授法(Natural method)ともよばれている。

I stand up, I walk to the door. I draw near the door. I get to the door. I stop at the door.

I take hold of the handle. I turn the handle. I pull the door. I go out. という風に、段階づけて実演しながら、series「連続した文章」を授け、だんだんと言葉を理解させて行くというやり方である。ただしスウォンによって輸入されたこの方法は、余り普及しないで終った。

　外山正一も、『英語教授法』にすぐれた見解を見せる。かれは一貫して音読をすすめている。直読直解を尊重している。

　「意味の極めて覚え易き極く簡単の文章に就いて、訓練的に会話及び音読に依って、耳よりして印象を与え、口をしてしばしばこれを言はしむべきなり。」と言っている。

岸本はまた読みの必要性を強調するのである。

　ここにあげた直読直解あるいは読みというのは、「読書100ぺん意自ら通ず」というやり方を言うのではなくて、英語音で英語流に読んで理解するというやり方である。

　浦口文治も明治30年代に想を発し大正の初年にグループ・メソッド（Group method）を唱え、同じ頃村田祐治は直読直解法を唱えた。また吉岡源一郎も多読速読の法（Fast Reading）を唱えているが、これらはみな今あげた外山・岸本等の考えに同じ系統のものである。

　とにかくも、明治末期には、神田・外山・岸本・岡倉等の輝やかしい英語教育の先覚者たちによって、英語教授法は立派に集大成確立されたと言うことができよう。

まるで漢文の訓読法、しかし弊害もあり

　ところで日本全体を見わたした場合、各学校における英語教育の実情はどうであったろうか。

　岡倉の教えを受けた東京高師の卒業生は各地に散って、師ゆずりの方法を多少でも使って、オーラルを利用しての授業をしたように推察されるふしがあるが（岡倉は明治29年から大正14年まで東京高師の教授である。）たいていは結局、「かれは―常であった―散歩するのが。」といった風の教授振りが普通であったようだ。He used to go for a walk.を教える場合、これが一番容易に、少くとも教える側ではいかにも教えたような気持になれるし、教えられる側もいかにも教えられたような気持になるやり方であろう。

　語学学習の初期には、何としても学生が、文中の単語の一つ一つに相当する訳語を知りたがるのは、これは本能に近い欲望と言えよう。まして日本には、漢文の訓読法という伝統とエグザンプルがある。

　　In ㊂ what ㊀ town ㊁ do ㊅ you ㊃ live. ㊄
　　（どの都に於て汝住ひなすか。）

I ⑴ do ⑸ not ⑹ see ⑷ any ⑵ bird. ⑶

（私は或鳥を見為さぬ。）

と言う風に教えられたのである。

　中浜万次郎(1828-1898)の『英米対話捷径』は、安政6年(1859)にできているが、この式の番号付解釈法によっている。

<pre>
　　　　キャン　　　ユー　　　スパーカ　　　エンゲレス
（例　Can　　　you　　　speak　　　English ?）
　　コタヘルカ　アナタ　　　言ヒ　　イギリスコトバ
　　　　二　　　　　　　　一　　　レ（漢文の返り点）
</pre>

　変則教授法はこのような方法であった。

　行間遂語法とでも名付けるべきこのハミルトン・メソッド（Hamilton method）は、たしかに取り付き易い英語教授法の一つである。

【注】これはジェームス・ハミルトン James Hamilton 1796-1831 が創始したものである。

　訓読を主にした変則の教授法が、全く無益有害だと言えるものではない。それは先の新渡戸の言葉によっても証明できる。

　しかし何事にも亜流は弊害を生み出してくる。

　いたずらな訓読式、訳読式の教授法がいけないのである。無反省なtranslation method（音声面を重視しない、母国語におきかえることばかりに専念する）、grammar method（文法を演繹的に教える）、さらにはこの2つをいっしょにしたgrammar-translation method の弊がこわいのである。

　しかしながら、残念にもこの弊は珍しくないものであった。というのは、明治中期になると、そろそろ受験のための英語が重要視されるようになった。

　神田乃武は、明治29年(1896)の（English in Middle school）の中で、上級学校の入学試験に、余り難解な問題が出るので、そのため中学校では、生徒の学力の現段階としては無理な教材を使うようになって、ただ英文を日本文に訳することだけで精一杯になっていると、bookish Englishにか

たよることの危険性を警告している。

これは実情であったろう。

明治のはじめ、各地の官立英語学校において見られた「正則」の英語教授法は、だんだん影をひそめて行くことになったわけである。

このすう勢は、その弊を指摘され痛感されながらも、現実の入学試験の状態が改まらないかぎり、そのままに推移することをどうしようにもなかったのである。

英語らしい言い回し「慣用語」で親しませる

ここで南日恒太郎の『英文解釈法』、山崎貞の『英文解釈研究』、小野圭次郎の『英文の解釈』等を例にとって考えてみよう。

南日のは明治38年（1905）初版、山崎のは大正元年（1912）初版、小野のは大正10年（1921）初版である。

南日は確にすぐれた英語学者と認められているし、山崎、小野共にその学殖の高さは認められねばならないし、英語教育者としては、まぎれもなく看過される人ではない。（殊に山崎が大正14年（1925）に出した『自習英文典』は、今日なおその価値を認められている。）

南日の『英文解訳法』は、英語の慣用語（Idiom）に視点をおいて編集されたものであり、英語の、いかにも英語らしい言いまわしの文に、親しませてくれる利点をもっている。まことによく英語の細かな味、細かなニュアンスをつかませてくれることは特記されねばなるまい。

山崎、小野のものは、英文を解釈するための構文、成句を一般化しようとしたものであった。英文解釈のコツを公式化したという点において、その利用価値は決して小さくない。ところでこれらの本は、ねらいは translation のためのものであった。

上級学校の入学試験で、英語は translation が中心であった。

そのために、どうしたら英文をうまく日本文に translate できるかが、英語学習者の大問題であった。

南日、山崎、小野の3つの英語学習書は、それぞれそれなりに有益な本であったが、それも（上級学校の入学試験に対応するためのものであって）、日本の特殊な学校教育事情を象徴していることは注意すべきことであろう。

　南日、山崎、小野共に多くの版を重ねて需要に応じている。またこれらと前後して多くの受験参考書が、くびすを接して出版されるのであるが、いずれも上3書の先例を多かれ少なかれ追うものであった。

　短い文章を、その構造の分析を丹念にやる、英文の日本語訳に知恵をしぼるということであった。

　Translation は英語を学ぶ上には大事なことである。多くの受験向きの英語参考書の行き方、それもそれとして意義はあろう。

　しかしながら、試験問題の作成者が、自分が読んだものあるいは目についたものの中から、短い文節を区切って出題するという形式が繰り返される結果、その出典に気を使うと共に、この構文はどうの、あの構文はどうのと解釈の末技に気をとられてしまい、英語をもって英語を考えるということ、ましてや英語を口で語るということなど、自然と第二義的に考えられてしまう結果にならざるを得なかった。

　かくて明治期の先覚者たちが唱道した「正則」的な教授法は、おのずから影をひそめて行かざるを得なかった、少くとも英語教育本来の良き面は、次第に忘れ去られる運命になったのである。

　明治20年代の末に、神田乃武によって指摘され改善を要望されていたような事情が、依然として続き、かつ根深くなっていたのである。

　もっとも中学校において、外人の臨時の講師をもつところもあったのであるが、多くは週に1時間位であり、また明治期の外国人教師たちがかってあったような、「啓蒙」のために学生を心から愛するという気骨と情熱をもった例も、もはや聴くところがない。

　外国人講師の授業の効果もあまり認められなかったというのが、まず実情のようである。

　このようなとき、ハロルド・イ・パーマーが日本に来たのであった。

【注1】大正6年(1917)5月文部省発行の「学事視察復命書抄」の中から、岡倉由三郎の分を抜き書きすると、

「なお各種の中等学校において英語科参観の際常に心付き候は、英語そのものの復習と練習とは、著しく等閑に附せられたるの観あり。特に注目の要あるは、英語そのものの生徒の財産となれる高は極めて少量なるにかかわらず、その財産の整理を事とする文法的教授の高は甚だ多く、貧者に対して徒に富者も要せざるほどの精細なる財産目録を強いて記憶せしむるの概あり。かくの如くしては例せば、うえたる者に給するに食を以てせずして食器を以てするに同じく、生徒は適当の知識の糧を得ざるがために、知慾次第に減退するに至る。教授の実情この如き間は、生徒の英語の力これを学ぶが為の努力と時間とに比例する能はざるは炳然として明かなりと存じ候。故にこれが救済の方法の目下の事情において励行し得べきは、教授の中心をなるべく多く読本にすえ、時間の都合上1級を2人またはそれ以上の教員が分担する楊合にも、あくまでも読本(別の読本にてもさしつかえなし)を中心としてその授業を行はしむるようにし、文法上の知識の如きはこれ始終独立の課目たらしめず、よし文法書を用いて文法上の知識を整理するに当りても、読本を通じて得たる文法上の事実の整頓補綴を旨と謀るべき儀に候。しかしてかく読本を中心とするに当り、特に注意すべきは、読本中に載せたる英語を、在来の如く日本語にて解釈するに止まらず、これを解釈したる上は、これに関する英語の問答を、口頭及び筆頭において反復履行せしめ、英語そのものを英語として会得せしむる練磨を努むべきものにして、この事は、たとえば、中学五年間について考うるに、そのいずれの年級にてもこれを忽諸に付すべからざるはもちろんなれども、特に初の3学年において十分これを行い、もって英語の性格気分と親密なる関係を、生徒の胸底に養うこと必要と存せられ候。……中略……。よりてねがわくば、

1、文法教授のややもすれば独立せんとする傾向をため、

2、読本を教授の基礎としその中にふくまれたる英語を英語として解釈し

練習する。

　ことを、上述の理由にもとづき、盛んに御奨励相いなりたく、この段切に希望仕り候。」とある。

　もって、当時の中等各学校における英語教授が、解釈いちずに流れていた状況をうかがうことができる。

【注2】明治以来の名のある英語学者を回顧してみよう。

　岡倉由三郎についてはすでにかなり語った。

　外人も舌をまく学力を持ち、名著『英和中辞典』を著わした正則英語学校教師の斎藤秀三郎は第一にあげねばならない。かれは慶応2年（1866）生れ、昭和4年（1922）没、仙台の人である。6才にして外国語学校に学ぶ、明治25年（1892）には長崎に来て鎮西学館に教べんをとり、*Nagasaki Press* にも筆を執っている。正則英語学校は、明治29年（1896）、かれが創立したものである。市河三喜教授も、かれについては、English was meat and drink to him. ——英語は3度の飯よりも好き——英語に寝食を忘れた人であったとして、かれが大正4年に出した『熟語本位英和中辞典』（*Idiomological English – Japanese Dictionary*）を激賞している。

　斎藤と並び、後述の井上十吉と共に、明治英学界を代表する3巨人の1人とされる神田乃武については、先に語るところがあった。*Kanda's Crown Reader* を知らない中学生は少なかったろう。かれがワシントン軍縮会議に徳川家達全権の顧問として出席したことは、案外に知られていない。大正12年（1923）歿する。

　さらに、稀に見る Practical English writer とされ、英和と和英の辞典で有名な井上十吉（1862-1929）、明治27年（1894）、『中外英字新聞研究録』（後の中外英字新聞）を創刊した磯辺彌一郎（1860-1931）、明治31年（1898）『英語青年』の編集刊行をはじめた武信由太郎・勝俣銓吉郎（2人とも後に早稲田大学教授になった。武信に『和英大辞典』、勝俣に『英和活用大辞典』の労作がある。）、明治4年（1871）わが国最初の女子留学生として渡米明治33年（1900）女子英学塾を作った津田梅子、明治18年（1885）The Student を創刊して欧化

風改良熱の盛んであった当時の Practical English の要望に応じた山県五十雄、その他、喜安璡太郎・増田藤之助・佐川春水・熊本謙二郎等、まことに充実した実力を持つ英学者たちが、きら星の如く居ならんでいる。

【注3】イディオムと言えば、ディクソン（James Main Dixon 1856-1933）に言及しておかねばなるまい。かれはスコットランド生れ、明治12年（1879）来日、東京工部大学・文科大学等で英語・英文学を講じた。斉藤秀三郎は、工部大学在学中にこの人に師事している。ディクソンには、*A Dictionary of Idiomatic English Phrases* がある。1891年初版、1911年新版 *English Idioms* と改題している。この人の学風が斎藤にも、南日にも流れていると考えられる。

よく聴き口まねして活用するのがパーマー流

ロンドン大学の Spoken English の講師であったハロルド・イ・パーマー（Harold E. Palmer 1877-1945）が文部省外国語教授顧問として来日、神戸に着いたのは、大正11年（1922）であった。

来日については、昨今松方コレクションで名前の高い松方幸次郎が世話をしたのである。来日の翌年、沢柳政太郎、桜井錠二博士等の尽力によって、英語教授研究所（The Institute for Research in English Teaching—今日の語学教育研究所の前身、文部省内の一室にあった。）が設立されて、パーマー活躍の基礎ができた。

パーマーは、ロンドン大学で、ダニエル・ジョウンズ（Daniel Jones）について、発音学を専攻した人であった。

かれはオーラル・ディレクト・メソッド（Oral-direct method）を唱えた。（口頭直接教授法と訳されている。）

IRET創立の翌年、所報 *The Bulletin* が創刊された。（181号から語学教育と改題されている。）

所報により、講演により、著書により、教科書編集によって、パーマーは熱心にその普及に努力している。

パーマーの方法は、直接教授法（Direct method−通俗にはこれも Oral method とよばれることもある。）に共通する面が多いが、パーマーの方法は口語のみに力を注ぐ点に相違がある。

　パーマーは、中等学校の第1学年では、言語習得の5つの習性を発達させることを強調する。5つの習性とは、聴取（よく聴く習慣）、口まね（聴いた通りのまねをする習慣）、機械化（幾度も反復して口にならす習慣）、話と意味の直結（聴いたことばの意味をよく理解する習慣）、類推による作文（既習の知識を応用活用する習慣）である。

　次に精選した一定数の語いと基本的な文法上の機構を教えると言うのである。

　第3に、あらかじめ口頭でおぼえたことばを読んだり書いたりする習性を作ることにあるとする。

　この3箇条が、その後の学習を成功させるための必須条件だとしている。

　かくて第2学年以後では、a―精密に漸進的な grade を持つ読本を使い、b―必要に応じて日本語を使うことをも許し、c―問答練習を高速に反復し、d―Direct methodによる作文練習を行う、――この4つをすすめるのである。

　パーマーは、如水会館で行われた歓迎宴の席で謝辞をのべ、その中で、語学修得は一言以てこれをおおへば、Spontaneous assimilation（自然な同化作用―習うより慣れよ）であると言っている。

　平凡な言葉にきこえるが、この言葉には、パーマー教授法の中核がよくこめられている。パーマーの理論は実際の授業にはどのように現われて来るのだろうか。福島プランとして有名であった福島中学校の場合を考えてみよう。当時の英語教師清水貞助の回顧談である。

　　「1年生は1年を3期に分けて、4・5月の2カ月を第1期、6・7月を第2期、2学期以後を第3期としました。

　　第1期には英語をよく聞く習慣、聞いた通りまねる習慣、単語や連語を聞いたらその意味が分かり、意味を思い浮かべれば、それを表わす音が呼び起されるよ

うな習慣、類推によって作文する習慣、以上5つの習慣を養成することを目的としました。」

「第2段として、6・7の2カ月では、普通の綴字の読み方を教えることに全力を傾倒しました。…………。
よく出る語句・文を Flash Card で教えるとか、Phonetic transcription と読本とを参照しながら読ませるとか、いろいろ工夫しました。」

「9月から第3期に入りますが、第2期の教授法を大体継続します…………。3学期の始めに、辞書の使い方を指導して予習させる。大体このような教え方ですね。」

「1年から5年まで Oral ですね。授業が始まると、前時間に教えた中から、単語を5つだけ選んでテストをしました。

Oralでやると、書く能力などが落ちますから、訂正に手間のかからない単語のテストをするのです。それから前々日あるいは1週間前までさかのぼって、重要な sentence pattern を中心として、問答を徹底的にやりました。

時には復習の中に和文英訳も入れることもありました。それから新しい教材の Oral introduction を型の如くやって、その内容を理解しているかどうか、test question をする、または読本中のむずかしい語句の発音を徹底的に教える―だいたい、これで時間の半分ぐらい使いました。あとの半分の時間は、やはり本を見させようという主義ですね。本を開いてから、model reading して、生徒について読ませ、生徒1人1人に読ませる。その後で explanation ですね。ことに3年・4年・5年では、Synonym, antonym を使ったり、Paraphrase して説明しました。それが終ると、また読ませて、一通り読み終ると、その日の要点について問答をしたり、あるいは hearing ですね。最後に生徒に目をつむらして、その日の教材をゆっくり読んで聞かせて、意味をつかませる。こういうのが、一般的に言って、授業の進め方ですね。」

以上の清水の話によって、パーマーの方法に従った中学校英語教育の実際の姿が、どのようなものであったかが、大体類推できる。
福島県の福島中学校、神奈川県の湘南中学校等が、Oral method につ

いて熱心であり成績をもあげた。

　福島中学校の磯尾哲夫、清水貞助の両教諭は生徒をつれて上京、神田一橋の商科大学で実地授業（demonstration）をしたが、（昭和8年10月）、これは参会者に大きな感動を与えた。

【注】今磯尾は神戸大学教授、清水は東京都の中学校長として斯道に活動を続けている。

　なお昭和9年（1934）には、東京高師教授寺西武夫も、2年生に実演をしており、パーマーの法が、高等程度にも有効なことを証明している。

　パーマーの方法にはすぐれた点が多かった。

　しかしやはり日本の実情には、遺憾ながらマッチしていなかった。

　もし英語の実力も豊かにあり、事前の勉強も十分な教師であるなら、これはまことにりっぱな授業になり、効果も期待できたであろう。

　しかしながら不幸にして、このことを完全に果し得る教師はさすがにまれであった。

　今東京学芸大学の教授である左右田実も、かつて東京高師付属中学校在職中、パーマーの方法によって指導案を作り努力してみたが、とても十分にはやりおおせなかった。Reviewの後、Oral introductionをやり、それについてtest questionをやったりしていると、新教材のexplanationや、その時間の consolidation などは、なおざりになってしまったものだと述懐している。

　パーマーは来日当時それまでの日本英語教授法を徹底的に批判して、耳と口を通して学ぶ Thinking in Englishと言うことを強く主唱したが、後には各方面の意見に徴してその見解をやわらげ改めて行った。

　Oral-direct method が New method 新教授法とよばれるゆえんである。

　とにかくも豊田実の（日本英学史の研究）においても、パーマーが日本英語教育界に与えた刺激は大きかったことを指摘している。

　教師に適任者を得ることが困難であったこととあわせて、上級学校の入

学試験の状況は、依然として明治以来のままであったので、パーマーの方法も十分にしみとおることができなかったが、日本英語教育界に大きな刺激を与えたかれは、昭和11年(1936)、日本を去ることになった。

かれの後、英語教授研究所を主宰した人は、ホーンビイ(A. S. Hornby)であった。かれはパーマーと同じくロンドン大学に学んだ。この人の仕事は、日本人の英語学習者のために作られた *Idiomatic and Syntactic English Dictionary* として結実した。

日華事変、それに続いての第2次世界大戦のぼっ発、そして戦局はだんだんと深くなって行った。

英語教育には不幸な谷間が来たのであった。暗い影を落して行くことになったのである。

昭和18年(1943)戦雲の濃い中ながら、語学教育研究所からは、新教授法解説の決定版とも言うべき『外国語教授法』が刊行されたのであって、このことは特記しておかねばなるまい。

長崎県では、大正の末期には、岡倉由三郎の発音学等の影響を受けて、「英語発音練習カード」を教室で使用する中学校も見られた。

パーマーの法が知られるようになってからは、多くの中学校において、これを多少でも試みようとする風は現われて来たが、学校自体として組織的に計画されるということではなく、英語教師その人の個人的趣味的な試みで終ったようである。

なおパーマーが、長崎YMCA(現在の袋町カトリックセンターの地址にあった)の招きに応じて、ここで講演したことは、かれの九州における第一声であったが、(当時のYMCAの総務幹事筧光顕は、後パーマーの語学教育研究所の主事となった人である。)このことは、忘れられないトピックであろう。

新時代のこどもたちにどう学ばせるか

戦争は終った。

国際的に新しく生れ変った日本では、英語教育にもまた新生が来た。

そして教授法も大きくクローズ・アップして来た。

磯尾哲夫は、昭和23年(1948)『英語教授の理論と実際』を刊行した。

古い英語教授の型から脱却して、英語を話せる生徒、英語を舌で味わい得る生徒、英語を耳で聞いてわかる生徒、そのような新時代のこどもたちを、新らしい中学校の英語教室の中で育てあげたいと念じつつあった教師たちには、異常な感激をもって迎えられたようである。その感慨を語る教師に会うことはまれではない。

戦後、英語教授法の大きな流れは、フリーズ・メソッド(Fries method)であった。

ミシガン・メソッド(Michigan method)とも言い、オーラル・アプローチ Oral approach(訳して口頭入門教授法・構造主義言語学習指導法)とも言う。

フリーズ(Charles C. Fries 1887-)は、ミシガン大学の英語研究所の所長であった。

昭和31年(1956)、市河三喜、岩崎民平等の英語学者や、前田多門、高木八尺等の名士が委員となって、フリーズ、およびホーンビイ、そしてトワデル(W.Freeman Twaddel ブラウン大学教授、構造言語学者)を中心として、英語教育研究委員会(The English Language Exploratory Commitee …………ELEC)ができた。

ここに日本の英語教授法は、さらに一段の進歩発達を期待されることになった。

フリーズの方法は、九州地方にはガイガー女史(Virginia Geiger)によって伝えられた。

ガイガーはフリーズに学んだ人であり、昭和24年(1949)からほぼ1年、米軍の九州民事部補佐官として在職、熱心にこの方法の普及に努力した。

東北では、宮城県で、山家保を中心にして活発であった。

山家は、ガリオア留学生として昭和26年(1951)から27年にかけて、ミシガン大学の英語研究所で学び、帰国後宮城県指導主事として実践するところがあった。(今、日本英語教育研究会主事の職にある。)

フリーズによると、言語の学習には、recognition(識別・理解)と、production

（発表）の2つの面がある。完全学習というのは、十分な recognition の上に立って production ができることである。これが Oral approachの学習目標である。ほんとうの英語の実力と言うべきこのproductionの能力をつけてやるためには drill が必要である。（recognitionの能力はのびても、それに応じて productionの能力は必しものびるものではない、反対に、productionの能力をのばせば recognitionものびる。）そこで pattern practice（文型練習）が、学習上大事な作業となってくる。それについても、たとえば、It is a dog.という文章をおぼえたなら、It is a cat.と言えるような substitution （代入）ができなければならないし、Is it a dog? というふうに、conversion （転換）もできなければならない。さらにまた、It is a running dog. というように、cumulative modification（累積的修飾）もできるようにすべきである。

　なおまた、言語のcontrast （対立）ということが指導の重要な観点である。

【注】フリーズの言葉に、「もっとも効果的な教材とは、生徒の母国語と、学ばんとする外国語とを科学的に分析し、両者を注意深く比較したものを基礎として作成されたものである。」とある。そのためかれの主宰した英語研究所からは、日本人にとって困難な contrast に注意して編集された日本人学生のための発音の本を出している。

Test of Aural perception for Japanese Students.

　以上このフリーズの科学的な英語教授法の理論は、日本の英語教育に大きな改良の刺激となつた。

　そして今、日本の英語教師は、明治期以来の伝統をつぎ、近くは戦前のパーマー、戦後のフリーズの方法をとり入れ、現実個々の学校事情、学級事情を考慮して、苦心に苦心を重ねている。

　長崎県の場合、そのような例に決して乏しくはない。

　日本語が、本来、英語と構造上の差異が大きいだけに、困難は多い、山積している。しかし希望がないわけではない。

　先にあげた左右田実も、「パーマーのいわゆる〈新教授法〉の精神と実

78

地とは、将来においても、慎重な態度をもって尊重し、かつ持続されねばならぬ、と考える。将来、フリーズ博士の Oral approach（口頭入門教授法）が、全国にわたって行われるであろうことは、十分に想像される。…………中略…………。

　この2つばかりでなく、これらを主体として、あらゆる教授法の長をあつめ粋をぬいて集大成し、渾然たる融合に到達したものこそ、将来における、日本の、日本人による、日本人のための教授法であるべきであり、自分に教授法は無い、と言いたげな教授者の反省が、つよく要望せられるところである。〈教育は人にある。〉わたくしは、この道にたずさわるものの奮起すべきときは、今、という感を禁ずることができないのである。」と言っている。(昭和33年3月)

　教授法についてのこの態度、見解は正しい。

【注】なお一言しておきたい。言語学の系譜をたどるとFries→Bloomfield→Harold Palmer→Jespersen→Sweet→Vietor となる。岡倉、神田が影響をうけたのも Vietor であり、歴史の因縁のおもしろさをここにも見ることができる。

　教授法と関連して大事なことは、英語教育の目的である。このことについては、福原麟太郎の次の言葉を注意したい。それは福原の師である岡倉由三郎の持論でもあり、また明治期以来今日に至るまでの英語教育関係識者の共通の見解でもある。

　「わたくしは中学校や高等学校の英語という過程では、英語を学ぶことによって表現の方法に対する注意が喚起され、その興味がつちかわれ、外国の文物に対する知識が与えられ、外国人の心意感情が理解され、除々に、外国および外国人というものに対する目を開いてくるというのがねらいであると思う。」と。

　もとよりこの願いによって教えられたこどもたちは、英語を、読めもし、書けもし、話せもし、聴きとれもする、かつそのことによって自分の考えを広め深めるこどもたちになるだろうということを期待できよう。

英語教育はじまって百年の歴史、教授法については多くの人たちの苦心の連続であった。その苦心はなお新しい人たちによって引きつがれ、一層の発展が約束されねばなるまい。

付　記

今、県下の英語教師が、普通とっている教授案の一応の形式を示してみよう。

The teaching plan of English　　　　　　（教案）
　　　　　　by　○　○　　　　　　　　（教師氏名）

1）Date　　　　　　　　　　（日時）

2）Class　　　　　　　　　　（学級）

3）Text　　　　　　　　　　（教材）

4）Assignment　　　　　　　（時間配当）

5）The Aim of this Lesson　　（本課のねらい）

6）Material of this hour　　　（本時の教材）

7）Aim of this hour　　　　　（本時のねらい）

8）Material for teaching　　　（準備すべき教具）

9）Procedure　　　　　　　　（教授過程）

　①Greeting　　　　　　　（あいさつ）

　②Calling the roll　　　　　（点名）

　③Review　　　　　　　　（前時の復習）

　　a）Review reading　　（本を読んだり、文型について聞いたりする）

　　b）Review question and answers　　（質問して答えさせる）

　　c）Discussion of Home tasks　　（宿題について研究する）

　④Oral introduction　　　（口頭によって本時の新教材を解説する）

　⑤Text question

（上記のことを理解したかどうか、その了解を確かめるために問答する）

⑥Reading Drill　　　　　　　　（読みの練習）
　a）Model reading　　　　　　（範読）
　b）Reading after teacher　　　（教師について読ませる）
　c）Individual reading　　　　　（指名読）
　d）Chorus reading　　　　　　（斉読）
　e）Phonetic drill of new words and phrases

　　　　　　　　　　　　　　　（新出語の発音練習）
⑦Explanation

　　　　（語法とか、注意すべき文法上の要点について説明する）
⑧Consolidation　　　　　　　　（整理）
　a）Chorus or individual reading
　b）Assignment of home task　　（宿題を課する）
　c）Guidance for preparation of the part of the lesson

　　　　　　　　　　　　　　　（次の時間の準備の手引き）

　もちろんこれは一定不変でなければならないというのではない。その時々
の事情に応じて教授者が、臨機の判断処置をすればよいのであって、要は
バランスがとれていればよいのである。

執筆を終って

　この夏のはじめ、執筆の依頼を受けて勉強にとりかかったが、共に浅学非才、さらに公務を持つ身とて十分に時間を持つことなく、思いの外に時日を経過する割には貧しい作品となってしまった。心からその罪をお詫びしなければならない。

　お訪ねして聞いてみたい人、閲覧しなければと思う平戸をはじめ県下各市の文庫などもあった。

　県立図書館改築の日は、参考になる諸文書をも披見できよう。

　心残りすることばかりである。

　もし先学古賀十二郎先生の「徳川時代に於ける長崎の英語研究」(昭和22年7月刊)の導きがなかったら、とうていわたくしたちの仕事は一歩も進まなかったろう。特記して、先学の労苦に感謝の辞をささげたい。

　本冊子の表紙を、お願いして、同書の装幀にならったのは、このことを記念せんがためであった。

　なおわたくしたちが参考にした諸文献は今あげないが、それぞれに得ることが大きかった。

　青山武雄先生、東西両高の社会科の諸先生、その他いろいろと御教示を受けた方々にも心から感謝したい。

　果してわたくしたちは、英語教育史を織りなした諸先人の輝やかしい労苦と功績とを顕彰し得たであろうか。

　今わたくしたちは筆をおくに当って、この100年の英語教育の史実を想起して、心から内外諸先人の歩みに感謝の念を深くするのみである。

印　刷　昭和三十四年十二月十日

出　版　長崎市住吉町二四三

（長崎外国語短期大学気付）

長崎英語教育百年史刊行委員会

代表者　青　山　武　雄

附　長崎学院長崎外国語大学の沿革

　ここでキリスト者　青山武雄の英学(洋学)の精神を引き継ぐ、長崎外国語大学の沿革を紹介しておきたい。

1901年(明治34)	11月	長崎基督教青年会(YMCA)設立
1930年(昭和5)	3月	YMCA活動を停止、長崎基督教青年会維持財団は解散せず若干の活動を行う
1945年(昭和20)	12月	日本キリスト教団長崎馬町教会にYMCA仮事務所を設け、YMCA活動開始の準備及び長崎外国語学校創立事務所を設置
1947年(昭和22)	4月	長崎YMCAは、長崎基督教青年会維持財団を継承し、財団法人長崎基督教青年会維持財団に改組 私立長崎外国語学校(長崎市馬町39番地)が長崎県知事より認可 専門部英文科及び商科に各50名の学生が入学。また、市民の語学教育センターとして夜間専攻科を開設
1948年(昭和23)	9月	長崎市本大工町(現魚の町)1番地に校舎建設・移転
1950年(昭和25)	3月	長崎外国語短期大学米英語学科が設立認可
	4月	長崎外国語短期大学開学
1951年(昭和26)	3月	私立学校法制定に伴い(財)長崎基督教青年会維持財団を学校法人長崎YMCA学院に改組
1954年(昭和29)	2月	長崎外国語短期大学米英語学科に第2部が増設認可
1959年(昭和34)	4月	長崎市住吉町(現泉町)243番地に新校舎(鉄筋コンクリート建)建設・移転
1960年(昭和35)	2月	法人の名称を学校法人長崎YMCA学院から学校法人長崎学院に変更認可
1962年(昭和37)	3月	長崎外国語短期大学米英語科第1部、同第2部を外国語科第1部、同第2部に名称変更
1965年(昭和40)	12月	創立20周年記念式典・祝賀会を挙行
1971年(昭和46)	1月	長崎外国語短期大学外国語学科第1部に定員増(80→120)認可、専攻(英語専攻・フランス語専攻・スペイン語専攻)設置
	3月	創立25周年記念事業として大学本館(鉄筋コンクリート建)の建設、旧館の改修

1975年(昭和50)	11月	創立30周年記念式典・祝賀会を挙行、沿革誌「30年のあゆみ」発刊
1981年(昭和56)	5月	創立35周年記念事業として日当の尾運動場建設
1982年(昭和57)	11月	いづみ寮建設
1985年(昭和60)	12月	創立40周年記念式典・祝賀会を挙行
1986年(昭和61)	12月	長崎外国語短期大学外国語科定員増(120→240)認可
1987年(昭和62)	3月	3号館の建設
1989年(平成元)	12月	長崎外国語短期大学に国際文化学科(入学定員60名)設置認可
1990年(平成2)	4月	長崎外国語短期大学に国際文化学科開設、外国語科第1部を外国語学科に名称変更 長崎外国語短期大学外国語科第1部を廃止
	6月	創立45周年記念及び国際文化学科開設記念 式典・祝賀会を挙行
1992年(平成4)	3月	長崎外国語短期大学外国語科第2部を廃止
1996年(平成8)	4月	長崎市泉町243番地から長崎県西彼杵郡時津町元村郷1010番地1に鉄筋コンクリート建の校舎・体育館等を建設・移転
	6月	創立50周年記念式典、新校舎竣工式典・祝賀会を挙行
2000年(平成12)	12月	長崎外国語大学(外国語学部国際コミュニケーション学科)設置認可 入学定員 150名 〔長崎外国語短期大学の国際文化学科(60名)及び外国語学科の英語専攻(180名のうち30名)、フランス語専攻(30名)、スペイン語専攻(30名)の改組転換〕 法人の住所を長崎市横尾三丁目15番1号に変更認可
2001年(平成13)	4月	長崎外国語大学外国語学部国際コミュニケーション学科開学 長崎外国語短期大学外国語学科を英語学科に名称変更
	5月	長崎外国語大学開学記念式典・祝賀会を挙行
2003年(平成15)	3月	長崎外国語短期大学外国語学科、国際文化学科廃止
	4月	長崎外国語短期大学専攻科英語専攻設置 修業年限2年(入学定員10名) 学生食堂を移築
2004年(平成16)	4月	長崎外国語大学入学定員(150名→180名)変更 長崎外国語短期大学入学定員(150名→120名)変更
2005年(平成17)	12月	創立60周年記念式典・祝賀会を挙行 アンペロス寮の運営・管理を開始

2006年（平成18）	3月	長崎外国語短期大学専攻科英語専攻（入学定員10名）廃止
2007年（平成19）	4月	長崎外国語短期大学入学定員（120名→80名）変更
2008年（平成20）	5月	平成21年4月より長崎外国語大学外国語学部改組を届出 入学定員（180名→170名） 現代英語学科（入学定員85名） 国際コミュニケーション学科（入学定員85名、編入学定員30名）
	6月	平成21年4月より長崎外国語短期大学学生募集停止を文部科学省へ報告
	12月	「長崎学院創立60周年記念誌」発刊
2009年（平成21）	4月	長崎外国語大学外国語学部改組　現代英語学科新設 長崎外国語短期大学学生募集停止
2010年（平成22）	10月	学校法人長崎学院創立65周年・大学開学10周年記念事業 コミュニケーションラウンジ新設のための寄付金募集 （完成：2011（平成23）年9月）
2011年（平成22）	3月	校地の一部売却（535.3㎡）
	7月	収益事業「長崎外国語大学ビジネス株式会社」設立 長崎外国語短期大学廃止認可
	9月	長崎外国語短期大学閉学式典を挙行
	12月	学校法人長崎学院創立65周年・大学開学10周年記念式典を挙行
2012年（平成24）	4月	社会連携センターを設置
	5月	長崎外国語大学外国語学部　現代英語学科完成年度 履行状況報告
	10月	長崎外国語大学後援会発足（教職員、同窓会、保護者会） 図書等教育環境充実に係る寄付事業開始
2013年（平成25）	12月	学校法人長崎学院　創立68周年記念礼拝・キング牧師胸像　除幕式
2014年（平成26）	4月	アンペロス寮を国際寮とし、男子の入寮を可能とする 施設設備充実に関わる寄付事業開始
2015年（平成27）	4月	教育環境の整備に関わる寄付事業開始
	12月	学校法人長崎学院創立70周年記念式典を挙行 「長崎学院創立70周年記念誌」発刊
2016年（平成28）	4月	教職センター、新長崎学研究センターを設置 新長崎学研究に関わる寄付事業開始
2018年（平成30）	9月	学修支援センターを設置

古賀十二郎の英学史

History of English Studies by KOGA Jujiro

2

解　　題
古賀十二郎『長崎洋学史』上巻　英語の部
附　『徳川時代における「洋学所設立の計企」と「Guido Verbeck」』

姫野　順一

1. 古賀十二郎：英学研究への道

　BOOK2は、古賀十二郎『長崎洋学史』上巻(昭和41年長崎文献社)の語学を論じた第1章の英学部分である15〜28節と、印刷術を論じた第5章のなかの蘭書から英書印刷にいたる経緯を述べた2〜6節部分の復刻である。この第1章は昭和22年に刊行された古賀の『徳川時代に於ける長崎の英語研究』の抄録から構成されている。『徳川時代』の原稿の所在と、成立の事情については、次節の藤本論文を参照していただきたい。

　古賀は幼年期から、出島のオランダ人医師ファン・デン・ブルクから蘭学を学び海軍伝習所に入所した祖父木村逸斎に強く感化されていた[注1]。長崎商業学校時代から洋学に関心を抱き、ここで副読本に用いられた平戸出身の貿易史家菅沼貞風の『大日本商業史』に影響されて歴史研究に向かう。明治31年(1898)、当時高等商業学校(一橋大学の前身)の附属であった外国語学校(99年から東京外国語学校として独立した東京外国語大学の前身)の英語学科に入学した。英語は、もともと古賀の外国語学習の中心であった。古賀は東京外大の第二回生として、校長の神田乃武や学科主任の浅田栄次、ケンブリッジを卒業したマッケロー(R.B. Mckerow)といった当時第一級の英語教師から英語を学んだ。

　中島幹起は『古賀十二郎』[注2](平成19年 長崎文献社)のなかで、外国語学校における英語教育は当時一般に行われていた漢文のように訳読をする「変則英語」ではなく、話せる英語つまりオーラル・トレーニングであったと指摘する。つまり古賀の英語は解釈の英語ではなく、「生きた英語」であったことに注目したい。古賀は専攻部に進み、英語論文Modern English Spellingを提出している。古賀の初期の関心は英語史上の語彙の表記に

あったようである。この問題意識は『徳川時代に於ける長崎の英語研究』(九州書房、昭和22年)および本章の一部に語彙論として組み込まれている。この問題意識はのちに『外来語集覧』として結実する。こののち古賀は広島で教師をしたあと明治39年(1906)に長崎に帰郷し、市井の研究者として長崎学と呼ばれることになる長崎の歴史研究に没頭する。

　学生時代から英語を学んだ古賀は、故郷長崎で史跡蹟・史資料に基づく長崎史の研究に携わる。古賀は長崎の文化財保護法の成立に関して意見を表明している。それによれば長崎の不動的有形物(史遺跡)と動的有形物(遺物)はともに博物館に収蔵すべきものであった。古賀にとって長崎史は「東西両洋の文明の化合の顛末」であり、「国史の背骨、世界史の首脳」であった。したがって研究は風俗とともに長崎の海外交渉史に向かい、語学はその手段であった。英語を得意とする古賀が、英独仏の語学を長崎史研究の基礎とする方法を述べているところは興味深い。長崎学にはスペイン・ポルトガル・オランダ・イタリア・ラテンの諸語が必要であるが、これらの複数言語の習得は「範囲と程度」の問題であり、専門領域を決めて必要な外国語をしっかり勉強し、ほかは辞書を用いて理解できる程度に習熟し、そのほか専門家の助けを借りるべきであるという。長崎学のみならず歴史学および対外交渉史研究の大道であろう。

2. 戦前日本の英学史研究

　古賀が洋学史を書き続けていた時代、すなわち『徳川時代』を刊行した戦前から昭和22年までに、日本の英学史研究は広範かつ高い水準にまで到達していた。概括し、その中における古賀英学史の位置を確認しておきたい。戦争直前の昭和16年(1941)10月には、新村出が「日本の近世学術史と英語学に基礎知識と典拠資源を与える」と高く評価した東北大学の重久篤太郎『日本近世英學史』が出版されていた。内容は語学、文学、伝記に分けられる。重久の狙いは英米蘭との戦争による英語排斥に抗して、英語教育を擁護するものであった。ここで英語は、「日本文化」を発展させた二大

外来文化の一つであり、外来語の95％は英語であるから第二の国語であると主張された。重久は、江戸の英学史を論じた前半の語学篇第2章の第2節で長崎の英語研究を取り上げている。その場合フェートン号事件をきっかけとしたオランダ商館長ブロンホフ、ドゥフに支援された英語辞書の編纂事業および密航して長崎に幽囚されたマクドナルドの蘭通詞への英語教授に多くのページが割かれるとともに、幕末の英国船渡来に対処するために江戸に招聘された馬場佐十郎や本木庄左衛門が重要であった。その視点は「日本文化の成立」であり、焦点はおおむね中央の江戸に当てられていた。

この重久は戦前の英学研究として荒木伊兵衛『日本英語学書誌』創元社・昭和6年(1931)、竹村覚『日本英学発達史』研究社・昭和8年(1933)、勝俣銓吉郎『日本英学小史』研究社・昭和11年(1936)、桜井役『日本英語教育史稿』敞文館・昭和11年、定宗数松『日本英學物語』三省堂・昭和12年(1937)、豊田実『日本英學史の研究』昭和14年(1939)を列挙している。順にその内容を瞥見しておきたい。

荒木の『書誌』は古書店主の文献渉猟として浩瀚かつ網羅的である。その背景には新村出のいう「公私の大学における英語重視」があった。文化8年(1811)の『諳厄利亜興学小筌』から始まり、明治20年の歴川喜望戯『ドーデ英和語彙』に至るまで、長崎を含めて354点の英語学書を記し、年表・索引も充実している。本書も、「近世国語学のなかの日本英語学史」という国民的な英語学に貢献するものであった。

竹村の『発達史』も、解釈・発音・文典(文法)・文学・沙翁(シェイクスピア)を章別に論じて372ページにわたり英字を体系的に解明する。また文部省督学官であった桜井の『教育史』も維新前後から説き起こし、わが国における英語教育法および学校制度とカリキュラムの変遷を詳説する。両書ともやはり「国語としての国民的な英語教育」を目指すところに特徴がある。

勝俣の50ページの『小史』は、戦前出版された早稲田大学の英学史のテキストである。長崎の英学への言及も多い。勝俣は、切支丹および蘭学の背景から説き起こし、長崎における日英接触を発端とする英学の創業を述べる。長崎における『諳厄利亜興学小筌』、『諳厄利亜言語和解』、『諳厄

利亜語林大成』の三大辞書の成り立ちから、その江戸への展開は長崎の英学史である。日米接触を期とする蘭学の英学への転換、江戸の開成所における英文典および辞書の刊行は江戸を中心としている。さらに「長崎に於ける其後の英学」では、長崎の英語伝習所の後身である洋学所におけるフルベッキの教師としての活動とそこでの大隈の英語への傾倒を記す。大隈を創設者と仰ぐ早稲田の伝統を踏まえた英学の整理である。英米との対立が深まる昭和11年に出版された本書は「英学の現局と将来の展望」を付記している。そこでは英語が新「日本文化の建設」に貢献することが強調されている。勝俣はここで国語を日本語として学ぶ「小日本人層（小学校卒業程度）」と、国語として日本語と英語を学ぶ「大日本人層（上級学校卒業の指導者）」を区別し、指導者としての後者の「国語のなかでの英語教育」の役割が強調される。それで日本文化の顕彰が意義付けられているのである。そこで英語教師は、日本人の心理を理解できる日本人でなければならなかった。ここには時局を配慮せざるを得なかったナショナルな英語教育への傾斜がうかがわれる。

定宗の英学史の小冊子『日本英学物語』70ページも、昭和12年に広島高等師範学校の英学の教科書として出版された。本書は英学の夜明けの三浦按針と平戸商館に始まり、黎明期の長崎の英学としてにフェートン号事件と英学研究および英和辞典を語り、外国人英語教師としてマクドナルド（Ranald Macdonald）、マクゴワン（D.J.Macgowan）、リギンス（John Liggins）、フルベッキ（Guido Fridolin Verbeck）に説きおよぶ。締めくくりは江戸の英学者中濱萬次郎とオランダ改革派牧師のヘボン（James Curtis Hepburn）である。本書も日中戦争が始まり英米蘭との対立が深まる時期に書かれた英学史である。そのことは末尾の「森有礼の英学」で国体主義者としての森がクローズアップされていることからうかがえる。宗定によれば、文明開化のなかで蘭学を捨てて英語に走った人物が福沢諭吉であり、文部省の英語読本を制作して英語教授法と英語教育を革新した外山正一と森有礼らが日本における英語教育の基礎の構築者であったが、その場合凶弾に倒れた森は「外国を知り、日本の他の国家に類なき国体に貢献する」というナショナリストとして

の森であった。

3. 正則・変則教授法と英学史の体系化

　維新以後の英学の展開は、漢学の伝統を引き継ぐ日本独自の英学教育である変則教授法と母国語を英語とする外国人教師から直接学ぶ正則教授法の2つの流れが存在した。幕末明治初年においては日本で英語を学ぶ方法は、宣教師の教授を例外として書物によるものであった。江戸の箕作塾や慶應義塾をはじめ、その他の一般的な英語教育は間接法とも呼ばれ、漢文のような素読・会読を中心の後ろから訳す変則法であった。これが「耳と口と目と手を動員する」教授法である正則に至るには、外国人との直接接触が必要となる。これは古賀が学んだ東京外国語大学の神田乃武、および東京高等師範の岡倉由三郎の改革運動はこれを推奨した。明治政府は明治5、6年頃から全国の中等教育で外国人教師を雇い、ネイティブ・スピーカーから直接英語を学ぶ正則教授法を目指したが、西南戦争による財政破綻から挫折した。ここから日本は変則教授法が全盛となり、英語学校における一般的な正則法の導入は大正期のPalmerによる口頭教授法としての『正則文部省英語読本』を待たねばならなかった。明治の中期、英語の正則を教授した東京外国語学校に在籍した古賀は、例外的に正則の英語を学んだわけである。

　昭和13年(1938)に刊行された豊田の『英学史』は、戦前の英学史の最高水準を示す本文738ページの大著である。扉の挿絵は出島図から始まる。その内容は竹村の体系的な英学史研究の流れを引き継ぎ、第一部で辞書史・発音・英文法・沖縄の英学および明治初期の英語小学読本といった語学論が配される。第二部は日本の英文学・ミルトン・島崎藤村の『新體詩抄』・漂流談・聖書和解といった文学論である。長崎に関する部分に目を向けてみると、第1章の辞書史のなかでの言及が大きい。本書の特徴は、英語辞書を系統分類していることである。すなわち英和辞書は阿蘭陀系、英吉利系、亜米利加系に分類されている。阿蘭陀系に属

するのは長崎の『諳厄利亜言語和解』と『諳厄利亜語林大成』、江戸の堀達之助『英和対訳譯袖珍辞書』（文久2年）および村上英俊の『三語便覧』（嘉永7年）、『五方通語』（安政3年）、『五國語箋』（万延元年）であり、『薩摩辞書』がこれに加わる。英吉利系は、英人メドハーストの*An English and Japanese, and Japanese and English Vocabulary, Batavia,1830* の流れを汲むものとして、村上英俊『英語箋』（上・下巻）と、石橋政方およびアーネスト・サトウによる *An English-Japanese Dictionary of the Spoken Language,London,1875* があげられる。維新後これはナトールNutall系とオーグルヴィOgilvie系が分けられ、前者として吉田賢輔等『英和字典』（明治5年）ほか8点が、後者にはとして柴田昌吉・子安峻編『附音挿図英和字彙』（明治6年）ほか10点が挙げられる。長崎出身の柴田の辞書は明治初期、国産最大の活版英和辞書であったが、その底本はイギリス人John Ogilvieの辞書であった。亜米利加系は、ヘボンの『和英語林集成』（慶應3年）と、それに依拠した内田晋齊編『浅解英和辞林』（明治4年）が、ウェブスター系は関吉孝『袖珍英和辞書』（明治7年）以下7点挙げられる。支那系として英華辞書が6点、総合系として未完の福地源一郎『大英字典』（稿本明治2年）が、さらに系統不明のものや熟語・生物学・医学・薬品・数学・学芸・工学・号令・兵学・通商・哲学・略語・隠語などの英語辞書が列挙される。和英辞書は外国人によるメドハーストの辞書、ヘボンの『和英語林集成』（慶應3年）、オランダ人ホフマンが編集した *Japanese-English Dictionary,1881-92*、Rev AmbroseとG.Gringが編纂した『対譯漢和英字書』（1884年）および日本人による13点列挙されている。豊田の英学の整理にも国民的な英語の歴史観がうかがわれる。

　神学者であり、当時九州帝国大学の教授であった豊田の英学史も支那事変が影を落とす苦悩の中にあった。豊田は序文で、本書が縮小されつつあった英語教育の問題解決や宣伝を説くものではなく、英学がいかにして「日本の文化史」に組み込まれたのかを示し、「国家百年の計」を打ち立てる歴史研究であると出版の意図を述べている。ここでも英学研究の国際比較の視点が閉塞させられていることを確認できるのである。

4. 古賀による英学研究の特質

　このような英学および英学史の先行研究のなかで、ここで紹介する古賀の英学研究はどのような特徴をもち、その意義はどのようなものであろうか。長崎に根を下ろして対外交渉史を研究していた古賀は、名著『長崎市史風俗編』長崎市役所大正11年に続く2番目の著書『長崎と海外文化』長崎市役所（前編は永山時英、後編は古賀の執筆）の、長崎の語学史を論じた後編第一章の8ページでフェートン号以降の英語学史を論じている。これが古賀による英学史研究の初出である。その後、戦前から戦時中英学研究は逼塞し、公表する機会を持てなかった。昭和22年、敗戦後まだ原爆被災の焼け跡が残る長崎から発信された『徳川時代の長崎に於ける英語教育』（発行所は福岡の九州書房、印刷所は同秀巧社）は、長崎から国際平和と国際文化といった新しい国際関係を求めるメッセージが込められていると読むことができる。

　実は昭和5年、国際派の古賀がナショナリストの長崎県立図書館長永山時英と激しく対立する事件が生じていた。このとき長崎市商工会議所の主催で長崎市の誕生日として開港記念日を選定する協議会が開催された。秀吉が長崎を天領にした日を主張する永山時英と、ポルトガル船の入港日を主張した古賀および長崎高等商業学校教授の武藤長蔵が対立した。結果的に開港年については古賀説の元亀元年（1570）が、日にちについては永山案の秀吉の長崎公収日である「四月二十七日」が折衷的に定められた。満州事変がさし迫る時期である。このとき国際派の古賀と武藤は、「君たちがそういう風に国家的に見ないのは思想が悪化している証拠だ、君たちまで悪化しているのは驚いた」と永山から揶揄されている。中嶋の評伝が言うように、古賀には「幅広い視野と自由な着眼点」があった。古賀は戦前戦後を通じて、国際平和と市民社会の安寧の視座を貫いたのである。

　港あり　異国の船をここに招きて　自由なる町をひらきぬ
　　　　　　　　　歴史と詩情のまち　世界のナガサキ…（古賀）

古賀英学史の最大の特徴は、このような外国人との接触の場に身を置き、自由な市民的な立場から実践的な「洋学」発祥のコンテキストを解明したことである。その視点には地域研究と国際的な視座が融合していた。今でいうグローカルなものであった。古賀はコスモポリタンではなかった。古賀は外国語学校に「近世英語の綴り方」という英語の学術論文を提出したあとの明治41年（1908）に恩師の浅田栄次から外国留学を勧められているが、固辞していて外国留学の体験はない。地域のフィールド調査は得意であったが、基本的にはカントのような書斎派であった。書斎人としての古賀は、書物の蒐収家でもあった。古賀の第二の特徴は、ラテン語から諸外国語、日本の古文書・古典籍に及ぶ原資料の渉猟であり、その語学力と読解力である。しかも言語は「生きた日本語」に翻訳されている。さらに第三に、長崎の英学について考察する場合、内外の先行研究がしっかり踏まえられていることである。この点で古賀はたんなる文人や郷土史家の枠にははまらない。第四に、長崎の英学に絡む多くの人物評伝を付け加えていることである。人物に立ち入る古賀の分析は、ロマン主義にも通じている。このように「写実主義の視点と心性の探求を時代と人間をながめ、こなれたわかりやすい筆致で述べる」という古賀の手法について、中嶋はフランスのアナール学派に通じる先駆的な取り組みを見出している。古賀には、フェルナン・ブローデルが主張した人間集団の生き方、生活様式を決定する自然環境といった「地理学的決定論」と「人間諸学の統合としての全体史的研究」が融合している。古賀の英学史は「生きた人間の総合」という観点から描き出されている。『徳川時代』および『洋学史』にその視点は顕著である。第五に、古賀の英学は学としての英語ではなく、その中心は英語教育の歴史および外来語彙（言語）の学であった。古賀が学んだ東京外国語学校の英語は正則法であったが、古賀の真骨頂は「生きた言語」にある。そして第六に、英語教育のテキスト流通を促進した出版革命に絡む、長崎における活版印刷術の導入に注目していることである。社会史家としての面目も躍如としている。

　以上のように英学および英語教育の歴史で長崎という地域のコンテキス

トに拘った古賀の英語研究は、それ自身としては完結せずに、ほかの領域の『洋学史』上・中・下巻や、『長崎と海外文化』(大正15年)『長崎画史彙伝』(昭和9年)、『西洋医術伝来史』(昭和17年)、『長崎開港史』(昭和32年)、『丸山遊女と唐紅毛人』(昭和43年)、『外来語集覧』(平成12年、長崎文献社)といった著作に知性史として相互に関連付けられているのである。

5. 『長崎洋学史』で省略された『徳川時代に於ける長崎の英語研究』の記述

　『徳川時代』の目次については、次節の藤本論文を参照していただきたい。『洋学史』はこの『徳川時代』が簡約されたものもあるが、以下の叙述は『洋学史』では省略されている。

① 　英語修行方法の改善　附諳厄利亜言語和解

② 　『諳厄利亜興学小筌』(市役所保存)の考証

③ 　本木正栄、馬場為八郎、末永甚左衛門、楢林榮左衛門、吉雄権之助の履歴

④ 　Jan Cock BlomhoffおよびThomas Stamford Rafflesの履歴

⑤ 　英人Captain Peter Gordonの来航(モリソン号事件)

⑥ 　英人Medhurstの英和和英語彙

⑦ 　英艦サラマン号の渡来

⑧ 　米艦プレブルの渡来

⑨ 　ラナルド・マクドナルドと森山栄之助との交流

⑩ 　C.T.van Assendelft de Coninghの渡来

⑪ 　洋学所設立の計企　附西役所における英語伝習

⑫ 　広運館職員の姓名、何礼之助、平井義十郎の履歴

⑬ 　長崎商業学校の歴史

⑭ 　米人Dr. D.J.Macgowanの渡来　附唐通事の英語研究

⑮ 　John Liggins

⑯ 　Channing Moore Williams

⑰　Guido Herman Fridolin Verbeck

⑱　和英商売対話集並に蛮語小引

⑲　英語通詞

⑳　石橋政方の英語箋　附和英語彙　和英対訳書牘類

㉑　堀達之助等の編修に係る英和対訳袖珍辞書　附薩摩字書

㉒　W.G.Aston の A short Grammar of the Japanese Spoken Language

㉓　岩崎克己『柴田昌吉伝』からの抜き書き

㉔　Dr. Henry Stout

㉕　柴田英語学校の経営

㉖　水戸彰考館所蔵に係る諳厄利亜興辞書

【附】『徳川時代』における「洋学所設立の計企」と「Guido Verbeck」の
　　　記述

　『洋学史』に収載されなかった①〜㉖のうち長崎の「英語教育の発祥」
に関わる⑪の長崎における英学校の計画および⑰のフルベッキの紹介
部分は、戦前期における英学教育史の研究水準を顕すものとして興味深
い。古賀のフルベッキ研究は1900年に出版されたグリフィスの*Verbeck in
Japan*に依拠しているようであるが、当時の研究水準を確認するために古賀
の叙述をここに再録しておきたい。

凡例

1. 以下は古賀十二郎『徳川時代における長崎の英語研究』九州書房・昭和22年の抜粋である。

2. 改行は原文通りとした。

3. 旧字体や旧仮名遣いはそのままとした。

4. 縦書きを横書きに変えたが漢数字はそのままとした。

5. 出版された図書は『　　』を補った。

復刻 ⑪洋學所設立の計企　附西役所に於ける英語傳習（原文62〜66頁）

　鎖國以降、吾邦と海外との交渉は、僅少なる場合を除き、長崎一所に限られていたので、通譯の事も、長崎だけで十分であったが、魯西亞の北東亞細亞に進出するに及び、寛政時代に入り、北海に於ける吾邦と魯西亞との交渉漸く密接の度を増し、爾後往々蘭通詞の江戸及び松前に出張を命ぜらるる必要起り、また長崎を經由して吾邦に東漸する遠西文化の影響に基く蘭學の勃興乃至海外との交渉に由來する異船の渡來により、蘭通詞の江戸出張及び天文臺勤務の必要も亦出來するに至り、長崎に於ては、歐亞に於ける政局の變動に由る影響をうけて、蘭語以外、佛語、魯西亞語、英語、滿州語等の研究を促され、天保時代に入り、英支阿片戰爭の結果、支那に於ける五港の開港を見るに至り、西力の東進いよいよ顯著となりしが、長崎に於ては、蘭通詞の移動による缺員のために著しき支障を經驗するほど迄には至らなかった。

　しかるに、第十九世紀の後半に至り、嘉永六癸丑年、一八五三年米國海軍提督ペルリの渡來の頃より、吾邦と歐米諸國との交渉は、急激に展開するに至りしため、蘭通詞のうち江戸出張を命ぜらるる者も亦増加し、飜譯や通辨の必要はいよいよ深く感悟せらるるに至った。しかも、蘭語の外に、吾邦と交渉密接なる國の言語を、蘭通詞の外、一般有志の者にも學習させて、西力の東進に對應すべき必要が十分認識せらるるに至った。

　是に於て、安政二乙卯年正月に至り、天文方の蠻書和解御用方は、天文臺より獨立して、九段坂下に移り、洋學所と稱して、幕府の儒官古賀謹一郎が其頭取となった。

なほ、薩藩に於ては、其頃琉球にしばしば異國船が渡來するので、通譯の必要を切に感悟したために、藩主島津齊彬公は、藩士を長崎に派遣し蘭通詞に就きて蘭語を修めさせ度き旨を、幕府へ願出でて、その許可を得た。安政2乙卯年6月、閣老阿部伊勢守より長崎奉行宛通牒。

　それから、閣老阿部伊勢守は、安政二乙卯年十一月廿七日附、長崎奉行宛書取に於て、「通事の外にも、有志之輩は、勝手次第稽古爲致、飜譯通辨等出來候方可然」と述べている。

　隨って、長崎奉行川村對馬守は、洋學の修業方に就きて、一應唐通事及び蘭通詞の意見を徵する事にした。

　彼は、唐通事たちに、満州語の學習を中止して、洋學に轉する方が、御用辨にもならうと諭してみると、唐通事たちに於ては、いずれも異議なく承知した。そして、唐通事たちより、洋語に唐音を附したる五車韻府、其他、右類の書籍を支那より取寄せ度き旨を申出でた。

　また、蘭通詞たちに於ては、重立ちたる通詞などは、甲比丹より傳習を受けているが、双方とも要務のため、捗しからず、また自餘の通詞たちは、重立ちたる通詞より家業を傳へ受け、其外は、洋書に依りて修學するのであるが、外國人に對する通辨や飜譯の事に至りては、各自心掛けおくだけの事で、何分行届き兼ぬる次第なれば、できる事なら、此際洋學所を設立せられ、特に師範の蘭人を採用の上、一統修業するやうな事になれば、熟達も早く、御用辨にもならうと申出でた。

　是に於て、長崎奉行川村對馬守は、洋學所設立の件に就いて、一應年寄、長崎會所役人へ、審議させた上、更に紅毛甲比丹の意見をも徵したる結果、洋學所設立の必要を認め、且つ其設立の場所及び經費などに就きても、十分調査したる上、一應目付淺野一學及び江戸在留中の長崎奉行荒尾石見守とも打合せたる末、安政三丙辰年二月に至り、荒尾石見守と連名にて、幕府へ上申したのであった。しかし、幕府より長崎奉行への訓令は、國事多端のため、大に延引した。

　其後、一年四カ月餘を經て、安政四丁巳年六月廿六日に至り、閣老堀田備中守は、長崎奉行へ、書取りを以て、(1)洋學所の取建は見合せ、(2)西役所に於て、海軍傳習と一同に洋語を傳習すべき事、(3)差當り英語、佛語、魯語など心得たる蘭人三人程も呼寄せ、蘭通詞はもとより、唐通事などへも兼學させ、其外、有志の者へも學

習させるやうに心得べき事、(4)別段蘇木持渡の分は、長崎會所に於て賣拂ひ、其益銀を以て、右洋語傳習の費用に充當すべき事、(5)洋學傳習方の儀は、目付木村圖書へ打合せ、然るべく取計ふ可き事などを命じた。

さうして、長崎に於ては、洋學所の設立は見合せとなり、西役所に於て、海軍傳習と一同、英、佛、魯、三カ國の言語の學習を始むる事になつた。

尋いて、同巳年八月、長崎奉行所に於ては、次の如く布告した。

　　嘆語稽古之もの、新規增人申付候筈に有之候間、相願度もの共は、來ル廿九日迄二、向々ゟ名前取揃、差出可申候。

　　　巳八月

即ち、英語學習の者、新規に增人を命する筈につき、志願者は來る廿九日迄に向々より名前取揃へ差出すようにと云ふのである。これは、唐通事及び蘭通詞はもとより、一般市民に對する布告であつたと考へねばならぬ。

なほ、同巳年、安政四丁巳年　長崎の活字板摺立所安政二乙卯年西役所内に創設、安政四丁巳年十二月、江戸町五ケ所宿老曾所内に移轉、安政五戊午年出島印刷所となる。に於て、『ゲメーンサーメ・レールウェイス』が出版された。

これは*Van der Pijl's Gemeenzame Leerwijs, voor degenen, die Engelsche Taal beginnen te leernen.* Het Engelsch naar den geroemden Walker, en het Nederduitch naar de heeren Weiland en Siegenbeek. Negende en veel verbeterde uitgave. Door H. L. Schuld, JWzn, privaat onderwijzer te Dordrecht, by Blusse en Van Braam, 1854. の復刻版に外ならぬのである。

この洋書は、英語の研究を始むる者の爲めに編修された者で、英語と蘭語と對照してある。英語はWalker、蘭語はWeiland及びSiegenbeekに據りたるもので、蘭語を心得て英語の研究を始むる者にとりては、甚だ便利なものである。

明治元戊辰年一八六八年『英蘭會話譯語』(ガラタマ先生口授、渡部無盡藏主人藏版)が出版された。これは、この*Van der Pijls Gemeenzame Leerwijs* を復刻し、それに譯語を附加へた者に外ならぬのである。

其後、三年を經て、明治四辛未年一八七一年に至り、『英吉利會話篇』(ガラタマ先生

閣、江戸渡部氏刷行）が上梓された。これは、さきに出版された『英蘭會話譯語』より蘭語を除いた者である。

　ガラタマ先生と云ふのは、Dr. Koenraad Wouter Gratama にあたる。Gratama氏は慶應二丙寅年一八六六年長崎の精得館に附属せる分析窮理所の教師として、長崎に渡來し、翌慶應三丁卯年一八六七年東上して、江戸の開成所の理化の教師となつた蘭人である。拙者西洋醫術傅來史参照。

⑰Guido Herman Fridolin Verbeck（原文84～90頁）

　フルベッキGuido Herman Fridolin Verbeckは、一八三〇年一月二十三日を以て、蘭国UtrechtのZeistに於て生まれ、一八九八年三月十日明治三十一年正午頃東京に於て永眠した。

> 　フルベッキの父はCarl Verbeek と云ひ、Rysenburg（Zeistの南東に在る小邑）の邑長であつた。母は、Anna Maria Jecomina Kellerman と云ふ。両人は一八一八年に結婚した。Rysenburgにて四人の子供が生まれ、一八二七年Zeistに移りてより後また四人の子供が生まれた。其四人の子供の第二番目がフルベッキであった。フルベッキの詩や音樂に對する趣味は、母の遺傳で、フルベッキは、ピアノ、オルガンなどはもとより、バイオリンやギタアの上手であった。

　フルベッキ氏は、ZeistのMoravian Instituteに入學して、蘭語の外に、英、獨、佛三國語を修め、いづれも流暢且つ正確に話したと云ふ。それから、UtrechtのPolytecnic Instituteに入學し、卒業後、一時Zeistの鑄造所に勤めて、短き經驗を得た。そして、青銅、眞鍮、鐵などの器物製造に従事し、なほコーヒーを炒る方法を改善するために工夫した。

　フルベッキ氏は、義兄Rev. George van Deursの勧めによりて、一八五二年九月上旬蘭國を去りて、ニユウ・ヨルクに至り、ウイスコンシン州はGreen Bay近くのタンク・タウンのダンク鑄造所に勤めていた。

　一八五三年十一月一日、彼は、Brooklynに來た。其處には、姉のSelmaが、Rev.

G. van Deursの妻として生活していた。そして、ArkansasのHelenaで、技師の職に就く事になった。其處で、橋梁の設計、製圖、其他、技師的計算などに忙殺されていた。それから、彼は、ウイスコンシンに行き、タンク氏の鑄造所を管掌する事になり、一八五四年の冬及び一八五五年を愉快に過した。

一八五六年、彼は、Auburn, N. Y.に赴き、神學校に入學し、一八五九年に卒業した。

其頃、Auburn附近の風光明媚なるOwasco Outletに於て、Rev. Samuel R. Brownが、Reformed Dutch Churchの牧師となっていた。ブラウン氏は一八三八年より一八四七年まで、Morrison Education Societyに關係して、廣東に在留していたが、その妻の病氣のために歸國して、一八五一年よりOwasco Outletに落ち着き、再び極東の布教に従事する積りであった。

一八五八年日蘭條約締結後まもなく、長崎に滞在中であったS. Wells Wiliams、Rev. E. W. Syle、Chaplain Henry Wood 三名は、米國のエビスコパル、リフオムド、プレスビテリアン三傳道團に、宣教師の日本派遣を求めたのであった。

Reforrned Dutch Churchに於ては、アメリカ化した阿蘭陀人一名を宣教師として、日本に派遣したき希望があった。是に於て、一八五九年一月中旬の頃、Auburnの第一プレスビテリアン・チヤアチのRev. Charles Hawley, D. D.がフルベッキ氏當時神學校の上級生であった。に右の趣旨を傳へ、Dr Scudderにフルベッキ氏を推薦し、一週間ばかりして、Rev. S. R. Brownも亦フルベッキ氏に會見した。其後、いろいろ手續を經たる上、フルベッキ氏は、日本へ渡る事になり、四月十八日午前十一時、フイラデルフイアに於て、フルベッキ氏及びMiss Maria Manionは、Rev. G. van Deursに依りて、結婚式を擧行した。

一八五九年五月七日安政六巳未年、土曜日、正午、フルベッキ夫妻は Rev. S. R. Brown、Duane B. Simmons 兩名と共に、ニユウ・ヨルクを出帆し、六月三十日喜望峯に達し、八月廿五日香港に寄り、十月十七日に至りて、上海に着いた。

フルベッキ氏は、上海でRev. C. E. Bridgman、Rev. E. W. Syle、S. Wells Williams、Chaplain H. Wood などと會見した。そして、Brown、Simmons兩名は、その家族を上海に残して、神奈川へ出帆する事になった。

フルベッキ氏は、冬中は上海に滞在して、語學の研究に従事し、春に入りて、長崎

に出帆する積りであったが S. Wells Williams、其他の勧めにより、十一月四日、その妻を上海に残して出帆し、十一月七日の夜、長崎に着き、翌八日の朝上陸した。

　彼は、先ずアメリカ領事館を訪ね、領事館の日本従僕と共に、彼と同様に年若き、米國エピスコパル派の宣教師リッギンス及びウイリアムスを崇福寺後山に在る廣德院に訪ねた。

　フルベッキ氏は、米國で歸化の手續を履行してみたが、故障があって、歸化人になれず、無籍國民として、長崎に渡來したが、長崎の米國領事館に於ては、歸化人として取扱うて、保護を興ふる事になった。隨って、長崎に於ては、彼を亞米利加人として取扱うていた。谷口藍田の韓氏日暦にも、「亞人布留別幾」とある。

　彼は、崇福寺境内の廣福庵を借ることにし、十二月五日安政六己未年十一月十五日を以て、この借宅に移った。そして、新居の準備が整ふたので、上海に待っている愛妻に書面を送りて、渡來を促した。是に於て、妻は、十二月廿九日 日本暦十二月六日 を以て、長崎に着いた。

　萬延元庚申年正月元日一八六〇年一月二十三日は、あたかもフルベッキ氏の満三十歳の誕生日に該當した。其後、三日を經て、正月四日一八六〇年一月廿六日長女Emma Japonica が生まれ、初めは別狀なかりしが、忽ち病に罹り、苦惱甚しく、遂に二月二日日本暦正月十一日を以て、夭折した。その墓碑は、稲佐の悟眞寺境内、阿蘭陀墓地に遺存している。

　當初、フルベッキ氏の新居の訪問客は、主として英國軍艦の士官たちであった。午前十時より午後五時まで、盛夏の季、そして、幾月も日本語の研究のために、フルベッキ氏は外出しなかった。

　彼は、一カ月三弗の手當で、支那人を雇ふた。その支那人は、料理、其他をなし、日本人の子供が、臺所の手傳やら、使など勤むる事になった。支那人は西洋料理が上手であったが、日本人は洋食を心得ていなかった。「來年にもなって、日本人と話せるやうになれば、支那人を解雇し、日本人のみを雇ひたい」と、フルベッキ氏は述べている。

　一八六〇年四月七日、George Smith, D. D.（Bishop of Victoria, Hongkong）が、ヤンチエ號に乗りて上海を出帆し、四月九日長崎に着き、廣德院にウイリアムスを訪ねて、其處に宿泊し、五週間あまり滞在していた。

西洋人の漢文著述などは、長崎にて非常な歓迎を受けるので、フルベッキ氏は、支那に於ける領事駐在の港々より夥しき書籍荷物を取寄せた。

　漢方醫笠戸順節などは、リッギンス、ウイリアムス、フルベッキ氏などと懇意で、彼等に日本語や漢字の知識を授けていたやうである。彼は、西人の漢文著書述の愛讀者であり、且つ彼等の日本語または日本の研究に關する參考書の供給者であった。彼は酒屋町に住んでいた。

　笠戸氏は、聖ルカの福音書を需めたが、これらの洋人たちは、其筋のスパイではないかと疑ふのであった。

　一八六一年には、Rev. John. Nevius 夫妻が、長崎に來て、フルベッキ氏を訪ねた。

　一八六二年には、フルベッキ氏の長男ウイリアムが生まれた。フルベッキ氏はニユウ・ヨルクの本部の命より、傳染病に關する報告を作成した。それから、彼は漢譯聖書を頒布した。

　同年文久二壬戌年フルベッキ氏は佐嘉藩の漢學者谷口藍田と初めて會ふた。谷口氏は韓氏日暦に於て、「壬戌之歳、余遊長崎、與之相見於崇福寺、贈洋書數種、爲贄請入門、余有故不果」と記している。洋書と云ふのは、支那刊行に係る西人の漢文著述をいふ者と考へたい。また、長州の高杉晉作も、フルベッキ氏を、廣福庵に訪ねた。東行先生遺文。

　一八六三年四月廿八日附、フルベッキ氏よりその同胞宛の書翰によれば、彼は、其頃、妻子と供に、出島に移った事が分かる。シーボルトがケンペルやツンベルグの記念のために建てた碑石と相對する家にいたと云ふ。フルベッキ氏は、出島に移轉の後、妻子を同伴して、上海に渡り、十月十三日長崎に歸った。其頃、薩藩と英人、幕府と長州藩などの葛藤が起り、長崎在留の外人たちは不安に堪へず、フルベッキ氏も、廣福庵を去りて、出島に移り、ウイリアムズも、廣德院より大浦に移った者と思はれる。フルベッキ氏の妻子の上海渡航の如きも、保養のためと云ふ事であるが、實は避難を主とする者であったらしい。其後、フルベッキ氏は、江戸町の洋學所更に語學所と改むの英語教師を嘱託された。

　一八六四年元治甲子年松本銈三郎は、江戸より長崎に下りて、醫學所に入ったが、フルベッキ氏に獨逸語を學ぶことになり、江戸町の洋學所に通ひて、毎日一時間ず

つ獨逸語の教授をうけた。其外、今一名、養生所より江戸町に通うて獨逸語を習ふたと云ふ。故岡田好樹氏より聞く。これは司馬凌海に外ならぬ者と思ふ。

一八六五年春慶應元丑年三月廿五日谷口藍田は、本野周藏と共にフルベッキ氏を大徳寺に訪ねた。其折、フルベッキ氏は、谷口氏に就きて、和漢の學を修むる事になった。韓氏日歴。

其頃、大隈八太郎は、フルベッキ氏に英語を學んでいた。恩地轍、藍田谷口先生傳。

同年夏Dr. James Legge が長崎に來た。ドクトル・レッグは、大徳寺にフルベッキ氏を訪ねた折に、谷口藍田と會ひ、筆談を試みたのであった。韓氏日歴、慶應元丑年六月九日の條。レッグ氏の妻子は、さきに長崎に來て、レッグ氏を待っていたのであった。レッグ氏は、香港に來て既に二十三年、今や長崎に來て、あだかも故郷に歸って來たやうな感があると筆語した。

> James Legge は、一八一五年十二月廿日、英國スコットランドのAberdeenshire のHuntly に於て生まれ、一八九七年十一月廿九日（明治三十年）オックスフォルドに於て逝く。アバアデイーン大學卒業の後、ロンドン・ミッショナリ・ソサエティの宣教師となり、一八四〇年一月十日マラッカに着き、Anglo-Chinese Collegeに勤めて、その長となり、一八四三年英華書院の香港に移るに及び、同地に在留し、一八六七年オックスフォルド大學の支那學教授となった。支那古典の飜譯、其他の著がある。一八七五年にFrench Instituteのジュウリアン賞を獲た。著名な支那學者であった。
> レッグ氏は、さきに家族の者を轉地保養のため長崎へ出發させ、一八六五年七月の後半に於て、香港を發し、汕頭、厦門、上海、長崎などに寄った。そして、長崎で、レッグ夫人並に子供たちを同伴して、八月北方へ出帆した。

一八六五年五月一日發行*Chinese and Japanese Reporitory* pp. 209-212にフルベッキ氏の小篇Japanese Ethics Tales from the Original. Translated by the Rev. G. F. Verbeck, Nagasakiが掲載してある。

一八六六年五月十四日、フルベッキ氏は、佐賀藩の村田若狹、本野周藏、其他と、長崎にて會見した。そして、五月廿日の夕方、大徳寺内のフルベッキ氏宅に於て、村田若狹、本野周藏、外一名若狹の弟アヤベとある。合せて三名は、フルベッキ氏により

て、洗禮を受けた。村田若狭は一八七四年（明治七年）六十歳にして永眠したと云ふ。

　同年慶應二丙寅年フルベッキ氏は、長崎浦五島町の諫早屋敷内に設立された致遠館の英語教師となり、明治二己巳年まで、一日置きに致遠館に來て、教へていた。其頃、彼は、よほど日本語に長じ、「農」「農民」などと漢語を使っていたと云ふ。授業時間は、午前八時より十二時まで、學課は、政治、經濟、軍事、理學などであったと云ふ。牧由郎氏談。致遠館は、慶應二丙寅年に開校、明治二年頃廃校となったやうであると、牧由郎氏は、予に語った。

　フルベッキ氏は、一八六七年九月七日附書翰に於て、加賀、薩摩、土佐、肥前など、諸藩より招聘の申込をうけた事を記している。

　一八六八年明治元戊辰年彼は、佐賀へ迎へられて、鍋島閑叟公に謁し、家臣より歡待を受けた。

　一八六八年十月十八日土曜フルベッキ氏は、その従僕小出氏と共に、海路大坂へ出發し、二十日の夜兵庫に着き、二十一日上陸、肥前藩邸にて朝飯をしたため、それより大坂に行き、肥前屋に宿した。大坂にては、John Milne Rev. James Goble、Victor Pignatel、英國副領事J. F. Lowder などに會ひ、ハアトレイ會社に立寄ったが、洋書の賣行が活潑であると云ふ事を、店主John Hartleyより聞いた。日本人としては、後藤象次郎、大坂に在留中の何禮乃助長崎の人、薩摩の吉田清成後ち米國公使となる、副島種臣、小松帯刀などと會ふた。グリッフィス氏のフルベッキ傳には、長崎歸着の時日を興へていない。

　明治二己巳年春、一八六九年フルベッキ氏は、東京の開成所に招聘されて、長崎を去る事になり、Dr. Henry Stoutが、その後を承けて、廣運館及び致遠館に於て、教鞭をとる事になった。

　フルベッキ氏の東京に於ける活躍に就いては、玆には叙述を省き、唯だ一八七七年明治十丁丑年勲三等に叙せられ、旭日章を賜はり、明治三十一年一八九八年葬儀の折儀仗兵を列せしめられ、金五百圓を下賜された事だけを記しておきたい。

6. 古賀の著書と未刊の著述

　古賀は昭和29年（1954）9月6日、西山町上梅屋敷の仮寓で亡くなった。享

年76歳。葬儀は翌日菩提寺の本蓮寺で盛大に執り行われた。本蓮寺は古賀の業績を高く評価し、創建後6人目という千金院文徳日正「大居士」の法名を与えた。残された古賀の膨大な旧蔵資料は長崎県立図書館と九州大学文化史研究所に移管され収蔵されている。このうち洋書の紹介は次節の藤本論文に譲る。ここでは古賀が残した著書と著述について、田中享一の追悼文[注3]に基づき紹介しておきたい。田中によれば古賀の長崎における50年有余に渡る研究は、切支丹、貿易、西洋医学、博物学、天文、美術、外来語、自然科学の各領域にまたがるものであった。田中はその内以下のような刊行本8種、完結した未刊の原稿18種を列挙している。

【刊行本】

1.『長崎市風俗編』	大正11年	長崎市役所
2.『長崎都海外文化』(永山時英:前編・古賀:後編)	大正15年	長崎市役所
3.『長崎志正編』	昭和2年	長崎文庫刊行会
4.『長崎志正編附考　阿蘭陀甲比丹寄』	昭和3年	長崎文庫刊行会
5.『本木昌造先生略伝』	昭和9年	長崎文庫刊行会
6.『西洋医術伝来史』	昭和17年	東京　日新書院
7.『長崎絵画全史』	昭和19年	東京　北光書房
8.『徳川時代に於ける長崎の英語研究』	昭和22年	福岡　九州書房

【未刊原稿】(1綴600字詰原稿用紙平均50枚)

1.「外来語集覧」*	30綴
2.「唐船入津記」	2綴
3.「天文学伝来史研究」	2綴
4.「長崎文化史」	1綴
5.「天草」	1綴
6.「博物学年表」	1綴
7.「博物学史」	1綴
8.「長崎風俗史」	1綴

9.「元亀天正長崎記」　　　　筆稿　　　　1綴

10.「同」　　　　　　　　　　定稿(絶筆)　　1綴

11.「丸山遊女と唐紅毛人」*　　　　　　　25綴

12.「鎖国時代に於いて行はれたポルトガル語」 2綴

13.「宣教師の日本潜入」　　　　　　　　　1綴

14.「鎖国という言葉」　　　　　　　　　　1綴

15.「梅毒の研究」　　　　　　　　　　　　2綴

16.「長崎画史彙伝」*　　　　　　　　　　6綴

17.「長崎出島の南蛮屋敷について」　　　　1綴

18.「河口信任の解剖及びその著解」　　　　1綴

19.「唐船入津年表」　　　　　　　　　　　1綴

*の付いた原稿は、『長崎外来語集覧』長崎文献社2000年、『新訂丸山遊女と唐紅毛人(前編)(後編)』長崎文献社1968年、『長崎画史彙伝』大正堂書店1983年として古賀没後に刊行された。上記以外に残されていた「長崎開港史」と「長崎洋学史」の原稿は、『長崎開港史』古賀十二郎翁遺稿刊行会1957年、『長崎洋学史(上)(下)』長崎文献社1966・67年として刊行された。古賀の著述の全貌を知るためにも未完原稿を含めた著作集の刊行が期待される。

7. 古賀以後の長崎英学史研究

　戦前から続けられた古賀による長崎における英学史研究の成果は、『徳川時代に於ける長崎の英語研究』(1947年)で一旦公表された。その重要な部分は、古賀が1954年に亡くなったあと、後継者となる長崎学の泰斗・中西啓により残された原稿が推敲され、『長崎洋学史』(1966年)のなかに編集・収録された。長崎外国語短期大学を中心とする英語教育発祥百年記念事業委員会が『長崎における英語教育百年史』を出版したのは、それ以前の昭和34年(1959)のことであった。その後の長崎における英学史研究はどのようなも

のであろうか。ここで、『長崎における英語教育百年史』および古賀の『長崎洋学史』刊行以後の長崎英学史の研究の流れを概観しておきたい。

池田哲郎「九州英学史（上）・（下）」（『英学史研究』3号,1970年,4号,72年）は、明治以降の九州における肥前・肥後・薩摩・福岡・長崎の各地域における英学史の展開を網羅的に紹介している。池田は「そのV」を長崎英学史に充てている。ここで池田は先行研究に基づいて長崎英学の画期を整理しながら、長崎で英学に貢献した研究対象となる外国人を次のように指摘している。

Blomhoff, Jan Cock（1779. 85-1853. 10 13）

Macgowan, Daniel Jerome（1814-93）

Leon Dury（1822-91）

Ranald MacDonald（1824. 2. 3-94. 85）

Satow, Ernest Mason（1828-1929）

Liggins, John（1829-1912）

Williams, Channing Moore（1829. 7. 18-1911. 12. 2.）

Verbeck, G. F.（1830-98）

Glover, Thomas James（1838-1911）

以下年代未調査 Wickers, P. H. O.

Cordon, Captain Peter Fletcher, Lachlan

Walsh, R. J. Smith, George, D. D.

Gamble, William Griffis, William Eliot

Aston, W. G. Legge, Dr. James

長崎におけるマクドナルドやグラバーの研究はその後進んだが、それ以外についての長崎での個別研究はまだ不十分であり、今後の研究が待たれる。また池田は日本人については上野彦馬と古賀十二郎の研究の必要を強調した。古賀に関する研究は、中嶋幹起『古賀十二郎』（2007年）でひとまず果たされたが、外国人との交流が深かった彦馬については、新しい資料に基づいた研究が求められている。池田がこの段階で蝟集した長崎英

学史の参考文献は以下のものであった。

県教育会編『長崎県教育史』上巻昭17

吉町義雄「明治十年長崎学林竝語講義」『文学研究』61輯別冊　昭38

江浪時雄「福沢諭吉先生の長崎来遊当時を偲び其著「帳合の法」に及
　　ぶ」『長崎談叢』19輯 昭12

古賀十二郎　『徳川時代に於ける長崎の英語研究』九州書房昭22

Charles Lanman: The Japanese in America, New York, 1872
（本書については馬場誠教授の解題が『長崎談叢』37輯所収）昭28

長崎市役所　『増補長崎略史』(下)長崎叢書　昭元

増田廉吉「英船フェートン号渡来」『長崎談叢』　2号　昭3

小野三平　「フェイトン号の航海日誌」『同』29号　昭16

渡辺庫輔『崎陽論攷』親和文庫　昭39

勝俣銓吉郎　「日本最初の英語教師マクドーナルド」『人文地理』　昭8年
　　4月号所収

重久篤太郎　「日本英学の先駆ラナルド・マクドナルド」『日本近世英学史』
　　所収　昭16

井田初枝　「マクドナルドと英学」『学苑』　6/12号 昭14

吉町義雄　「ラナルドマクドナルドの「目英語彙」」『方言』　春陽堂　昭
　　7/5月号所収

前川和治　「父とグラバ氏のことども」『長崎談叢』20輯　昭12

武藤長蔵　「英艦イカルス号事件及航海記」『同』21輯　昭12

大槻文彦　『復軒雑纂』明43

岩崎克己　『柴田昌吉伝』私家版 昭10

岩崎克己　「江戸時代英語辞書の舶載書物」『展望』11/3号 昭16

内山克己　『長崎県教育文化史』長崎文献社 昭41

林源吉　「グラント将軍日本観光」『長崎談叢』37輯　昭30

松本精一　『故本木先生小伝』私版　明27

荒木伊兵衛　『日本英学書志』創元社　昭6

荒木伊兵衛　「安政刊行長崎活字版」『書史』所収、上記『書志』128再
　　録　昭2
藤山雷太　『熱海閑談録』中央公論社　昭13

　古賀以後の長崎英学史の研究は、1965年に設立された日本英学史学
会の研究発表により、外国人の英語教習・英語辞書・英(蘭)学者のそれぞ
れについて進捗した。機関紙『英学史研究』(1969〜)に掲載された論文の
なかから長崎英学史に関係する論文名を、時系列で紹介しておきたい。

惣郷正明　「『英和対訳袖珍辞書』考」　1974年　7号
井田好治　「『諳厄利亜語林大成』の英文法論について―本文校訂と
　　英文法史的再考察―」　1975年　8号
惣郷正明　「薩摩辞書の系譜」　1977年　10号
長谷川誠一　「ラナルド・マクドナルドの第十一番目の生徒研究」　1981
　　年　14号
田中啓介　「長崎における幕末・明治初期のアメリカ人宣教師 ―ヴァー
　　ベックとスタウト― 」　1982年　15号
石原千里　「『エゲレス語辞書和解』とその編者たち」1984年　17号
同　　　　「オランダ通詞名村氏―常之助と五八郎を中心に」　198年8
　　21号
園田健二　「マクドナルドの日英語彙集改訂」　1988年　21号
石原千里　「ラナルド・マクドナルドの生徒たち」　1990年　23号
園田健二　「マクドナルドの誕生日と死亡日」　同
　　　同　　　　「長崎におけるマクドナルド ―警護役人との関係」　1991年
　　24号
石原千里　「名村五八郎と名村泰蔵」　1993年　26号
遠藤智夫　「『英和対訳袖珍辞書』に見られる先行諸辞書の影響」
　　1994年　27号
同　　　　「『英和対訳袖珍辞書』・『百学連環』・『哲学字彙』に於ける訳語

　　　　　一致度の考察」　1995年　28号

同　　　　「『英和対訳袖珍辞書』とメドハースト『英漢字典』─抽象語の訳
　　　語比較─　A～H」　1996年　29号

宮田和子　「W. H. Medhurst『華英辞典』に現れた康熙字典の用例─
　　　R. Morrison「字典」との比較─」1997年　30号

遠藤智夫・堀孝彦「現存『英和対訳袖珍辞書』初版15本の調査研究」
　　　同

河元由美子　「ラナルド・マクドナルドの「日本語彙集」─発音と表記の関
　　　係から方言語彙をさぐる─」　同

遠藤智夫・堀孝彦　「現存の『英和對譯袖珍辭書』初版15本について─
　　　調査にもとづく文化史的考察─」1998年　31号

同　　　　　　　「『英和対訳袖珍辞書』とメドハースト「英漢字典」─抽象
　　　語の訳語比較─I～Z（完結編）」1999　32号

石原千里　「1858年長崎におけるヘンリー・ウッドの英語教育　─The
　　　New York Journal of Commerceの記事から─」　2000年　33号

河元由美子　「メドハーストの『英和和英語彙集』─その利用のされかた
　　　─」2003年　36号

三好彰　『英和対訳袖珍辞書』における野鳥の訳語の考察」　2006年
　　　39号

遠藤智夫　『英和対訳袖珍辞書』・『改正増補英和対訳袖珍辞書』所蔵
　　　一覧」2000年3号

石原千里　『伊吉利文典』、『英吉利文典』（「木の葉文典」）の原本」
　　　2007年40号

岩上はる子　「日本学者F. V.ディキンズの誕生　─1860年代前半を中心に
　　　─」　同

堀孝彦　『英和対訳袖珍辞書』初版草稿、再版校正原稿をめぐって　─開
　　　国の息遣い、さまざまと─」　同

三好彰　「新発見『英和対訳袖珍辞書』の草稿および校正原稿の考案」
　　　同

遠藤智夫　『英和対訳袖珍辞書』研究史時代区分試論および主要研究
　　文献一覧」　同
三好彰　『英和対訳袖珍辞書』の底本の編纂者H. Picard」　2008年
　　41号
石原千里　『英吉利文典』(木の葉文典)各版について」　同
遠藤智夫　「堀達之助と『英和対訳袖珍辞書』の成立　―訳語比較を中
　　心に―」　同
三好彰　『英和対訳袖珍辞書』における英語翻訳の考察 」2009年　42
　　号
遠藤智夫　『英和対訳袖珍辞書』と近代語の成立―中日語彙交流の視
　　点から―」　同
木村一　「C.M.ウィリアムズの日本語研究資料」　同

　なお、堀孝彦の大部な姉妹篇『英学と堀達之助』雄松堂2001年と『開国
と英和辞書―評伝・堀達之助―』同2011年は、堀の英学研究を主題として
いるが、前著の巻末に付された参考文献は長崎の英学史研究にも有益で
ある。「通詞と「対訳」辞書―堀達之助をめぐって―」(『通訳翻訳研究』第
9号、日本通訳翻訳学会2009年参照。

注
1. 古賀の経歴、特に古賀家の家計については、越中哲也『長崎学の創立者　古
　　賀十二郎先生小伝』㈠㈡㈢、『長崎談叢』第八十一～八十三輯、平成6～7
　　年参照。
2. 古賀の経歴や研究内容については、中嶋幹起『古賀十二郎』長崎文献社2007
　　年が原資料に基づいた最も優れた研究書であり、この解題もこれに多くを依拠し
　　ている。
3. 古賀が会長をしていた長崎史談会の機関紙『長崎談叢』は、古賀没後の昭和
　　30年11月の37号に藤木喜平の「古賀十二郎先生の死　弔詞」と、田中享一の
　　「古賀十二郎先生の研究と著述」二篇を掲載した。

古賀十二郎の英学研究に関する一考察
―『徳川時代に於ける長崎の英語研究』の書誌情報と「古賀文庫」収蔵洋書の検討を中心に―

藤本　健太郎

1.はじめに

　長崎市出身の郷土史研究者、古賀十二郎(1879～1954)は、長崎商業学校、東京外国語学校英語科を卒業したのち、大正元年(1912)には「長崎評論」を創刊、大正8年(1919)からは長崎市史編修委員として『長崎市史』風俗編の編纂業務に従事し、昭和3年(1928)の長崎史談会の組織にも関与するなど、大正から昭和20年代にかけて、長崎における歴史・文化研究の発展に重要な役割を果たした人物である。

　生前の古賀と交流があった越中哲也氏による「長崎学の創立者[注1]」という評価は、古賀の存在が、その後の長崎における歴史・文化研究に与えた影響を端的に説明した表現といえる。

　古賀の研究範囲は『長崎市史』風俗編、『長崎洋学史』、『丸山遊女と唐紅毛人』、『長崎画史彙伝』、『西洋医術伝来史』など、死後に刊行された著作も含めて鑑みると、医学、美術、語学、民俗学など多分野にわたっている。現在でも日蘭関係史、洋学史などを中心に、古賀の著作が引用され続けていること[注2]を踏まえると、彼の研究が歴史学研究上において高く評価されていることは明らかといえよう。

　本稿では古賀の英語をはじめとした語学研究に対する考え方を理解することを目的として、戦後間もない昭和22年(1947)に刊行された『徳川時代に於ける長崎の英語研究』について、書誌情報の整理を行う。その上で、現存する古賀の旧蔵史料のうち、洋書を抽出して一覧にまとめ、古賀がどのような洋書を用いて、長崎の歴史・文化研究に臨んでいたのか把握に努めたい。

114

2.『徳川時代に於ける長崎の英語研究』

　筆者は以前、古賀が『長崎市史』風俗編の編纂業務を通じ、東京帝国大学史料編纂掛の三上参次をはじめとする大学研究者との交流を持ったことが契機となって、古賀の研究手法にアカデミズム史学の受容がみられるようになったことを論じた[注3]。

　そして、精密な史料考証の導入と並び、古賀による長崎の歴史・文化研究の特徴として挙げられるものが、外国語文献の活用であった。大正8年の東京外国語学校同窓会報に掲載された寄稿文に古賀は「長崎史は日本近世文明史たり、将又東西両洋接近の歴史に有之、史学の運用はもとより語学の素養を要し申候[注4]」と記している。長崎の歴史・文化について理解を深めるにあたり、特に外国語の習熟を重視した彼の研究姿勢をうかがい知ることができる。

　古賀の語学能力に関しては、永島正一氏が「オランダ、イギリス、ポルトガル、スペイン、フランス、中国などの各国語に通じていた[注5]」と述べているが、古賀は東京外国語学校在学中、英語科に籍を置いていたこともあって、実際に英語研究に関する原稿を数多く執筆している。

　その代表例として、長崎歴史文化博物館に収蔵されている「古賀文庫」の中に「長崎文化史」と題された全8冊の稿本がある。8冊の構成は「海軍伝習」「物理化学」「西洋医術」など様々であるが、とりわけ「語学」部門については、2冊が割り当てられており、34字×15行の原稿用紙に1冊目（収蔵番号：シ13-243-4）が237枚、2冊目（収蔵番号：シ13-243-5）は136枚にわたる、叙述が行われている。

　このうち、英語に関する事項を簡約したものが、昭和22年（1947）に九州書房から刊行された『徳川時代に於ける長崎の英語研究』である（次頁掲載【図1】参照）。

　A5判120頁からなる同書が、どのような編集方針のもと成立したのかについては、古賀本人が「まへがき」の部分で以下のように記している。

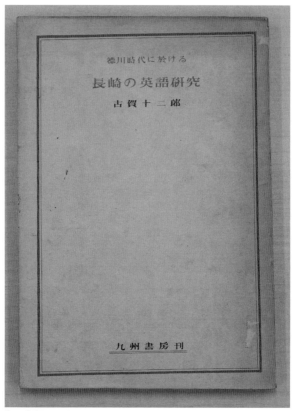

【図1】『徳川時代に於ける長崎の英語研究』表紙
（長崎市長崎学研究所蔵本）

【史料1】『徳川時代に於ける長崎の英語研究』（九州書房、1947年）「まへがき」

　拙著徳川時代に於ける長崎の英語研究は、拙稿長崎文化史・語学の部より、英語に関するものを、簡約したものである。但し、この文化史は、未発表の者である事を附加へておきたい。

　内容は、目録に示した通り、徳川時代に於ける長崎の英語研究に限られ、江戸、其他に於ける英語研究の発達には、殆ど触れてゐない。また平戸に英商館の在つた頃の英語研究にも、一言も及んでゐない。それは、紙数に節減を加ふる為めに外ならぬのである。（後略）

古賀は叙述の対象とする範囲が、まさに書名どおり「徳川時代に於ける長崎の英語研究」に限定されたという、編集上の都合を理由に挙げて、同書が長崎以外の都市における英語研究の歴史や、平戸にイギリス商館が置かれていた時期の事項について論じていないことに対する断りを入れている。

　古賀にとって英語研究の歴史について叙述するということは、近世長崎という限られた領域内で収斂する類のものではなく、時代や地域を超えた広い視点から検証しなければならない課題として捉えていたことがわかる。古賀の英語研究に対する飽くなき探求心が伝わってくる記述である。

　このように編集上の都合により、一部言及がかなわない箇所があったとはいえ『徳川時代に於ける長崎の英語研究』は当時68歳の古賀による、英語研究の到達点を知るための重要な手がかりとなる。

　以降ではやや長文にわたるが、現在稀覯本となっている『徳川時代に於ける長崎の英語研究』の概要を知ることを目的として「目録（目次）」の項目を抜粋して掲げておきたい。

【史料2】『徳川時代に於ける長崎の英語研究』（九州書房、1947年）「目録」
　　英語研究の創始
　　英語修業方法の改善　　附諳厄利亜言語和解
　　本木正榮の諳厄利亜興学小筌
　　諳厄利亜語林大成
　　Jan Cock Blomhoff
　　英国人 Captain Peter Gordon の渡来　　附米船モリソン号の渡来
　　英人 Nedhurst の英和和英語彙
　　Dr. Robert Morrison の華英英華事典
　　英艦サマラン号の渡来
　　英艦プレブル号の渡来
　　米国人 Ranald MacDonald
　　エゲレス語辞書和解

C.T. Assendelft de Ceningh の渡来

洋学所設立の計企　附西役所に於ける英語伝習

英語伝習所

米人 Dr. D.J. Macgowan の渡来　附唐通事の英語研究

John Liggins

Channing Moore Williams

対話集並に蕃語小引

英語通詞

石橋正方の英語箋　附和英語彙、和英対訳書牘類例

堀達之助等の編修に係る英和対訳袖珍書　附薩摩字書

W.G. Aston, A short Grammar of the Japanese Spoken
Language

柴田昌吉、子安峻共編の英和字彙

Ernest Mason Satow′石橋正方共編の英和字書

Dr. Henry Stout

柴田英語学校の経営

水戸の彰考館所蔵に係る諳厄利亜辞書

　同書が主に取り扱ったのは、文化5年（1808）に起こったフェートン号事件以降、文化8年（1811）の本木正栄による「諳厄利亜語林大成」、「諳厄利亜興学小筌」の編纂、嘉永元年（1848）のラナルド＝マクドナルドによる阿蘭陀通詞への英語教授、安政5年（1858）の英語伝習所の設立など、近世長崎における英語研究の経緯を説述している（一部、柴田昌吉に関する項目等では明治期まで論述が及んでいる）。

　英文の引用は人物や書名などの固有名詞を除けば、古賀による他の著作と比べて少なく、初読者にとっても理解が容易な内容となっている。これは同書が簡約版として刊行されたことに起因するものであろう。

3.古賀十二郎旧蔵の洋書

　古賀が死去した昭和29年(1954)、彼の旧蔵史料は九州大学文学部教授であった箭内健次らの尽力によって研究機関への移管が進められ、最終的には、長崎県立長崎図書館と九州文化史研究所にそれぞれ同じ「古賀文庫」という名称で収蔵された。その後2つの「古賀文庫」は長崎県立長崎図書館から郷土史料を移管された長崎歴史文化博物館、九州文化史研究所の後継機関である九州大学附属図書館付設記録資料館九州文化史資料部門に引き継がれ、現在に至っている。

　次頁以降に掲載の【表1】及び【表2】はそれぞれ両機関に収蔵されている「古賀文庫」のうち、洋書類を対象として一覧にまとめたものである。これにより、古賀の旧蔵にかかる洋書の書誌情報を把握することができる。

　ただし、古賀は昭和20年前後の一時期、大村市池田に転居しており、その際に所有していた洋書の一部を手放した可能性がある。そのため【表1】及び【表2】をもって古賀が収集した洋書全点を明らかにしたと確定できないことをあらかじめ断っておきたい注6。

〔凡例〕

①本表は長崎歴史文化博物館及び九州大学附属図書館付設記録資料館九州文化史資料部門に収蔵されている「古賀文庫」の洋書について、収蔵番号、主題、副題、編著者、発行地、出版年、注記といった書誌情報を掲載したものである。

②本表の作成にあたっては、九州大学九州文化史研究施設編『九州文化史研究所所蔵古文書目録』(第6巻、1965年)及び長崎歴史文化博物館ホームページ内「収蔵資料検索」(http://www.nmhc.jp/museumInet/prh/colArtAndHisIndex.do)を参考として用いた。

③英文表記のうち、大文字・小文字の区別については原文に従った。ただし、経年劣化等の理由により、調査がかなわなかったものについては、②の参考資料から得られたデータをそのまま記録した。

④副題がない場合や編集者、発行地、出版年が不明なものについては空欄とした。

⑤注記欄には、古賀十二郎若しくはその関係者による記載が確認できたものに限り、括弧書きで内容を掲載した。

【表 1】古賀文庫洋書一覧（長崎歴史文化博物館収蔵分）

収蔵番号	主題	副題	編著者	発行地	出版年	注記
シ2 1 1	THE CHINESE REPOSITORY VOL.I.	SECOND EDITION FROM MAY 1832 TO APRIL 1833	MARUZEN	CANTON	1941	
シ2 1 2	THE CHINESE REPOSITORY VOL.II.	SECOND EDITION FROM MAY 1833 TO APRIL 1834	MARUZEN	CANTON	1941	
シ2 1 3	THE CHINESE REPOSITORY VOL.III.	SECOND EDITION FROM MAY 1834 TO APRIL 1835	MARUZEN	CANTON	1941	
シ2 1 4	THE CHINESE REPOSITORY VOL.IV.	SECOND EDITION FROM MAY 1835 TO APRIL 1836	MARUZEN	CANTON	1941	
シ2 1 5	THE CHINESE REPOSITORY VOL.V.	SECOND EDITION FROM MAY 1836 TO APRIL 1837	MARUZEN	CANTON	1941	
シ2 1 6	THE CHINESE REPOSITORY VOL.VI.	SECOND EDITION FROM MAY 1837 TO APRIL 1838	MARUZEN	CANTON	1942	
シ2 1 7	THE CHINESE REPOSITORY VOL.VII.	SECOND EDITION FROM MAY 1838 TO APRIL 1839	MARUZEN	CANTON	1942	
シ2 1 8	THE CHINESE REPOSITORY VOL.VIII.	SECOND EDITION FROM MAY 1839 TO APRIL 1840	MARUZEN	CANTON	1942	
シ2 1 9	THE CHINESE REPOSITORY VOL.IX.	SECOND EDITION FROM MAY 1840 TO DECEMBER 1840	MARUZEN	CANTON	1942	
シ2 1 10	THE CHINESE REPOSITORY VOL.X.	SECOND EDITION FROM JANUARY TO DECEMBER 1841	MARUZEN	CANTON	1942	
シ2 2	A NEW FRENCH AND ENGLISH DICTIONARY	COMPILED FROM THE BEST AUTHORITIES IN BOTH LANGUAGES	JAMES BOIELLE	LONDON,NEW YORK,TORONTO AND MELBOURNE	1903	
シ2 3	Les Maitres de L'Estampe Japonaise	Image de ce monde ephemere	LOUIS AUBERT	PARIS	1922	
シ2 4	ANCIENT TALES AND FOLKLORE OF JAPAN		RICHARD GORDON SMITH	LONDON	1908	「日本ノ昔ノ物語と民俗」
シ2 5	CHRONICLE & DIRECTORY FOR CHINA, JAPAN, & THE PHILLIPPINE			HONGKONG	1869	

収蔵番号	主題	副題	編著者	発行地	出版年	注記
シ2 6	*WE JAPANESE VOL.II*		富士屋ホテル編	JAPAN		
シ2 7	*NATUURKUNDE*		J.H.M.VON POPPE	AMSTERDAM	1848	
シ2 8	*THE LIGHT OF ASIA*		EDWIN ARNOLD	LONDON	1879	「アジアの光」
シ2 9	*THE NOVELTIES OF ROMANISM*	SECOND EDITION REVISED AND ENLARGED	CHARLES HASTINGS COLLETTE	LONDON	1838	
シ2 10	*ETUDES D'ETHNOGRAPHIE RELIGIEUSE ANNAMITE*	SORCELLERIE ET DIVINATION	G. DUMOUTIER	PARIS	1899	
シ2 11	*A SMALLER LATIN-ENGLISH DICTIONARY*	ABRIDGED FROM THE LARGER DICTIONARY	WILLIAM SMITH	LONDON	1879	
シ2 12	*ETUDE SUR LES TAY DE LA RIVIERE CLAIRE*	AU TONKIN ET DANS LA CHINE MERIDIONALE	BONIFACY			
シ2 13	*SULLA MATEMATICA DEGLI ANTICHI CINESI*		GIOVANNI VACCA	TORINO	1905	
シ2 14	*THE EARLIEST HISTORICAL RELATIONS BETWEEN MEXICO AND JAPAN*	FRON ORIGINAL DOCUMENTS IN SPAIN AND JAPAN	ZELIA NUTTALL	BERKELEY	1906	
シ2 15	*THE SILVER QUESTION IN CHINA AND THE FLUCTUATIONS OF PRICES*		Z. VOLPICELLI			
シ2 16	*Account of the Murder of Major Baldwin and Lieutenant Bird*		Robert Lindau	KOBE	1930	
シ2 17	*THE JAPAN OF ARTS* VOL.1 NO.1		松原長治郎編	TOKYO	1937	「芸術乃日本 第1巻第1号」
シ2 18	*ELEMENTS OF JAPANESE GRAMMAR FOR THE USE OF BEGINNERS*		RUTHERFORD ALCOCK	SHANGHAI	1861	
シ2 19	*A GOLDEN JUBILEE 1865-1915*	GENERAL VIEW OF CATHOLICISM IN JAPAN	the Feast of ST.Ignatius編			
シ2 20	*A CONCISE HISTORY OF THE WAR BETWEEN JAPAN AND CHINA*		井上十吉	OSAKA	1895	

収蔵番号	主題	副題	編著者	発行地	出版年	注記
シ2 21	*L'ARRIVEE DES PORTUGAIS EN CHINE*	Extrait du ≪T'oung-pao≫, vol.XII.	HENRI CORDIER	LEIDEN	1911	
シ2 22	*The Life of Motogi Nagahisa Japan's Pioneer Printer*		東京築地活版製造所編	TOKYO	1893	「故本木先生小伝」
シ2 23	*R.VAN DER PIJL'S ENGELSCH LEES-EN VERTAALBOEKJE, VOOR EERST BEGINNENDEN*		H.L. SCHULD	DORDRECHT	1858	「初歩者のために翻訳したファンデルペルの英語学習書」
シ2 24	*GRAMMAR FOR BIGINNERS*	BEINGAN INTRODUCTION	ALLEN AND CORNWELL's	LONDON	1880	
シ2 25	*PHYTOCHEMISCHE NOTIZEN UEDER EINIGE JAPANISCHE PFLANZEN*		J.F. EYKMAN	TOKIO	1883	
シ2 26	*SIXTH REPORT OF the Postmaster General JAPAN*			YOKOHAMA	1877	
シ2 27	*ALGEMEEN WOORDENBOEK DER Engelsche en Nedar landsche Taal*		EENIGE TAALKUNDIGEN 編	LEIDEN		
シ2 28	*L'INPRIMERIE SINO-EUROPEENNE EN CHI*		M.HENRI CORDIER	PARIS	1901	
シ2 29	*DENKWURDIGKEITEN AUS DEM LEBEN UND WIRKEN*		ALEXANDER VON SIEBOLD	WURZBURG	1896	
シ2 30	外来語研究関係書類		古賀十二郎編		1928	
シ2 31	*NOVUM JESU CHRISTI TESTAMENTUM*		ACCURATISSIME RECOGNITA	PARIS	1874	
シ2 32	*NOUVEAU GUIDE DE CONVERSATION MODERNE PAR BELLENGER ET WITCOMB*		BELLENGER AND WITCOMB	PARIS	1875	
シ2 33	*THE CHINA DIRECTORY*				1862	
シ2 34	*LA PRONONCIATION ANCIENNE LES CHINOIS*		M.Z. VOLPICELLI			
シ2 35	*NEDERDUITTSCHE SPRAAKKUNST TEN DIENSTE DER SCHOLEN*		P. WEILAND	DORDRECHT	1854	
シ2 36	*THE LORE OF THE CHINESE LUTE*	MONUMENTA NIPPONICA	R.H. VAN GULICK (高羅佩)	TOKYO	1940	「日本文化叢書1940琴道」

収蔵番号	主題	副題	編著者	発行地	出版年	注記
シ2 37	*A SHORT LIST OF BOOKS AND PAMPHLETS RELATING TO THE EUROPEAN IN THE COURSE WITH JAPAN*		KODA SHIGETOMO（幸田成友）	TOKYO	1930	
シ2 38	*NOTES ON EARLY EUROPEAN MILITARY INFLUENCE IN JAPAN*		C.R. BOXER		1931	
シ2 39	*L'INSURRECTION DE SHIMABARA 1637-1638*		STEICHEN	TOKYO	1898	
シ2 40	*Ph.Fr.V. Siebold und sein Einfluss auf die Japanische Zivilisation der neu eren Zeit*		SHUZO KURE（呉秀三）	TOKYO		
シ2 41	*LIST OF BOOKS RECEIVED FROM MR.J.KOGA.*					

【表2】古賀文庫洋書一覧（九州大学附属図書館付設記録資料館九州文化史資料部門収蔵分）

収蔵番号	主題	副題	編著者	発行地	出版年	注記
173	*NELSON'S ENCYCLOPAEDIA. 25V. ILLUS. MAPS. VOL.1*	A-Anor.	MARUZEN	TOKYO	1911	
173	*NELSON'S ENCYCLOPAEDIA. 25V. ILLUS. MAPS. VOL.2*	Anquetil-Azymities.	MARUZEN	TOKYO	1911	
173	*NELSON'S ENCYCLOPAEDIA. 25V. ILLUS. MAPS. VOL.3*	B-Blewfields.	MARUZEN	TOKYO	1911	
173	*NELSON'S ENCYCLOPAEDIA. 25V. ILLUS. MAPS. VOL.4*	Blicher-Byzantium.	MARUZEN	TOKYO	1911	
173	*NELSON'S ENCYCLOPAEDIA. 25V. ILLUS. MAPS. VOL.5*	C-Chazy.	MARUZEN	TOKYO	1911	
173	*NELSON'S ENCYCLOPAEDIA. 25V. ILLUS. MAPS. VOL.6*	Cheadle-Comyn.	MARUZEN	TOKYO	1911	
173	*NELSON'S ENCYCLOPAEDIA. 25V. ILLUS. MAPS. VOL.7*	Conakry-Czuczor.	MARUZEN	TOKYO	1911	

収蔵番号	主題	副題	編著者	発行地	出版年	注記
173	*NELSON'S ENCYCLOPAEDIA. 25V. ILLUS. MAPS.* VOL.8	D-Dzungaria.	MARUZEN	TOKYO	1911	
173	*NELSON'S ENCYCLOPAEDIA. 25V. ILLUS. MAPS.* VOL.9	E-Ez Zebedani.	MARUZEN	TOKYO	1911	
173	*NELSON'S ENCYCLOPAEDIA. 25V. ILLUS. MAPS.* VOL.10	F-F.Z.S.	MARUZEN	TOKYO	1911	
173	*NELSON'S ENCYCLOPAEDIA. 25V. ILLUS. MAPS.* VOL.11	G-Gyula-Fehervar.	MARUZEN	TOKYO	1911	
173	*NELSON'S ENCYCLOPAEDIA. 25V. ILLUS. MAPS.* VOL.12	H-Hythe.	MARUZEN	TOKYO	1911	
173	*NELSON'S ENCYCLOPAEDIA. 25V. ILLUS. MAPS.* VOL.13	I-Jyotisha.	MARUZEN	TOKYO	1911	
173	*NELSON'S ENCYCLOPAEDIA. 25V. ILLUS. MAPS.* VOL.14	K-Lytton.	MARUZEN	TOKYO	1911	
173	*NELSON'S ENCYCLOPAEDIA. 25V. ILLUS. MAPS.* VOL.15	M-Mzensk.	MARUZEN	TOKYO	1911	
173	*NELSON'S ENCYCLOPAEDIA. 25V. ILLUS. MAPS.* VOL.16	N-Ozuluama.	MARUZEN	TOKYO	1911	
173	*NELSON'S ENCYCLOPAEDIA. 25V. ILLUS. MAPS.* VOL.17	P-Pinzon.	MARUZEN	TOKYO	1911	
173	*NELSON'S ENCYCLOPAEDIA. 25V. ILLUS. MAPS.* VOL.18	Piombi-Pyx.	MARUZEN	TOKYO	1911	
173	*NELSON'S ENCYCLOPAEDIA. 25V. ILLUS. MAPS.* VOL.19	Q-Rzhey.	MARUZEN	TOKYO	1911	
173	*NELSON'S ENCYCLOPAEDIA. 25V. ILLUS. MAPS.* VOL.20	S-Sisyphus.	MARUZEN	TOKYO	1911	
173	*NELSON'S ENCYCLOPAEDIA. 25V. ILLUS. MAPS.* VOL.21	Sitapur-Szolnok.	MARUZEN	TOKYO	1911	

収蔵番号	主題	副題	編著者	発行地	出版年	注記
173	*NELSON'S ENCYCLOPAEDIA. 25V. ILLUS. MAPS. VOL.22*	T-Uzziah.	MARUZEN	TOKYO	1911	
173	*NELSON'S ENCYCLOPAEDIA. 25V. ILLUS. MAPS. VOL.23*	V-Zymotic.	MARUZEN	TOKYO	1911	
173	*NELSON'S ENCYCLOPAEDIA. 25V. ILLUS. MAPS. VOL.24*	English dictionary.	MARUZEN	TOKYO	1911	
173	*NELSON'S ENCYCLOPAEDIA. 25V. ILLUS. MAPS. VOL.25*	Reference atlas.	MARUZEN	TOKYO	1911	
177	*VERGAMELING VAN WETTEN BESLUITEN EN REGLEMENTEN*	BETREKKELIJK DE BURGERLIJKE GENEESKUNDIGE DIENST IN HET KONINGRIJK DER NEDERLANDEN	J.P.BEEKMAN	'SGRAVENHAGE	1836	
233	*HANDBOEKJE*	DIENENDE TER HERLEIDING VAN MATEN EN GEWIGTEN (OFFICIELE UITGABE) 4DRUK	Gebroeders van Cleef	AMSTERDAM	1837	
323	*ZESDE LEEBOEKJE VOOR LEERLINGEN*	DIE VOLGENS DE LEES-LEERUWIJZE VAN DEN HEER P.J. PRINSEN ONDERWEZEN WORDEN	Ramaker, H. Kroeze	ZWOLLE	1855	「和蘭小説 壱 一千八百五十五年板」
322	*LEESBOEK TOT OEFENING IN HET KUNSTMATIG LEZEN. 1STUKJE. AEERTIENDE DRUK LEYDEN, D. DU MORTIER EN ZOON. 1855*		Anslijn, N	LEYDEN	1855	「和蘭小説 参 一千八百五十五年版」
178	*NEERLANDS STREVEN TOT OPENSTELLING VAN JAPAN VOOR DEN WERELDHANDEL*		Chijs, Jacobus Anne		1867	
170	*A FIRST JAPANESE BOOK FOR ENGLISH STUDENTS*		O'Neill, John	LONDON	1874	

収蔵番号	主題	副題	編著者	発行地	出版年	注記
131	*A COLLECTION OF NAGASAKI COLOUR PRINTS AND PAINTINGS*	SHOWING THE INFLUENCE OF CHINESE AND EUROPEAN ART ON THAT OF JAPAN	Mody, N.H.N.		1939	
229	*A GLYMPSE OF THE "ENGLISH HOUSE" AND ENGLISH LILE AT HIRADO 1613-1623*		SMITH, M. PASTE	KOBE	1927	
176	*DUDGEON, JOHN. HISTORICAL SKETCH OF THE ECCLESIASTICAL.*	POLITICAL AND COMMERCIAL RELATIONS OF RUSSIA WITH CHINA DRAWN CHIEFLY FROM ORIGINAL SOURCES	Dudgeon, John		1940	
125	*LETTRES ET MEMOIRES D'ADAM SCHALL S.J. RELATION HISTORIQUE*	TEXTE LATIN AVEC TRADUCTION FRANCAISE DU P	Bernard, Henri S.J.	TIENSIN	1942	

　両機関に収蔵されている洋書の点数は【表1】長崎歴史文化博物館収蔵分が41件50冊、【表2】九州大学附属図書館付設記録資料館九州文化史資料部門収蔵分が11件35冊となっている。

　内訳としては辞書(例:【表1】シ2　3 *A NEW FRENCH AND ENGLISH DICTIONARY*)や百科事典類(例:【表2】173「NELSON'S ENCYCLOPAEDIA」)が多いことが特徴として挙げられるものの、古賀と同時代に活動した幸田成友[注7](【表1】シ2　37 *A SHORT LIST OF BOOKS AND PAMPHLETS RELATING TO THE EUROPEAN IN THE COURSE WITH JAPAN*)や呉秀三[注8](【表1】シ2　40 *Ph.Fr.V. Siebold und sein Einfluss auf die Japanische Zivilisation der neu eren Zeit*)といった研究者の著作も所蔵している。

　とりわけ、呉とロバート・ハンス・ファン・ヒューリック(高羅佩)[注9]からは著作の献本を受けており(【表1】シ2　36 *THE LORE OF THE CHINESE LUTE*)、当時の研究者間における交流の形跡を伺うことができる。

　また、長崎県域の歴史・文化について叙述した洋書も確認できる(例:【表1】シ2　22、シ2　39、【表2】229など)。

このほか、長崎歴史文化博物館収蔵史料には長崎市史編修部による
「図書貸出簿」(収蔵番号:090-17)が残されており、これは『長崎市史』編纂
事業にともなって長崎市役所が購入した書籍の貸出簿である。和書・洋書と
もに借用人として古賀の名前が多数記載されていることから、これらの書籍
も古賀の所有物にはあたらないものの、彼が研究に用いた参考文献の一
部と見なすことができる。

4.おわりに

　以上、古賀十二郎の語学研究を理解する一つの手段として『徳川時代
に於ける長崎の英語研究』の書誌情報と2つの「古賀文庫」に収蔵されて
いる洋書の整理を行った。一連の検討により、古賀の英語研究に対する認
識や、洋書収集の特徴と傾向、同時代研究者との一端を明らかにできたも
のと考える。

　また、古賀が長崎の歴史・文化研究を行うにあたって用いた文献史料の
研究を進めることは、近代長崎を舞台とした史学史研究を進める上で、取
り組むべき重要な課題である。今後、古賀の著作、新聞への寄稿記事、手
記、書翰といった関連史料の分析を通じて「長崎学の創立者」としての彼
の研究姿勢や思想を明らかにすることとしたい。

〔付記〕
　本稿の執筆にあたって、九州大学附属図書館付設記録資料館九州文化史資料
部門の梶嶋政司助教、長崎県文化振興課の石尾和貴指導主事から、関係史料の
所在に関する情報提供など、格別のご高配を賜りました。
　また、古賀十二郎の英語研究に関する原稿執筆の機会を提供いただいた長崎
外国語大学の姫野順一副学長をはじめとする関係の皆様方に対し、紙面を借りて
深くお礼申し上げます。

注

1. 越中哲也「長崎学の創立者古賀十二郎先生小伝(1)〜(3)」(『長崎談叢』第81〜83輯、1994年)

2. 近年上梓された論著のうち、主要なものを列挙すると、松井洋子「4つの口—長崎の女性」(高埜利彦編『近世史講義—女性の力を問いなおす』ちくま新書、2020年)、松方冬子編『日蘭関係史をよみとく』上巻(臨川書店、2015年)、平岡隆二『南蛮系宇宙論の原典的研究』(花書院、2013年)などがある。

3. 拙稿「『長崎市史』編纂事業と古賀十二郎」(『長崎学』創刊号、2017年、62〜64頁)

4. 東京外国語大学附属図書館収蔵『会報』東京外国語学校英語科同窓会、1919年、6〜7頁(収蔵番号:TUFS／6／2-12／15)

5. 永島正一「長崎巷談」(『長崎ものしり手帳』葦書房、1997年、77頁)。

6. 古賀は晩年においても洋書の蒐集にいそしんでいたことが、4男彰輔の妻である久子によって語られている(越中哲也「長崎学の創立者古賀十二郎先生小伝(2)」『長崎談叢』第82輯、1994年、100頁)。

7. 1873〜1954。歴史学者。幸田露伴の弟にあたる。帝国大学文科大学史学科、同大学院を経たのち、日本最初の自治体史編纂事業である『大阪市史』の編纂に主任として携わったことがきっかけとなって、近世日本社会経済史を専攻するに至った。その後、京都帝国大学文科大学、慶應義塾大学、東京商科大学(現一橋大学)などに招かれ教鞭をとった。主な著作に『日本経済史研究』、『日欧通交史』がある。

8. 1865〜1932。精神医学者で医史学者。東京帝国大学医科大学において精神病学講座を担当し、日本における精神病学の発展、精神病院の近代化に尽力した。シーボルトに関する先駆的研究者としても知られ、主な著書に『シーボルト先生—其生涯及び功業—』、『華岡青洲先生及其外科』、翻訳に『シーボルト江戸参府紀行』がある。

9. 1910〜1967。オランダ出身の外交官、東洋学者、推理小説家。駐日オランダ大使館の書記官や大使として勤務するかたわら、東洋学分野で文学博士号を取得していたこともあって中国文化に深い学識を有し『中国古代房内考』などの研究成果を残した。推理小説家としても、唐時代の政治家である狄仁傑(630〜700)

をモデルとした「ディー判事もの」の作品で知られる（澁澤尚「ロバート・ハンス・ファン・ヒューリック『ディー判事もの』の挿絵について―高羅佩狄奇案插圖來源攷―」『福島大学人間発達文化学類論集』第21巻、51〜53頁）。

凡例
1. 古賀十二郎・中西啓監修『長崎洋学史』長崎文献社・昭和41 年 121 〜 170 ページ、197 〜 203 ページ、695 〜 730 ページの抜粋である。
2. 原則的には改行も含めて原文通りであるが、読みやすさを考慮し、旧仮名遣いを改めたところがある。
    例・思ふ⇒思う　ゐる⇒いる　者⇒もの
3. 縦書きの原文を横書きとしたため、漢数字の表記を算用数字に改めた。
4. 出版された図書名には『　　』を補った。
5. 土人、支那、支那人、外人など不適切な表記があるが、時代の脈略を考慮し、そのままとした。

古賀 十二郎 著

長 崎 洋 学 史

上巻（抜粋）

英語教育発祥百年記念
事業委員会編集

目　次

1. 英学の伝来

英語研究の創始

近藤正斎の『好書故事』、巻第79、書籍29、蘭書の条に、『諳厄利亜国釈辞』、原名、和蘭国ウヰルレム・セウヰル『撰増訳引書』という字書が挙げてある。これは、英人系の Willeem Sewel の編修に係るものに相違は無いが、発行の年紀は缺漏しているので、何年版であるか分からない。

William Sewel の英蘭字書としては、1708年蘭国アムステルダム版の大字書などは古い方である。それから、1749年版、1766年版など、蕃所調所の蔵書目録に見える。これらの英蘭字書は、いずれも長崎より江戸へ送られたものである。しかし、それは、出版の年より後、寧ろ可なり後の事であったに相違は無い。

長崎の蘭通詞本木仁太夫初め栄之進、諱は良永。は、出島の紅毛人から英書を借りて、之を写取った事があった。それは、文化8辛未年1811年より50年以前の事であったという。果して然らば、本木良永がその英書を写し取ったのは、宝暦11辛巳年1761年、本木氏27歳か、その翌宝暦12壬午年1762年、28歳にして、本木氏がまだ稽古通詞を勤めていた頃の事であったらう。この洋書は、英語捷径とでもいうべきもので、後年吾邦で広く行はれた *Van der Pijl's Gemeenzame Leerwijs, voor degenen, die Engelsche taal beginnen te leeren* などに類するものであったらしい。

本木仁太夫初め栄之進が英語に興味を持つに至った動機は、何であったか、はっきりは分からないが、天文学の研究により、英国に有名なる天学者が輩出している事を知り、特に彼が英国の光学者として、数学的器械並に天地二球の製作家として有名であったアダムス George Adams の天学書の蘭訳本を読みて、地動説を唱道した事など考へてみると、本木氏は、多分天文学の研究よりして、英語に興味を持ち、できる事なら、英語を学びて、英人の天学を読みたい者と考へたかも知れない。

志筑忠雄なども、英国の天学大家ニュウトンの学説を伝へたる英人ジョン・ケイル John Keill（Jan Keill）の天学書の蘭訳本を熟読し、また英人系

の歴史家として、将又語学者として識られた William Sewel の蘭文法を研究して、文法の必要を唱道した。天文学並に語学的研究よりして、英語に興味を持っていたと思う。

しかし、本木氏にしても、また志筑氏にしても、ただ英語に興味を持つだけに止まり、英語など手記した事などはあったかも知れないが、まだ英語の研究に没頭したものとはいえまい。

土浦藩士山村才助 文化4丁卯年9月19日殁す。得年38。江戸深川雲光寺に葬る。なども、英語に興味を持っていたらしい。近藤正斎は、その『好書故事』、巻第79、書籍29、蘭書2、字書の条に、山村才助の『西洋雑記』の一節を援引している。曰く。

> 曽テ入爾馬泥亜、弟那瑪爾加ノ語ヲ以テ、和蘭ノ語ニ参考スルニ、其語多クハ相似タリ。譜厄利亜ノ語ハ、稍異ニシテ、コレ等ニ同ジカラザル事多シ。譜厄利亜国、其歴世ノ沿革ニヨリテ、其語音モマタシバシバ変ゼシ事、西書ニ詳ナリ。コレ等ノ事、ヤヤ少シク考ル処アリテ、私録スル者アリトイヘドモ、尚稿ヲ脱スル事ヲ得ズ。他日コレヲ詳ニスベシ。

『西洋雑記』は、享和元辛酉年1801年の著述である。山村氏が言語の比較に興味をもち、特に英語の歴史に一言及んでいるのは、注目すべき事である。しかし、彼も亦英語を学んだ者では無く、単に英語に興味を持っていた者といわねばならぬ。

斯くの如きは、英国の学術が、第18世紀に入りて、著しき進歩を顕して来たために、長崎の蘭通詞が、蘭書を通して、蘭国以外、英国の文物にも、いよいよ注意するやうになって来た傾向を示すものであらうと思う。

もとより、蘭通詞たちは、蘭英両語を用ひてある語学書並に字書に依りて英語を或程度まで知り得る機会を有し、また来舶紅毛人たちの中にも、往々英語を心得ていたものもあったらうし、加之、寛政頃より亜米利加人や英人の渡来もあり、自然英語研究を促がされかけて来たものと考へたい。

寛政より文化へかけて、吾邦と魯西亜との交渉は、いよいよ密接になって

来たので、文化3丙申年1806年幕府に於ては、魯西亜語を阿蘭陀語にて注釈した書か、または、独逸語にて解きたる書を持渡るべき旨を紅毛人へ申渡すべき事を長崎奉行に命じ老中よりの書取は、7月3日江戸発、また満洲方面の事情を調査する必要があるため、文化4丁卯年1807年冬、満洲の辺り事を記せる書籍を持渡るべき旨、唐船主どもへ申渡すべき事を命じ老中よりの書取は、12月9日江戸発。ておいたが、文化5戊辰年8月に至り、突然英国軍艦フェートン号狼藉事件が勃発したので、長崎奉行より幕府へ上申する所があったと見え、文化5戊辰年10月9日満洲、魯西亜、諳厄利亜等の文字言語を、唐通事並に蘭通詞ども修行すべき旨の書取を江戸より発送した。そして、この書取は、11月朔日を以て、長崎に着いた。

是に於て、文化5戊辰年11月3日、町年寄高島四郎兵衛諱は茂紀、東明と号す。天保7丙申年7月23日逝く。享年65歳。高島四郎太夫茂敦（号秋帆）の父。は、語学修行の監督を命ぜられた。

其後、26日を経て、11月29日に至り、唐大通事神代太十郎、小通事潁川仁十郎、東海安兵衛、彭城仁左衛門、小通事並彭城太次兵衛、小通事末席平井考三郎、楊又四郎、稽古通事呉定次郎等は満州語の研究を命ぜられた。

かく満洲語を修むべき人員はきまったが、英語並に魯語学習の人員の決定は、翌年に持越さるる事になった。

さうして、文化6己巳年2月26日、大通詞見習本木庄左衛門、小通詞末永甚左衛門、小通詞格馬場為八郎、小通詞並西吉右衛門、同末席吉雄忠次郎、稽古通詞馬場佐十郎、以上6名は、英語並に魯語の稽古を命ぜられ、6月5日には、阿蘭陀小通詞並岩瀬弥十郎、同末席吉雄六次郎後ち権之助、更に8月7日には、小通詞並中山得十郎後ち作三郎。諱は武徳、同石橋助十郎、同末席名村茂三郎、稽古通詞志筑竜助、茂土岐次郎、本木庄八郎等も、英語並に魯語兼学の命を受けた。

それから、同巳年9月27日、本木庄左衛門、馬場為八郎、末永甚左衛門、岩瀬弥十郎、吉雄六次郎、馬場佐十郎等は蛮学稽古世話役を命ぜられた。ついで、10月には、蛮学の儀は、幼年の頃より学ばざれば、記憶もあるまじ

きに付、以来一統申談じ、魯語並に英語の兼学を致すべき旨の訓諭があった。

　同巳年秋、在留紅毛人たちの中より、英語に通ぜる者を抜擢する事になったが、是年渡来したヘトル役ヤン・コック・ブロムホフ Jan Cock Blomhoff が、専ら英語教授にあたる事になった。

　文化5戊辰年初冬、幕府より、満洲、魯西亜、英国の言語文字修行の命ありてより後、満洲語学習の方は、早く其緒に就きたるが如きも、英語並に魯語の研究に至りては、修学人員の数を漸次増加し、世話役などの決定を見たれ共、江戸、其他に出張中の者もあり、且つ在留紅毛人中に適当なる英語教師なく、徒らに1年を空過し、漸く文化6己巳年秋ヤン・コック・ブロムホフの英語教師に抜擢せらるるに及び、はじめて興学の基礎ができた。是れ、本邦に於ける英語研究の嚆矢というべきものである。

『諳厄利亜言語和解並』に『諳厄利亜興学小筌』

　文化8辛未年正月、小通詞末席吉雄権之助前名六次郎は、英語の稽古に出精し、英語研究書を編修して、之を献上したというので、銀5枚を褒美として下賜された。

　長崎志続編、文化8辛未年の条に、次の記事がある。

　　　紅毛小通詞末席吉雄権之助、諳厄利亜語稽古出精イタシ、書物仕立、差
　　上ル。右者新規開業之儀ニテ、格別骨折相勤メタルヲ以、正月銀五枚被褒
　　賜之。

　これは、吉雄氏より文化7庚午年12月に、献呈した第1巻で、第2巻は、文化8辛未年閏2月、猪俣伝次右衛門より、第3巻は、同時に、岩瀬弥十郎より献呈したものである。外題は『諳厄利亜言語和解』といい、内題は、諳厄利亜常用語例という。3巻共編に外ならぬのである。

　もと東京大学図書館に本書3巻の写本が遺存していたが、惜しいかな、

大正12年の激震の折に焼失したという。猪俣、岩瀬両氏も吉雄氏と同様に褒美を頂戴した事であらうと思う。但し『長崎志続編』には記載がない。脱漏或は省略したものであらう。

　ついで、同未年9月1810年本木庄左衛門は、さきに其の編修に係る『諳厄利亜興学小筌』10冊を献じたるを以て、銀10枚を褒賜された。

　　「本木家由緒書」、本木庄左衛門の条
　　　同文化六巳年、魯西亜並諳厄利亜文字言語修行被仰付、同年五月、大通詞過人罷成、御扶持方五人扶持被成下、同年九月、諳厄利亜語開業世話役被仰付、同八未年、為御褒美白銀弐枚頂載仕、同年七月迄諳厄利亜語並横文字後来習学相成候様、和解書創業仕、全拾冊差出、御褒美として白銀拾枚頂載仕。

　　『長崎志続編』、文化八辛未年の条
　　　紅毛大通詞本木庄左衛門、家学伝来ノ古書ノ内、諳厄利亜横文字所持セシヲ以テ、紅毛人へ修業シ、和解書十冊差上ル。右ニ付、出精相勤タルヲ以テ、九月銀十枚被褒賜之。

　本木氏より長崎奉行へ差出した『諳厄利亜興学小筌』は、10冊であったという。現時長崎市役所に遺存せる『諳厄利亜興学小筌』は、10巻、3冊になっている。奉行所へ差出した分は、1巻1冊づつ都合10冊になっていたものであらう。

　もと蘭訳司本木家に遺存していた『諳厄利亜興学小筌』の稿本が、現時長崎博物館に保存されている。これは、10巻、3冊になっている。諳厄利亜国語解とも題してある。そして抜稿とある。

　この博物館本の凡例の文末には、「文化8辛未之春長崎和蘭家訳、本木正栄謹述とある。いつ奉行所へ差出した者か、年月日の記載は無い。

　前に授引せる由緒書には、「同年（文化8辛未年）7月迄、諳厄利亜語並横文

字後来習学相成候様和解書創業仕、全拾冊差出」とある。文化8辛未年7月に差出したという意味か。

本書の目次は、次の通りである。

　以下に、本書の凡例の全文を掲げて、本邦に於ける英語研究当初に於ける先覚の苦心をしのぶ事にする。

『諳厄利亜興学小筌凡例』

嚮　　文化己巳春、諳厄利亜文字言語修学の命令を下され、同年秋渡来之和蘭陀人等、彼の国語に委きものを擢択せられ、遂に加比丹副官翁鐸爾官名楊骨郭歩陸無忽桴と云ふ蘭人をして在留せしめ、彼の国語を教授し、吾党の訳家新に其業を発らき習学すべきの旨、厳命あり。正栄をしてこれが前茅たらしめらる。謹而命を奉し、試に訳家小少の子弟六七輩をして彼を師とし其業を受けしむるに、積年馴習したる和蘭の訓訳と違ひ、絶域数万里の国語を創業する事にして、音韻、言語、風俗、事体、愈々異なれは、愈々暁得し難く、若年の強憶ありといへとも、先務とする蘭学理会の未熟なれば、彼に索め質問する

に力ラなし。適々蘭学習熟のものをしても、また容易に其要領を得難し。しかりといへども、正栄訳家に生れながら、命を奉して、其難きを難とし、自から限り廃するときは、国家の神益にならざる事を憫へ、日夜尋思専精するの余り、家学伝来の古書を披験しつるに、五十年前先人勤学の頃写蔵せし数本を得たり。此書、和蘭の学語を集成したる書にて、一傍に和蘭語、一傍に諳厄利亜語と、両側に細写したるものなり。つらつら量察するに、昔年齋来りし奇書にして、蘭人これを授けず、其頃素より諳厄利亜に通したる人なけれども、蘭学修得の次に鏤版のままに伝写して、原本は蘭人に返したるものなるべし。其書を披閲するに、字形は和蘭に大同小異なりといへども、更に東西を弁ぜずして、誠に暗夜を独行するが如く、一句片言分明ならず。幸に此書を携へて、師とする蘭人に質問し、尚彼が蔵する書とを修業する事にぞなりぬ。正栄素より短才誚劣にして、此学を首唱して成業するには至らされとも、国家昌平、聖恩の万分の一をも報し奉らん事を欲して、我方の平仮名四十八字イロハと同しき彼の国の
ＡＢＣの音釈呼法を習ひ、類語言辞に至ること、恰も十歳の童子に等し。今月を
累ね年を積し、研精講究の功にや、僅に彼れが藩籬を窺ふ事にはなりぬ。然りといへども、晩学老羸にして、此業を精熟する事を得されは、此編を訳述し、吾党の童蒙に授け、熟読暗誦せしめ、尚口授教育するにおゐては、卒に大業成遂して、其功必大なる基本の一助ともならん事を冀ふのみ。

一此の編は、諳厄利亜国字音釈呼法より業を発して、言談問答に至る。其精微に至りては、数千万言容易に習得すべきにあらざれども、彼れ元卜達意の辞の国にして勇悍を好み事の簡径を先とするの俗なるゆへ、文章を飾る例ありといへとも、其書を読むに、解し易と解し難きとの差別ありて、常語も書籍も同辞なれば、専ら短話習熟する事を要とす。これ長話は短話を累積して自然に自得するものなるが故なり。茲に書中解し易き類語を抄出し、傍に音釈の仮名を加へ、毎語訳字を附す。素より音釈の暁得し難き事、面命の口授を受るとも、容易に其正を得されは、片仮名の字を合せて記すとも、彼の語音に協叶し難し。只附字合字を以て呼吸に便りするものなり。
成語、言談、文辞に至りては、前後文章の応接に随ひ其意転するがゆへ、和

語漢語を以て的当し難きもの、専ら原辞の本意を考察して訳文を加ふ。茲に其次を逐ひ、入学の要法を示し、後来童蒙を教育する便りす。故に私かに題して、諳厄利亜興学小筌と名く。此編の類語を習学し、平用成語を歴て学語集成の階級を熟煉し、語路の連属語脉を貫通し、年を積み功を累て此学の堂奥に入らば、不虞に備る一大の要務にして、説話言談通訳も自在なるべし。今其端を発し訳述する所のものにして、編中若くは、謬訳あらんか。正栄拙晒曚昧、其意達し難きもの少からざるべし。後の学者幸に参考して善訳の補訂あらん事を俟つ所なり。

長崎和蘭家訳

文化八辛未之春　　　　　　　　　　　　本木 正栄 謹述

　この諳厄利亜興学小筌は、本木庄左衛門の英語研究に於ける最初の著作にして、ヤン・コック・ブロムホフの指導を除けば、全く独力にて編纂したものと認めねばならぬ。

『諳厄利亜語林大成』の編修

　文化8辛未年9月1811年長崎奉行に於ては、英語習熟するため、英和対訳辞書の編修方を、蘭通詞たちに命じた。

　是に於て、本木庄左衛門は、主任となり、楢林栄左衛門諱は高美、吉雄権之助諱は永保、馬場為八郎諱は貞歴、末永甚左衛門諱は祥守、等を督し、ヤン・コック・ブロムホフ（Jan Cock Blomhoff）の指導によりて、英和対訳辞書の編修に着手し、文化11甲戌年夏6月に1814年に至りて、之を成就し、諸厄利亜語林大成と題して、之を長崎奉行所へ差出した。そして、褒美として、白銀15枚を頂戴した。

　　本木家由緒書。本木庄左衛門の条
　　同年〔文化八辛未年〕九月、諳厄利亜語急務御用弁之ため右国語字引仕立方之儀、被仰付、同十一戌年右国語字引拾五冊相仕立差出、為御褒

美白銀拾五枚頂戴仕候。

其間、文化10癸酉年1813年ヘトル役ヤン・コック・ブロムホフは、帰国する事になったので、奉行所に於ては、ブロムホフが数年の間蘭通詞たちに英語を教授した功労に対して、特に銘酒25樽を、褒美として下賜する事になった。そして、ブロムホフは、11月3日1813年11月25日を以て、シャアロット号 Charlotte に乗りて、長崎の湊を出帆した。

なほ、さきに魯語や英語の稽古掛通詩たちより申請があったので、奉行所に於ては、上入用の洋書並に文具類の持渡方を、紅毛人に命じておいたのであったが、文化11甲戌年6月24日長崎入津の蘭船は、諳厄利亜ウォールデンブック即ち英語字書1部、2冊並に文具類などを持渡った。そして、文具類は、掛通詞たちへ渡され、英語辞書は、通詞たちへ貸渡しという事になった。『長崎志続編』、巻之7。風説書。

この英語辞書が『諳厄利亜語林大成』の編修に如何程便利を与へたか。既に手遅れの憾みがあったと考へざるを得ない。但し、爾後の英語研究には、有力なる参考書となるべきものであったに相違は無い。

それから、ヤン・コック・ブロムホフが文化10癸酉年11月に帰国した事も、この英和対訳辞書の編修には、確に一つの打撃となったに相違は無い。

下に諳厄利亜語林大成の序と跋とを録して、参考に供しておく。

諳厄利亜語林大成敍
諳厄利亜の国は往昔其職貢を禁し給へる故を以て、其言詞に於る、爾来いまた是を知る者有らず。彼和蘭の如き、海を接して隣を為すと雖とも、絶て彼れと交通せざれば、其言を詳にする者又復希なり。しかはあれど、累世の敵讐たるが故に、其辞令に予する所以なくんばあらず。前時文化己巳航来の蘭人楊骨郭歩陸無忽桴ヤンコックブロムホフなる者是を能するを以て、特に命ありて、崎陽に祗役せしめ、我訳家茲に肇て其業を創る事を得たりと雖とも、其言詞の連続、音韻の反切、殊離異乖にして、洲を共にし俗を等する蘭人も尚是を難するを、況昔人已に五方の洲を分て、風を異にし俗を別にする者の為し得べきに非

140

るをや。然りと雖も、恭しく上命の重を奉し、眷々服膺し、心を潜め、志を篤くし、積むに歳月を以てして、彼国語を修習し、辛未の春に至り、諳厄利亜興学小筌、十巻、四十八篇を訳述し、是を我党の小子に授て、其楷梯をなし、彼が蘊奥を測らしめ、以て風波意外の警に備る事を得るは、実に国家昇平の余化、聖代無窮の剰沢と謂つべし。さはあれど、其書語例多端にして、暗記口誦するに非れば、卒然の際に応じ難く、又繙訳して、是を徴するに疎し。小人正栄是を憂て、其簡径の書を撰訳せんと欲する事日あり。幸に秋九月、言語集の書訳編の命あり。^{貼紙〔壬申秋九月〕}斯に於て乎、諳厄利亜所有の言詞悉く纂集訳釈し、傍ら参考するに和蘭の書を以てし、猶其疑きものは、払郎察の語書を以て覆訳再訂し、遂に翻して皇国の俗言に帰会し、是に配するに漢字を以てし、更に裘と葛とを歴て其書始て成る。^{附箋〔裘葛を歴る事二回にして此書初て成る〕}私に題して、諳厄利亜語林大成と云ふ。部を分つ事廿五、巻をなすこと一十五、其ＡＢＣを用て部を分ち、頭書を用て類^{エビシ}集するものは、専ら彼れが語に触て其意を達せん事を要とす。然れども、小人浅学薄識、固よりして、本朝の雅言正語に拙く、又漢訳の要領に疎きを以て、魚魯羊芋の誤なきにしもあらす。故に鄙狸の俗言を厭はず、凡て国字を以て是を注し、其実を失はざらしむ。後の学者将此篇を取て、小筌の語例と校考し、切瑳精成なるに至らば、千辞万言も、江漢の浩蕩たるが如く、機に臨み、時に応じて、風雲の変幻するが如くならんも、亦其人に在て、真に本朝の備予未曽て海外に交通せずと雖とも、異域の事情に及被する文明の余輝を以て、彼狡悍の俗をして破胆せしむるに足ぬべし。是を序とす。

文化9年壬申夏5月23日^{附箋〔十一年甲戌夏六月〕}

　　　　和蘭家訳　　長崎　本木正栄　謹識

本木印 正栄	光子

書諳厄利亜語林大成尾

国家大統の後より、外夷の朝貢を節制し、為に訳人を置て、其言語を謄釈し、其志情を通達し、且館を﨑陽に搆て、喎蘭人を止め、以て異域殊方の俗を監禁せしめ、海兵風漂の虞に備ふ。謂つべし、治教の至りなりと。方に今、其日昌月盛の風化、絶域万里の外に覆被し、斯に於て乎、諳厄利亜学創興の挙ありて、司市高島茂紀をして是を幹旋せしめらる。継て諳厄利亜語書訳定の命あ

り。正栄等暗愚の小人、苟しくも累世訳家の員に備るを以て、謹て命を奉し、憤を廃し、寝を廃し、書を抜き、思を研ると雖とも、已にして晩学末路、恐らくは此業を終るに難き事を。斯を以て、退て惟らく、壮志有力の者を得て共にするに非んは能わすと、爰に副訳員楢林高美、能其業を肆て、習修惰ることなく、及び吉雄永保、先人の遺業を修め、志を家学に篤くし、兼て諳厄利亜学草興の頃より汲々として時習日益の功あり。故を以て、此二人者を薦引し、遂に其　許を蒙り、相共に力を戮せ、討論捜究を積み、今茲甲戌夏漸にして稿を脱するに至る。篇中記載する所の言語天地万物人事に及ぶまで、大凡七千有余言、譚話問答文書訳解の際に当て巻を開けば、了然として一義一音の詳悉ならさる事なからんことを要す。然りと雖とも、宇内宏遠所有の事物、其名詞随て相変化するが故に、彼の一国の言詞に於るも、遺漏するもの尚多し。諸如此ものは、類に触れ、義を推して、而して是を考察せは、彼邦普通の言詞に在て一大集成の書にして、庶幾は将来に少補なきに非る事を。是豈に小人等が力の能する所ならんや。則高島茂紀斡旋の勉使に在て、実に文化洪隆の剰波に因るものならし。

　　　　甲戌季夏

　　　　　　　　　　　　本木正栄欽書

　この序文は、当初文化9壬申夏5月23日附になっていたのを、更に文化11甲戌夏6月附に改めてある。文化9年壬申夏5月に第1巻を脱稿した際に序文をしたため、更に文化11年甲戌夏6月に至り成就したる上にて、年月日を書き改めたるものか。そして、跋は、文化甲戌季夏とあるから、文化11年甲戌季夏6月にしたためたものに相違はない。

　水戸彰考館に、『諳厄利亜辞書』と『諳厄利亜語林大成』と、二通りの写本が遺存している。『諳厄利亜辞書』と云ふのは、『諳厄利亜語林大成』にあたり、『諳厄利亜語林大成』と云ふのは、『諳厄利亜語大成』（長崎博物館所蔵本）に若干の補遺を加へたるものに、『諳厄利亜興学小筌』の重要なる部分を合せたものである。

『諳厄利亜辞書』には、水戸の哀公(斉修)の序文がある。それに拠れば、水戸藩士芦沢惣兵衛元昇が、当時江戸に滞在せる蘭通詞吉雄忠次郎より之を借り受けて、哀公の閲覧に供したが、哀公は、之を最も必要なる書と考へ、吉雄忠次郎及び其門人に蘭字を写させ、漢字を水戸藩士谷佐之衛門忠明に写させたのであった。これは文政8乙酉年(1825年)の事であった。

水戸藩で、斯く英語に注意するに至った事は、文政7甲申年5月、常陸国大津浜に英国捕鯨船の渡来した事件に縁由するのであるが、其折、江戸詰となってゐた蘭通詞吉雄忠次郎が常陸の大津浜に出張して、英人と対談をなし、彼等のために薪水食料の供給をはかり、英船をして無事に退帆せしめた事を遺却してはならぬ。要するに、吉雄氏が水戸藩に、英語研究の必要を説いた結果、斯く水戸藩にて写本を作成するに至ったものと考へねばならぬ。

本木氏は、本書の序文に於て、「諳厄利亜所有の言詞悉く纂集訳釈し、傍ら参考するに和蘭の書を以てし、猶其疑きものは、払郎察の語書を以て覆訳再訂し、遂に翻して、皇国の俗言に帰会し、是に配するに漢字を以てし」云々と述べている。即ち、本木氏は、この英和対訳辞書の編修にあたり、参考書として、阿蘭陀の書や仏蘭西語の書を用ひ、その最善を尽したのであった。

其外、本木氏は、英語文典などをも、参考書として用ひたものと思う。本書の題言に、次の如く記している。

諳厄利亜国は、詞品を区別して、八種となす。静詞、代名詞、動詞、動静詞、形動詞、連続詞、所在詞、歎息詞、この八種の詞品は、詞を綴り、語を成すの淵原にして、詳悉ならずんばあるべからず。

近藤正斎の好書故事、巻第79、書籍29、蘭書2、字書の条にいう。

諳又利亜国文則
原名エンゲル、スプラーコンスト

和蘭国ノ諳又利亜語ノ教師レーマン撰、一八〇五年^{我文化二年乙丑ニアタル}アムステルダムノ
書肆ヨハンネス・アルラルト刊行西洋書目。

　エンゲル、スプラーコンストとあるのは、エンゲルシェ・スプラーククンスト
EngelscheSpraakkunst の誤りと認む。本木氏は、この英文法書を使用し
たものかも知れない。

英人メドハァスト氏の英和和英対訳辞書

　1830年、^{天保元庚寅年}。英人メドハァスト氏 Walter Henry Medhurst
<sup>1796年4月29日（寛政8丙辰）英国ロンドンに於て生まれ、1857年1月24日（安政3丙辰年12月）
ロンドンにて逝く。支那風にては麦都思と云ふ。</sup>は蘭領東印度のバタヒアに於て、『英
和和英語彙』を上梓した。

An English and Japanese and Japanese and English
Vocabulary. Compiled from native works, by W.H Medhurst,
Batavia: Printed by lithography, 1830.
この『英和和英対訳語彙』は、蘭領印度総督 J. van den Bosch に捧げてあ
る。

　1827年^{文政10丁亥年}メドハァスト氏は、バタヒア滞在中、日本人の著述若干
を借覧する事を得た。これらの書は、日本語の内容を窺知するのに役立つもの
であった。支那に於て新教の伝道に従事せる Dr. Morrison, Dr. Milne
などは、夙に日本語研究の必要を感悟していた。それは、支那語に訳せる
聖書が日本人に役立つや否やを確めたい為めであった。メドハァスト氏の場
合に於ても亦同様な事がいえやう。
　麦氏は、借覧せる書籍の謄写方に就きて、一応所蔵家の許しを得たる
上、支那人12名を雇ふて、写本の作成に従事した。これらの書籍の中で、重
要なものと認む可きは、語学に関する分であった。そして、最も重要なるもの

は、次の字書であった。

⑴　『蘭漢和対訳字書』　日本人の手書せるもの
⑵　『和漢蘭対訳字書』　イロハ順に編修せるもの
⑶　『漢和字書』
⑷　『和漢字書』　イロハ順に編修せるもの

　写本作成完了の後、麦氏は、『英和和英語彙』の編修に従事した。そして、1830年^{天保元庚寅年}に至りて、之を印行する事を得たのであった。
　W. H. Medhurst は、*China: Its State and Prospects* ^{1838年、ロンドン版。}343頁に於て、この語彙に一言及んでいる。

> This little works does not profess to present a full and
> extensive development of the language, and enters very little
> into its structure or character: it is hoped, however, that it
> may afford some assistance to future labourers, endeavouring
> to investigate that rich and copious tongue, with a view to
> convey the treasures of divine inspiration into it. Without
> intercourse and conversation with the people, however, it
> was impossible to proceed furthur in the acquistion of the
> Japanese language, and the study of it gave way to more
> immediate and imperious claims on time and attention.

　即ち、この小著は、日本語の内容を能く検討したものでなく、何をいうにも、日本国民に接近する事を得ざれば、日本語の修学に於て、これ以上進む事は不可能な事であるから、ただ多少参考ともなれば、それにて足るというやうな意味で、研究家としての自己の立場を明らかにしてをるのである。
　麦氏は、日本人たちの編修に係る『蘭漢和対訳字書』及び『和漢蘭対訳字書』に依拠し、別に英蘭字書を利用した者であらうと思う。

文政初年には、荒木豊吉、菊谷米蔵両名は Jan Cock Blomhoff の指導によりて、『蘭和対訳字書』を編修したが、それは、缺漏少からざる未定稿であり、また文政11戊子年1828年轟武七郎、岡研介、吉雄忠次郎、吉雄権之助などは、シイボルトの指導によりて『和蘭対訳字書』を編修した事はあるが、蘭漢和対訳字書や和漢蘭対訳字書などの編修されたという事に就いては、未だ聞く所がない。しかし、これらの字書は、文政期の蘭通詞たち或はシイボルトの門人などの編修したものと考察したい。また麦氏は、これらの字書の所蔵者の姓名を明記していないが、長崎来舶の紅毛人にしてバタヒアに帰還した者に相違ないと思う。

　この『英和和英語彙』は、長崎に舶齎され、長崎はもとより、他郷にても、洋学者間に可なり行はれたやうである。村上英俊などは、この語彙の一部分を翻刻して、『英語箋』と題した。安政4丁巳年（1857年）―文久3癸亥年（1863年）なほ、外国人にして、日本語を学ぶ者の間にも行はれた。しかし、著者其人も、前以てこの語彙の整はざる事を告白している位であるから、或る程度までしか利用のできないのは、当然であると思う。

　　なほ、メドハァスト氏の著述として、*Translation of a Comparative Vocabulary of the Chinese, Corean, and Japanese language,* By Philo Sinensis. Batavia: Printed at the Parapattan Press, 1835を挙げておきたい。これは倭語類解を英訳したもので、やはりバタビヤ版である。

　それから、その編修に係る *English and Chinese Dictionary* 1847年（弘化4丁未年）―1848年（嘉永元戊申年）上海版。2冊。などは、支那はもとより、吾邦に於ても行はれた。

吉雄権之助のロバァト・モリソン氏編修『支那語字書』の利用

　支那学者として有名なる Dr. Robert Morrison の編修に係る *Dictionary of the Chinese Language.* Macao, 1815-1823. 文化12乙亥年

より文政6癸未年に至る。マカオ出版。6冊。第3(PartIII)は、『英語支那語対訳字書』である。は、早く長崎に舶齎せられ、蘭通詞たちは、之を利用した。

1828年11月18日文政11戊子年10月12日。出島の蘭館に勤務せる Dr. Heinrich Bürgerは、支那の媽港に寄りて、Dr. Robert Morrison を訪ねた。其際、彼は、長崎の通詞たちが、モリソン字書を日本語に翻訳中であると話した。

ドクトル・ビュルゲルは、蘭訳司吉雄権之助に懇切なる書翰を贈るべき事を、モリソン氏に勧めた。そして、モリソン氏は、ビュルゲルに、価30弗に相当する唐書、其他を与へて、字書モリソン氏の英漢字書を和訳せるものを注文した。Memoirs of the Life and Labours of Robert Morrison, Compiled by his Widow. London, 1838.2 vols. vol. II.

佐久間象山は、「漢字註以英語、洋語釈以漢字者、始于英人莫栗宋、荷蘭通詞吉雄永保、取莫氏之本書、抶英以荷、以纂一書」と述べている。佐久間象山、『増訂荷蘭語彙題言』。

吉雄永保とあるのは、名訳司吉雄権之助に外ならぬのである。吉雄氏は、モリソンの字書のうち、英漢対訳の分を採り、英語を除き、之に代ふるに蘭語を以てしたというのである。

即ち吉雄氏は、『蘭英英蘭対訳字書』とモリソン氏の『英華字書』と比較照合して、英語に該当する蘭語を求め、其英語の漢訳語を其蘭語に充てて、適当なる訳語を自ら作るために要する煩労を省いたのであった。これは、真に巧妙なる方法というべきものである。

佐久間象山が、その『増訂荷蘭語彙』甲比丹ドウフの蘭和対訳字書を、佐久間氏が、ピイテル・マリン、其外の字書によりて、増訂せるもの。佐久間氏は、この増訂本の上梓を願出でたが許可せられなかった。その増訂本は今猶ほ遺存しているか、不詳。に於て、多く吉雄氏の訳語に依拠した事は、佐久間氏が、「今語下往々存漢語者、多従吉雄氏本」と明記せる事にて、疑ふべき余地が無い。

甲比丹ドウフの帰国の後、引続き文政を経て天保4癸巳年1833年まで進行せる『蘭和対訳字書』の編修の折、主任中山作三郎初め得十郎、吉雄権之助、両氏は、モリソン氏の『英華字書』を利用して、適当なる訳語を得、ドウ

フ帰国以前に用ひたる訳語なども改訂し、もとより文政より天保までの分に於ても、モリソン氏の与へたる訳語を参考に資した事であらうと思ふ。

其外、吉雄氏は、蘭語に対する訳語を求むる場合には、モリソン氏の字書を、最も効果的に利用した者と考察する。

Dr. Heinrich Bürger と、Dr. Robert Morrison との間柄に就いては、渡辺華山の『慎機論』天保10己亥年正月、未定稿。に、記載がある。その一節にいう。

> 十年 文政十丁亥年 シイボルトと共に来りし書記ビュルゲルと云者、長崎より爪哇へ帰帆の時、台湾辺に及で、颶風に遇ひ、檣折れ、艫裂け、広東に飄蕩せしとき、適々モリソン留学の時に逢ひたり。此ビュルゲルは、陰謀ある者にて、モリソンが、名声あるを知り、佞諛し、モリソンが周旋蔭扶を以て、妻を英吉利斯より迎へ、又抜擢せられ、去々年天保八丁酉年長崎へ来りしとき、これが為に富豪に至れるとぞ。

ビュルゲルは、爪哇病院に、薬剤師として勤務していた。理学、特に化学、礦物学などに造詣深き人物で、文政8乙酉年1825年に長崎に渡来した。先是、長崎に在留せるシイボルトは、自己の助手として彼を長崎に派遣せん事を、蘭領東印度政庁へ稟請しておいたのであった。

吉雄権之助と英人 Dr. Morrison との間柄は、Dr. Bürger に依りて、一層親密になった事であらうと思ふ。

Dr. Morrison は、吉雄権之助が、その『英華対訳字書』を巧妙に利用した機敏には、確に驚嘆したに相違は無い。彼は、日本に福音を宣伝するために、かねて日本語の知識を得る必要ある事を、しみじみ感悟していた。随って、Dr. Bürger を通して、吉雄氏の『英和字書』などを得て、大に補益した事であらうと推測したい。

天保元庚寅年1830年には、江戸の天文台に於ても、モリソンの著書数篇を備附くる事になった。

青地林宗は、次の如く述べている。

嘗聞、英圭黎人模利菻、来於媽港、以英語、訳支那文、既成鉅冊、思其挙
也、東西文脈貫通、後続必煕、今茲庚寅初夏、官得其書数篇、下諸吾学社、
余輩得始見之。

　その著述というのは、モリソン氏の『華英英華字書』に外ならぬものと考へ
たい。

　モリソン氏の『華英英華字書』は1815年^{文化12乙亥年}より1823年^{文政6癸未}
年に至る8年間に出版された。その費用は、英国東印度会社に於て負担し、
15000パウンドであったという。

　元来、ドクトル・モリソンは、支那語の英訳に於ては、忠実に訳する事を以
て、第一義と為していた。青年時代、まだ英国にいた頃、しばしば倫敦の大
英博物館に其姿を現し、熱心に支那語研究に必要なる資料を渉猟してい
たという事にて、その研究が久しき者であった事がわかる。

　彼が支那に到着したのは、1807年9月4日^{文化4丁卯年}で、その終焉は、
1834年8月1日^{天保5甲午年}であったから、彼の支那滞在は、27年余りであった
と考へねばならぬ。

米人ラナルド・マクドナルドの渡来と英語の研究

　嘉永2己酉年3月25日、申上刻、1849年4月17日、午後白帆船一艘みゆと
の注進あり、翌26日^{陽暦4月18日}沖出検使として、手附白井達之進、松村瀬
平、給人橋本祐右衛門、河村又兵衛、隠密方、紅毛通詞など、伊王島沖へ
赴き、異船に至りて、書面を差出したが、異人たちは、読めないので、之を投
出した。この異船には、亜米利加の国旗が掲げてあった。

　是に於て、「亜米利加語心得の通詞」森山栄之助が役々の者と共に、異
船に赴きて、渡来の目的を尋ねてみると、この異船は、米国軍艦プレブル号
（Preble)で、長崎に幽囚の身となれる米国人10数名を受取るために、香港よ
り渡来したという事であった。

先是、香港に在留せる Captain Geisinger は、同地駐在蘭国領事より、長崎に於て、米人18名が下獄しているという事を聞いた。それで、Commander James Glyn が、プレブル号に乗りて、長崎に渡来したのであった。後ち、米国海軍提督ペルリと共に日本に来たLeutenant Silas Bent も、この米艦に乗っていた。彼は、黒潮の研究を以て知らるるに至った。

　米艦プレブル号は、湊の内に入った。そして、Commander James Glyn は、米人受取方に就いて、談判を開始した。その態度は、なかなか強硬であったらしい。

　27日には、奉行所より江戸へ、刻限附宿次を以て、米艦渡来の事を通報した。湊の警戒は、太だ厳重であった。

　4月2日、肥前侯鍋島氏や唐津侯小笠原氏が、長崎に来た。そして、長崎奉行井戸対馬守並に大屋遠江守と協議する所があった。

　同4日、出島蘭館の甲比丹レフィソン Joseph Henry Levyssohn は、奉行の命により、奉行所に出頭して、米国人 Ranald MacDonald 其外13人、合せて14人を請取り、之を Commander James Glyn に引渡した。そして、彼等の手荷物も一切、米艦内に運送された。同5日、米艦プレブル号は、碇を揚げて、港内を出で、順風を得て、小瀬戸より、西の方へ走った。

　米国人ラナルド・マクドナルド Ranald MacDonald 1824年2月3日、米国アストリア（太平洋沿岸）に生まれ、1894年8月5日（明治27年）ワシントン州フェリ・カウンティのマァカスに於て逝く。得年71歳。日本風に数へて。の長崎滞在は、1年足らずで短くはあったが、長崎の蘭通詞たちに英語を教へて、廃れかけて来た英学の復興に貢献する所があったので、永く日本の恩人の1人として景仰すべき人物であるから、その略歴を叙述する必要がある。

　米人Wiliam Elliot Griffis は、その著 America in the East に於て、斯う記している。

　　Meanwhile Americans were being cast ashore in Japan. The Yankee whalers, finding no game on the eastern side of their continent, were compelled to weather Cape Horn and go north toward the polar seas, and from time to time their vessels foundered or went ashore … It was from among these sailors that the first teacher of English in Japan came forth. Ronald (Ranald) McDonald was born at settlement which was the first fruit of our commerce with China—Astoria, in Oregon.

　ラナルドは、グリッフィス氏も記している通り、オレゴン州はアストリアの生まれであった。父は、エディンバラ大学出身の秀才で、ハドソン湾会社で、重要な役を勤めていた。この会社は、英国の資本家が、英領北亜米利加の土人より毛皮を購求むるために設立した者であった。母は、チニク族の酋長の女で、黒髪の美しさから思いついたものか、チニク語で烏にあたる言葉が、其名であった。

　母は、ラナルドの生まれてより2、3日にして、天国に行って了った。その翌年、父は、独逸系のスウィッツル人の娘で Jane という者と再婚した。それで、ラナルドは、ヂェーンを、実の母とばかり思うていた。

　ラナルドは、10歳ぐらいの頃、フォート・ラングレーの米人経営の学校に入り、翌年フォート・ガリーの英人経営のレッド・リヴァ・ミッショナリ・スクールに転じて、1839年まで在学していた。品行学業ともに良好であった。それから、カナダのサント・トウマス市に居住せる父の友人の内で世話になり、銀行員にもなってみたが、一向気乗りがせず、英国海軍にでもと思立ってみたけれども、父が賛成してくれず、どうした調子か、日本探検という考が頭脳に閃くに至った。

　1841年天保12辛丑年18歳の折、彼はカナダのサント・トウマス市を離れ、一時ミスシッピイ河で水上生活をなし、翌1842年天保13壬寅年ニュウ・ヨルクに至り、帆船に乗りて英国倫敦、其他へ渡航していたが、1845年12月弘化2乙巳年11月捕鯨船 Plymouth 号に乗り、まもなく此船を去り、1847年の秋弘化4丁未年布哇のラハイナ港で、再び Plymouth 号に乗組む事になった。但し、日本近海で解雇してもらふ契約であった。

この捕鯨船は、大分鯨油を獲たので、1848年6月27日嘉永元戊申年5月27日に至り、彼は、北海道の沿岸の小島を去る5哩ばかりの沖で下船する事になり、ボートに荷物や食料品を積込みて、仲間の者たちに別を告げ、ヤギシリ島に着いたが、宿泊すべき家が無いので、ボートに戻りて睡眠する事にし、3日を過したる後、7月1日嘉永元戊申年6月1日利尻島に渡り、一夜を島近くの海上で過した。翌朝6月2日一艘の船が来たので、ボートの底の栓を抜き、之を半ば水中に浸して、難破の風を装ふた。其和船には、アイノ人が4人程乗っていたが、直に彼を陸上に運んだ。海岸には、100人余りの老若男女が、もの珍しげに異人を見物した。

上陸前1日、即ち7月1日、一隻の捕鯨船が、沖を走っていた。それはアンカス号であった事が、後でわかった。

利尻島在留中、タンガローという青年が、ラナルドに接近して、英語を修めやうとしていた折柄、宗谷から役人が来て、一応彼を訊問したる上、ノッカより5哩あるトトマリまで連れ行きて、獄に投じた。其後、1月余を経て、彼は、護送せられて、松前に着いたのは9月7日7月28日であった。そして、松前より7哩半ばかりある江良町村に20日余り幽閉された揚句、長崎送りという事になり、晩秋に入りて、長崎に着いた。

長崎滞在中に14人の蘭通詞に英語を教える

ラナルドは、長崎滞在中も、やはり幽囚の身となっていたが、蘭通詞たち14人に英語を教ふる事を命ぜられた。そして極めて寛大なる待遇を受け、愉快なる月日を過していた。

彼は、ひとりひとりに英書を読ませて発音を正し、英語に邦語を交へて、その文字や章句の意味を説明した。通詞たちは、Lを発音するときに、Rの音を出し、また子音のあとにはⅰ、またはｏの母音を附加ふる癖があった。

ラナルドに英語を学んだのは、本木昌左衛門、西与一郎、植村作七郎、森山栄之助、西慶太郎、中山兵馬、名村常之助、小川慶十郎、猪俣伝之助、志筑辰一郎、岩瀬弥四郎、茂鷹之助、塩谷種三郎、Inderego Horu 不

明、綴字正しからず。などであったという。

　蘭通詞たちの英語学修に熱心であり、且つ記憶力の強いのには、ラナルドも、大に感嘆した。彼は、かくも熱心なる人々に教ふる事は、真に楽しみであったと述べている。

　森山栄之助は、特にラナルドと親善であった。英語の発音は、少し変であるが、会話は上手であった。毎日ラナルドを訪ね、1冊の『蘭英英蘭対訳字書』を携帯していた。蘭語の達者な事は、来舶紅毛人間に既に定評があったが、其外、羅典語や仏蘭西語の研究にも、意を留めていた。

　William Elliot Griffis は、次の如く述べている。

　　This bright youth was the first teacher of the English language in Japan,—the fore-runner of that education by American teachers which has so transformed an Oriental people. He was a bearer of the Pilgrim's creed to a nation which now rejoices in a written constitution and is tending to democracy; for, when asked by the Japanese officer to state the source of all power in the United States, and proceed from the highest to the lowest in authority, he answered, first of all, "the people",—a phrase enexplicable to the Japanese of that day. Among his pupils was Moriyama, who served as interpreter in the Perry negotiation.

　ラナルドは、しばしば英米の政体を語った事があったが、それは、赤道直下の黒坊に白雪を語るのと一緒であったらう。

　彼は、日本の役人が、自分を英語教師として利用したのは、日本が国際的地位を自覚したためであると説き、日本の発達は、内部の展開に因るもので、決して外部より強制されたものとは考へられないと観た。それは、日本発展は、外よりの刺戟に由る内の自覚に基くという意味に取れない事もあるまい。

　彼は、英文聖書、字書、文法書、歴史、地理などの参考書など、数十冊を

持合せていた。長崎の公文書に、按針役とあるから、航海、天文、気象、数学などの参考書なども持っていた筈と思う。

　長崎を去りてより後、5年ばかり、彼は支那、印度、濠洲あたりに放浪して、波濤の上を渡ったり、鉱山に入ったりしていたが、1853年嘉永6癸丑年に至りて、亜米利加に還った。それより少し前、父は千古の人となった。

　其後、鉱山に手を出して、可なり資産もでき、一時楽な生活をしていたが、借り倒されて、元の裸一貫となり、1899年明治32年ワシントン州は、フェリ・カウンティのマァカスという田舎の片ほとりに住める姪の家で永眠した。ラナルドは、西半球でも、また東半球でも、渡鳥そのままな生活を続けて行ったが、日本の長崎に滞在せる時くらい優遇をうけた事は、一生涯に二度と無く、日本人くらいなつかしいものはないと記し留めている。そして、臨終の折にも、姪に向ひて Sionara, my dear, Sionara と、日本言葉を言い遺したという。
Ranald MacDonald.

　ラナルドが、その形見として此世に遺したのは、1848年嘉永元戊申年より1849年嘉永2己酉年に至る一年足らずの間、長崎に淹留していた折に書留めておいた「和英対訳語集」及び「回想録」である。

ラナルドの回想録の日本語に長崎方言が

　「和英対訳語集」は、日本語500語ばかりに対して英語を充てたもので、未定稿のままである。その日本語には、長崎方言の匂ひが饒かである。長崎のお土産ともいうべきものである。他郷の人には、どうかと思うが、長崎人には、何ともいえない感じを起させる。

　その遺稿たる「回想録」は、日本で書留めておいた手控と記憶とに拠りて叙述せるもので、友人マクラッド Malcom Macleod 氏の助力に依り、その永眠より1年前の1893年明治26年に脱稿したものである。実は、存命中に出版する積りであったが、之を引受けてくれさうな出版者は一向見当らず、また自費出版の資力は無く、ラナルドは、遂に其志を得なかった。

　明治初年に日本に来た William Elliot Griffis なども、ラナルドの遺稿を、

その永眠の年、即ち1894年より1899年の間に一覧したらしいが、その出版方に就いて、奔走してくれたか、分からない。さうして、1923年大正12年に米国の William Stanley Lewis 氏と日本の村上直次郎博士との共編に係る *Ranald MacDonald* が世の光を見るに至るまで約30年間は、其儘になっていた。

『長崎志続篇』、巻9之下、アメリカ船渡来之事の条に、森山栄之助を、「亜米利加語心得の通詞」と称している。これは、甚だ面白いと思う。亜米利加人の国語であるから、亜米利加語と称し、それ以外には何も深い考はなかったらう。

英人の英語と亜米利加人の英語との間には、少くとも発音の点に於て、或る微妙な差異がある。ラナルドの教を受けた蘭通詞たちの編修に係る『エゲレス語辞書和解』の英語発音には、亜米利加語の影響が顕現している。

嘉永7甲寅年1854年森山栄之助は、江戸に召されて、米国海軍提督ペルリとの外交談判に訳官として活躍した。其折、彼は、頻りにラナルド・マクドナルドの消息を米人にたずねた事があった。S.Wells William 編。ペルリ日本遠征日記、1854年3月3日の条参照。森山氏は、いつ迄もラナルドを忘れなかった。そして、ラナルドも亦長崎を去りてより後、その一生涯、森山栄之助を忘れなかった。

ラナルドの愛弟子であった森山栄之助後ち多吉郎 が、外交談判に訳官として其の最善をなし、自余の門人たちが本邦に於ける英語普及の先駆者となりて、英学の基礎を作るに至った事など考へてみると、憐れ数奇な運命に弄ばれ、人生の闘ひに悩み疲れて永眠したラナルドの長崎滞在は、彼の一生のうち最も有効に用ひられた部分であり、且つ彼の記憶メモリーを永遠ならしむるものといわねばならぬ。

『エゲレス語字書和解』

嘉永3庚戌年9月15日、町年寄福田猶之進及び高島作兵衛両名は、唐通事並に蘭通詞中、若年の者たちの満洲語、魯語、英語などの兼学や言

語和解の取締掛を命ぜられた。そして、満洲語は、唐通事、魯語及び英語は、蘭通詞が勤学する事になった。

　ついで、9月24日、阿蘭陀大通詞西吉兵衛、小通詞森山栄之助のち多吉郎と改む、唐方諸立合大通事平野繁十郎、小通事鄭幹輔、潁川藤三郎などが、世話掛を命ぜられた。

　是に於て、天保の頃より活気薄らぎし観があった語学の研究は、再び盛んになって来た。そして、翌嘉永4辛亥年8月には、『エゲレス語辞書和解』 *Engelsch en Japansch Woordenboek.* 第1冊、Aの第1が脱稿された。それには、嘉永4年亥8月附、西吉兵衛成量、森山栄之助憲直、楢林栄七郎高明、名村五八郎元度、4人連名の序文が掲載されている。

序

　皇国にて英吉利語を学ぶ始は、文化の度、先輩魯西亜語、諳厄利亜語兼学の命を受け、英吉利字彙、噺書数巻を訳し、之を公館に捧げ、其後絶て伝られす、然るに近年異船の来る事屢にして、漂泊の異民頻に多し。是に語の通るは、英吉利のみ那り。故に嘉永三戊戌の秋旧令に復し、蛮語兼学の命下り、春秋に英語訳二巻を捧べしとなり。我輩乃□（学カ）未至といへども、適々命の下りたれは、其学の熟するを待ち、数年を経て果さすば、恐らく□（ハカ）怠惰の罪を蒙らん。故に止を得す、未熟の儘にて、ホルトロップ（人名）著す所の英語字典を訳し、以て此一巻を捧ぐ。元来英語は、蘭音に異るかゆゑ、横文字の側に、片仮名を以英音を詳にす。訳するに漢語雅言を以せんと欲すれとも、漢学等に闇ければ、しるす事能はず。唯寄港の鄙語最多し。願くば、之を免し給はん事を

西　成量

嘉永四年亥八月
森山憲直

楢林高明

名村元度

　この辞書のAの第1冊が取締掛たる町年寄福田猶之進、高島作兵衛両人の手元へ差出されたのは、同亥年8月の事であった。其後、安政元甲寅

年11月までに、通詞たちは、Bの第3冊まで脱稿したのであった。

　ここに、この英和対訳辞書の編修進捗の表を掲げて、参考に供しておく。

脱稿ノ分差出シ年月	西暦	冊数		編集に従事せる通詞の姓名
嘉永4辛亥年8月	1851	Aの第1	1冊	西吉兵衛。森山栄之助。楢林栄七郎。名村五八郎。
嘉永5壬子年8月	1852	Aの第2	1冊	西吉兵衛。森山栄之助。名村五八郎。志筑辰一郎。
嘉永6癸丑年正月	1853	Aの第3	1冊	西吉兵衛。森山栄之助。中山兵馬。楢林栄七郎。名村五八郎。志筑辰一郎。
嘉永6癸丑6月	1853	Aの第4	1冊	西吉兵衛。森山栄之助。中山兵馬。楢林栄七郎。名村五八郎。志筑辰一郎。
嘉永6癸丑年11月	1853	Bの第1	1冊	西吉兵衛。森山栄之助。中山兵馬。楢林栄七郎。志筑辰一郎。
安政元甲寅年5月	1854	Bの第2	1冊	西吉兵衛。※森山栄之助。中山兵馬。楢林栄七郎。※志筑辰一郎。岩瀬弥四郎。西吉十郎。川原又兵衛。
安政元甲寅年11月	1854	Bの第3	1冊	西吉兵衛。中山兵馬。楢林栄七郎。西吉十郎。品川藤十郎。川原又兵衛。

※嘉永7甲寅年5月、『エゲレス語辞書和解』の編修に従事せる通詞たちより取締掛たる町年寄福田猶之進、高島作兵衛両名へ、Bの部、第2冊を提出した際に、差出したる書面には、森山、志筑両氏の名前はあるが、捺印は無い。そして「旅役に付印行不仕候」とある。

　この英和対訳辞書には、『エゲレス語辞書和解』と題してある。そして、蘭語にて *Engelsch en Japansch Woordenboek* と記してある。

　本書の序文に、「ホルトロップ著す所の英語字典を訳し」云々とある。これは、John Holtrop's *English and Dutch Dictionary*, revised, enlarged, and corrected by A. Stevenson Dordrecht, 1823. Brusse en Van Braam 出版。これは英蘭の部で、蘭英の部は、翌1824年版である。にあたるのであらう。

　本書は、7冊より成る未完本である。その内容は、次の如し。

第一冊 Lr.A.No.1.Aの第1　Aを以て始まり、Alwaysを以て終る。四十葉。扉紙を除く。発音は、朱字にて示してある。

例へば、次の如し。

A（ェ）　　　　　　　　　　冠辞又助辞

a（ェ）　man（メン）　　　　男又人

<ruby>twice<rt>トワイス</rt></ruby> <ruby>a<rt>エ</rt></ruby> <ruby>year<rt>イール</rt></ruby>	一ヶ年　二度	

AB

<ruby>Aback<rt>エブバック</rt></ruby>　　　　　　　　　後ろ

<ruby>Abaco<rt>エブベコー</rt></ruby>　　　　　　　　　算学

第二冊 Lr. A. No.2. Aの第二　　Am を以て始まり、Aptote を以て終る。五十葉。但し扉紙を除く。

第三冊 Lr. No.3. Aの第三　　　Aqua を以て始まり、Asyndeton を以て終る。三十八葉。但し扉紙を除く。

第四冊 Lr. No.4. Aの第四、終。　Ata の項の前の文字は、紙面破損甚しきため不明なれども、訳語に「助辞」とあるにより、At を以て始まれる事、明瞭である。Azymus を以て終る。二十七葉。扉紙を除く。

第五冊 Lr. B. No.1. Bの第一　　B.Aを以て始まり、Beauty を以て終る。三十四葉。但し扉紙を除く。

第六冊 Lr. B. No.2. Bの第二　　Becafico を以て始まり、Bizarre を以て終る。四十三葉。但し扉紙を除く。

第七冊 Lr.B.No.3. Bの第三　　　BLA Blab を以て始まり、Brewis を以て終る。四十三葉。但し扉紙を除く。

　本書の編修は、安政元甲寅年11月に差出されたBの第3冊を以て中止となり、爾後遂に続稿を見るに至らなかった。それは、当時外交多事のため本書の編修の余裕なかりしに由るものと考へたい。

西吉兵衛諱は成量、文化8辛未年（1811年）生。嘉永元戊申年（1848年）38歳にして大通詞となる。嘉永7甲寅年8月17日（1854年）逝く。得年44。

森山栄之助後ち多吉郎と改む。諱は憲直、文政3庚辰年6月1日（1820年）生、明治4辛未年3月15（1871年）逝く。享年52。

楢林栄七郎後ち栄左衛門と改む。語は高明、大通詞となる。安政6己未年、調役下役格、高30俵3人扶持を賜はる。異数の栄達と称せられる、万延元庚申年11月25日卒す。行年31。

名村五八郎諱は元度。安政3丙辰年箱館奉行支配調役下役格30俵3人扶持となる（長崎年表）

中村兵馬後ち六左衛門と改む。諱は武和、天保2辛卯年（1831年）生、明治元戊辰年9月廿四日逝く。享年38。

志筑辰一郎諱は利忠、天保3壬辰年（1832年）生、安政4丁巳年11月朔日逝く。得年26。

岩瀬弥四郎嘉永頃の長崎諸役人帳、小通詞並の条に岩瀬弥四郎の姓名がある。

西　吉十郎諱は成度、西吉兵衛の子、明治に入りて大審院長となる。

川原又兵衛嘉永頃の長崎諸役人帳、阿蘭陀小通詞末席の条に、川原又兵衛とある。

品川藤十郎のち東十郎、品川藤兵衛の子、明治19年11月8日（1886年）逝く。得年52年8カ月。

『英和対訳袖珍辞書』並に『薩摩字書』

　文久2壬戌年冬、*A Pocket Dictionary of the English and Japanese Language*『英和対訳袖珍辞書』Printed at Yedo, 1862. と題する英和対訳字書が、江戸の開成所より発行された。これは、開成所の英学教授手伝堀達之助長崎の人が編修主任となり、西周助のち西周、千村五郎、竹原勇四郎、箕作貞一郎、高島太郎、長崎の人高島秋帆の孫手塚節蔵のち大築拙蔵と称し、更に瀬脇寿人と改む。などと共に編修したもので、雁皮紙の両面摺、洋風横綴本である。

　この袖珍辞書は、H. Picard's *Pocket Dictionary of the English-Dutch and Dutch-English Languages* 第弐版。A. B. Maantjes の増補訂正に係るもの。に依拠した者と考へたい。

　大槻文彦氏は、その著、『復軒雑纂』、『和蘭字典文典』の訳述起源の条に於て、次の如く述べている。

　　英学の興るに及び、英和対訳辞書の必用起れる事論を待たず。是に於て、堀
　　辰之助、高島太郎（秋帆の孫）、箕作貞一郎、手塚節蔵（後に大築拙蔵）等、「ピカ
　　ルド」の英蘭対訳辞書を採りて（「ボムホフ」の英蘭対訳辞書の舶来は是より後なりと云
　　ふ）、蘭語を削りて、和蘭字彙中なる和訳語を当てて英和対訳乃ち成りて、文

久2年12月、幕府の開成所より発行せり。鉛製活字を用いて、雁皮紙の両面摺にて、横本西洋綴1冊なり。

大槻如電氏の新撰洋学年表、文久2年壬戌1862年の条にいう。

英和対訳袖珍辞書、　　　　堀達之助等編洋書調所刊行。

堀氏は主任にて、助手は箕作貞一郎、千村五郎也。目下急用の書なれば、2カ年にて成稿上板してけり。本書の如く速に成就せしは、英蘭対訳書を採り、其蘭を去り、塡むるに、訳鍵、和蘭字彙等の邦訳語を用い、而して訂正を加へしとか。

即ち、(1)ピカルドの『英蘭対訳辞書』より蘭語を削り去り、『和蘭字彙』の訳語をあてて対訳ができたといい、(2)僅か2カ年にして脱稿上梓したのは、『英蘭対訳辞書』の蘭語を去り塡むるに『訳鍵』、『和蘭字彙』等の邦訳語を用ひて訂正を加へたものであるという説があるというのである。

いずれの説も採るに足らぬと思う。『訳鍵』や『和蘭字彙』などの訳語と本書の訳語と比較してみたならば、本書には、『訳鍵』や『和蘭字彙』などの訳語が悉く其儘借り用ひられたものでない事を見出すであらう。即ち本書には、『訳鍵』や『和蘭字彙』などにない字句が幾つもある。

この『英和対訳袖珍辞書』の増訂版が、慶応2丙寅年1866年に江戸の開成所より刊行された。即ち、『改正増補英和対訳袖珍辞書』、*A Pocket Dictionary of the English and Japanese Language.* Second and Revised Edition. at Yedo,1866. である。増訂者は、開成所の教官堀越亀之助、柳川春三、田中芳男等であった。

成程増訂もあるが、訳語などには、改正どころか、改悪もある。特に、A Pocket Dictionary of the English and Japanese Language と云ふ拙い題などは、依然として訂正する所がなかった。

其後、明治2己巳年、上海美華書院（American Presbyterian Mission Press）に於て、*An English-Japanese Dictionary,* Together with a Table of Irregular Verbs, and a List of English Signs and Abbreviations. Third Edition Revised, Shanghai; American Presbyterian Mission Press,1869.『和訳英辞書』が印刷された。序文の末に、薩摩学生とあるので世に『薩摩字書』と称せられた。第3版とあるのは、堀達之助等の『英和対訳袖珍辞書』を第1版、堀越亀之助等の改正増補版を第2版とし、この上海版を第3版として取扱ったのに外ならぬのである。

この上海版の序文に、次の一節がある。

> コレヨリ先ニ、堀先生、英ノ字典ヲ訳スルニ、我　皇国ノ語ヲ以テシテ、此学ニ志ヌル者ノ羽翼トセリ。シカレトモ、往々謬語缺字等アリテ、且遺漏ナキニシモ非サルヲ、堀越先生、其謬誤ヲ改メ、略語ヲ加ヘタリ。ハシメニ比スレハ、イトヨロシクハナリタレド、学者ノ輩ニハ、猶アカヌ所アルヲ以テ、コノタビ、アメリカ教師等ニ倚リ、更ニ改メ正シ、今世不用ノ英語ヲ省キ、必用ノ文字ヲ補ヒ、且口調ヲ誤ランカ為、吾片仮名ヲホトリニ属ケ、又漢字ニモ施シテ、童蒙ニ便宜ヲ得セシメ中略。当時要用ノ語ヲ増加シタレハ、頗ル学者ノ遺漏ヲ減スト爾云。

上の援引文に、「当世不用ノ英語ヲ省キ」とあれども、其省き方は、案外に閑却されている。新しく増加し、新に訳語を与へた英語もあるが、多くは元の儘である。アメリカ教師とあるのは、長崎に在留せるフルベッキ Guido Fridolin Verbeck に外ならぬものと考へたい。

『復軒雑纂』大槻文彦著。『和蘭字典文典』の訳述起原の条にいう。

> 上の開成所版の辞書。堀達之助等編修に係る『英和対訳袖珍辞書』をいう。初は一冊の価弐両程なりしに、英学の勃興するに随ひて、需要極めて多くなりて、後には一冊の転売拾両乃至弐拾両にも及べり。慶応元年、薩摩の士高橋新吉及び前田献吉、正名兄弟、此の辞書を翻刊せば、大利あらむを見て、資本を藩に借り、其売得利金を得て、三人洋行せむと請ひ、藩の小松帯刀、重野安繹等これを周旋して許可せられ、乃ち長崎在留の「フルベッキ」氏に嘱して、支那上海なる来(美)華書院にて千五百部翻刊せしめたり。これを薩摩版辞書と称せ

り。（後、前田正名、独り売得金を懐にして洋行し、他の二人甚だ憤れりといふ事、重野氏の話なり）。明治維新の後、江戸の書林小林新兵衛、此辞書をそのままに木刻にして出版せり。

　ついで、明治4辛未年1871年この『薩摩字書』の増訂再版が、上海の美華書院に於て刊行された。題していう。

An English-Japanese Pronouncing Dictionary, with an Appendix containing a Table of Irregular Verbs, Tables of Money, Weight, and Measure, and a List of English Signs and Abbreviations. Fourth Edition Revised, Shanghai: American Presbyterian Mission Press, 1871.

その序文に、次の一節がある。

前ニ出版セシ辞書ノ如キモ亦尽サヽルヲ知ル。且ツ前版ハ、部数許多ナラス。今又消磨ニ属ス。故ニ此度堀孝之等ト共ニ、謬語缺漏ヲ改正編集シ、ウェブストル氏の辞書ヨリ緊要ナル者、凡ソ八千余語ヲ抜萃ス。

　編修者は前田正穀、高橋良昭新吉両名であった。高橋氏は、明治3年米国に遊学し、明治4年に帰朝したという。（『大日本人名辞書』）。それに相違ないとすれば、高橋氏は、明治4年の増訂版刊行には、与からなかった事にならう。前田正穀の弟前田正名も関係はなかったやうである。

　明治4年1871年の増訂刊行の折には、長崎の人堀孝之が主として増訂にあたりて前田正穀を輔けたものであらう。堀孝之は、堀達之助後ち達之と改む。の子で、慶応元乙丑年1865年22歳の折、薩摩より英国へ留学を命ぜられた、学生並に職員の通弁役として同行した事もあり、もとより英語には通じていたものと思はれる。のち五代友厚の股肱となっていた事は、五代友厚伝にて明らかである。明治44年9月17日を以て逝く。享年68歳。

本書は、大に行はれたと見え、明治20年までに、数種の翻刻本が流布したといわれている。

柴田昌吉の『英和字彙』

明治6年1月には、柴田昌吉、子安峻、両氏共編に係る『附音挿図英和字彙』が、横浜の日就社によりて印行された。

An English-Japanese Dictionary, Explanatory, Pronouncing and Etymological, containing all English Words in Present Use, with an Appendix, by M. Shibata and T. Koyas. Illustrated by above 500 Engravings on Wood. New Edition, Yokohama: Ni-Shu-Sha, Printing Office, 6th year of Meiji.

この『英和字彙』の序文を次に録しておく。

恭惟　皇朝今日ノ政体広ク衆美ヲ海外諸邦ニ鑿ミ給ヒ、百般ノ学術日ヲ逐テ隆盛、実ニ郁々、文明ナリト言ベシ。而シテ諸学業ヲ脩ルニ必用トスベキハ、字書ナリ。従来一二ノ英和字書世ニ行ルト雖モ、惜ラクハ、完備ナル者少シ。故ニ斯学ニ従事スル者、或ハ靴ヲ隔テ痒ヲ爬クノ憾ナキコト能ハス。於是林道三郎、柳谷謙太郎ノ両学友ト相謀リ、英国法律博士阿日耳維氏ノ字書ヲ原本トシテ、庚午ノ年始テ稿ヲ起シ、公務ノ余暇ヲ偸ミ、共ニ対訳ヲ勉ム。然レトモ、之ヲ刷印スルニ許多ノ苦心ヲナセリ。会横浜ノ商絲屋平八、此事ヲ聞キ、抵当ノ有無ヲ問ズ、首トシテ金若干ヲ出シ、以テ我輩ノ創業ヲ助ク。因テ刷印ノ機械ヲ外国ヨリ購シ、訳成ルニ随テ、之ヲ刷印シ、遂ニ今春ニ至リテ成功ヲ得タリ。抑此書ノ語数、大約五萬五千ニシテ、名物ノ図、五百有余アリ。且毎語ニ口音ヲ附スルヲ以テ、之ヲ従前ノ字書ニ比スレバ、或ハ便ナル所アラン。固ヨリ天下ノ事理窮ナク、我輩ノ見聞限アレバ、挂漏誤謬ノ憂ナキ事能ハズ。豈此書完備読者ヲシテ麻姑ヲ倩フノ快愉アラシムト言ンヤ。唯英学生ノ為ニ萬一ノ裨補ヲ計ルノミ。加之、此類ノ字書刷印ノ法ニ至リテハ、本邦先是未

タ開ケザルモノ、我輩始テ其法ヲ試ミ、此書ヲ刷印スルヲ得タリ。故ニ今後字書ヲ刷印スル者復外国ヲ仰グ事ヲ用ヒズ。是亦開化ノ一助、国益ノ一端ニ非ズ乎。

　　　神武天皇即位紀元二千五百三十三年　明治六年一月

　　　　　　　　　　　　　　　　　　　長崎　柴田昌吉

　　　　　　　　　　　　　　　　　　　大垣　子安　峻

　この『英話字彙』は、俗に柴田辞書と称せられている。主として柴田氏がこの編修にあたりたる為めと思はれる。この字彙の編修にあたり、柴田氏は、予め学友林道三郎、柳谷謙太郎両名と謀り、John Ogilvie の英語辞書に依拠する事にし、明治3庚午年1870年に稿を起し、訳成るにつれ、之を印刷に附し、明治6年1月に至りて印刷を完了したのであった。語数大約55,000、図版500有余ありて、毎語に発音を附けている。

　柴田氏は、この字彙の印刷に就いて、余程苦心した。たまたま横浜の商人絲屋平八田中氏。世に天下の絲平として知られている。が抵当の有無を問はず金若干を提供して創業を援助してくれたので、外国より印刷機を取寄せ、横浜の弁天通に日就社を設けて、印刷に着手する事を得た。

　序文に、「阿日耳維氏ノ字書ヲ原本トシテ」とある。阿日耳維氏は、スコットランドの字書編修家 John Ogilvie に該当する。「阿日耳維氏ノ字書」とのみありて、其字書の外題、印行の年紀などは記されていないが、多分、1863年版の *The Comprehensive English Dictionary, Explanatory, Pronouncing, and Etymolgical. Richard Cull* 共編。に依拠したものであらう。

明治4年9月、本木昌造の門人平野富二は、師の許しを得、新町活版所製造に係る活字多数を携へて、先ず大坂に至り、それより東京、横浜などにて、之を売却したる上、長崎に帰った。帰ったのは12月下旬らしい。柴田、子安、両氏編修の字彙に、本木昌造製造の活字を使用した事は、明らかである。但し、洋活字は、上海より取寄せたものかも知れぬ。漢字活字などはまちまちで、不揃ひである。(1)本木氏製造活字、(2)上海活字、(3)木活字など混合しているらしい。

明治5年の頃、日就社には、慶応3丁卯年（1868年）瑞穂屋卯三郎が仏国より買入れた脚転機「足踏フート」（独逸クルップ製にして、現今神戸に在り。明治6年に東京日々新聞を印刷せるもの）があったという。三谷幸吉氏著、本木昌造、平野富二詳伝、129頁。

その印刷機は、初め試用したきりで、瑞穂屋卯三郎の手では、あまり活用しなかったが、やや後に東京日日新聞で印刷機の必要があったので、岸田吟香の所望により、之を売渡す事になったともいう。

『英和字彙』の序には、ただ「刷印ノ機械ヲ外国ヨリ購シ」とありて、何処より取寄せたか、明記がない。随って、英和字彙印刷のために用ひられた印刷機の事は、しかと判明しない。

なほ、この序文に、「此類ノ字書刷印ノ法ニ至リテハ、本邦先是未タ開ケザルモノ、我輩始テ其法ヲ試ミ、此書ヲ刷印スルヲ得タリ」とある。

其後、明治15年8月1882年日就社より『増補訂正英和字彙』を刊行した。これが第2版である。語数一万余、挿絵百余を増加し、3000部を印刷した。藤野永昌が専ら校正にあたり、鈴木彦之進が印刷の事を担当した。其頃柴田氏は、長崎に居住していた。この第2版の奥附に、長崎材木町壱番戸とある。

英和字彙、第2版の緒言に云ふ。文末に「明治十五年八月、著者謹誌」とある。

曩ニ我輩ノ此字書ヲ世ニ公ニスルヤ、明治三年ノ春始メテ稿ヲ起シ、公務ノ余力黽勉従事シ、六年ノ春ニ於テ全ク卒業ニ至レリ。然ルニ当時活版印刷ノ法未タ開ケサルニ因リ、機械活字ノ類、総テ之ヲ海外ヨリ購求シ、辛勤以テ其功ヲ竣ルヲ得タリ。而シテ創業多忙ノ際、諸事未タ熟セサルカ故、往々粗陋訛謬ヲ免カレズ。爾来業務ノ余暇、更ニ原本ニ照シ、逐次補正スルモノ茲ニ年アリ。去秋八月ニ至リ、社員藤野永昌ヲシテ専ラ校正ニ従事セシメシカ、日夜刻苦、能ク其任ニ堪ヘ、鈴木彦之進亦印刷ノ事ヲ負担シテ大ニ力アリ。蓋シ此書タル、力メテ原語ヲ訂シ、旧版ノ訳語ヲ正シ、訳字ノ繁冗ヲ省キ、且ツ横植ノ訳字ヲ正植ニ変ジ、紙面ノ空白ヲ塡メ、大ニ全部ノ体裁ヲ改メ、以テ閲覧ニ便ニス。加之増補スルニ、凡ソ一萬余言、挿図一百余箇ヲ以テセリ。之ヲ初版ニ

較レハ、精麁詳細略自ラ異ナル所アリ。庶幾ハ、少シク学生ニ裨益スル所アランカ。

ついで、明治20年5月1887年この増訂本の再版が、日就社東京、京橋区銀座1丁目。より刊行された。これは、『英和字彙』の第3版というべきものであらう。

活字は、英の新黒文字を新調して、之を用ひ、1頁94行詰め、紙数約1100余頁、製本の大さ縦8寸、横6寸、厚さ2寸程にして、総べて漢字には、ルビーが附けてある。初版に復古したものと考へたい。定価は、第2版と同じく、12円50銭とあるが、審際は、特別予約1000部限金4円80銭、正価金7円50銭、予約申込5月20日、予約申込所兼製本所は大倉孫兵衛という事になっていた。売行きは、面白くなかったらしい。予約期限になっても、申込は満たなかったという。

明治15年『英和字彙増補訂正版』刊行の後、初版の覆刻本が、いろいろ流布された。

(1)『附音図解英和字彙』 柴田昌吉、子安峻、同訳。東京、文学社。明治18年9月10日翻刻、同年11月出版。翻刻人、日本橋区本町、少林亀之助。
(2)明治18年文学社版の第2版。文学士天野為之専門学校講師訂正。第一高等中学校教師鈴木重陽増補。明治19年7月、東京文学社出版。
(3)東京神田新古堂書店の縮刻版。
　明治18年9月10日出版届。第1冊、10月26日。第2冊、11月。第3冊、12月。第4冊、明治19年1月30日、新古堂出版。同年2月、別製本届。
　明治21年再版本もあるらしいという。
　この新古堂版は、明治20年5月11日、版権譲受けによりて、明治21年12月24日、東京神田桃林堂石川高知三省堂亀井忠一より出版された。文学士浜田健次郎の増補に係るものである。

英語伝習所、其他に於ける語学の研究

　安改5戊午年7月1858年英語伝習所が、岩原屋敷内の奉行支配組頭永持享次郎の官舎に設立せられ、蘭訳司楢林栄左衛門、西吉十郎、両名が、その頭取となり、蘭人ウィッヘルス Jhr. H.O. Wichers 蘭人デ・フォーゲル De Vogel 英人フレッチェル L.Fletcher などが、相継ぎて、英語教授の嘱託をうけた。

　さうして、唐通事、蘭通詞、其外地役人の子弟などが、英語の教授をうくる事になった。

　　△楢林栄左衛門は、前名を栄七郎と云ひ、さきに嘉永4辛亥年（1851年）より安政元甲寅年（1854年）に至る『エゲレス辞典和解』の編修にも関与し、余程英語に通じていたらしい。安政6己未年（1859年）には、阿蘭陀大通詞にして、調役下役格となり、高30俵、3人扶持を給与せられた。

　　△西吉十郎は、大通詞西吉兵衛の子で、安政元甲寅年差出された『エゲレス辞書和解』Bの2、3に添附せる書面に、其署名がある。

　　△ウィッヘルスは、海軍伝習第2期の教官であった Jhr. H. O. Wichers に該当す。Het Universal Instrument 1858年（安政5戊午年）出島版の著などがある。

　　△デ・フォーゲルは、出島に居留せる De Vogel にあたる。1861年出島版のAlmanakに、L. C. J. A. De Vogel. Assistant. とあるのが、このデ・フォーゲルに該当するものらしい。

　　△英人フレッチェルは L. Fletcher にあたる。*The China Directory for 1862.* 日本、大ブリテン、長崎の条に、英国領事館の 2nd assistant として、Lakland Fletcher と云ふ名が挙げてある。それから、1869年香港版 *The Chronicle & Directory for China, Japan, & the Philippines, for the year 1869.* には、Fletcher, L., British Consul, 155, Yokohama. 77頁とある。また同書 *The Yokohama Directory* 領事館の部には、次の如き記載がある。

Great Britain. — No. 155.

Lachlan Fletcher, Consul, (stationed Yeddo).

Philip B. Walsh, assistant.

James Troup, do.

K,F Schmid, do.

1862年の*The China Directory for 1862.* に、フレッチェルの名を Lakland Fletcher に作っているのは、誤写に由来する誤植であらう。Lachlan Fletcher に作るのが正しいのであらう。

フレッチェルを英語伝習所の教師として迎ふることに骨を折り、嘱託を承諾せしめたのは、長崎奉行支配調役中山誠一郎であったという。

金井俊行著、「長崎略史稿本」、安政5戊午年7月の条に、次の記事がある。

英語伝習所ヲ岩原官舎内ニ置ク。楢林栄左衛門、西吉十郎頭取トナリ蘭人ウキッヘルス、デ・ホーゲル、英人アレッチェル等、相継テ教師タリ。

アレッチェルとあるのは、もとより。フレッチェルの誤記に外ならぬのである。

△柴田大介諱は昌吉、後ち通称を昌吉と改む。は、翌安政6己未年4月英語伝習所の世話役助となり、同年12月には世話役となった。明治34年10月8日、東京にて逝く。享年61。

其後、4年を経て、文久2壬戌年1862年に至り、この英語伝習所は、片淵郷組屋敷内の乃武館のうちに移され、改めて、英語所といい、中山右門太が、頭取を命ぜられた。

公文書に、「英語稽古所」とある。中山右門太は、文久2壬戌年4月29日、官船千歳丸の上海渡航の折、英学修行のためというので、一行に加はり、同年7月14日帰朝した。

翌文久3癸亥年7月1863年英語所は、立山奉行所の東長屋に移り、何礼之助、平井義十郎両人とも唐通事が、学頭となった。

同亥年12月、英語所は、江戸町に移り、洋学所と改称する事になった。そ

して、フルベッキ Guido Fridolin Verbeck も亦英語の教授を嘱託された。

　ついで、元治元甲子年正月1864年大村町に語学所を設け、英、仏、魯3カ国の語学が修めらるる事になり、何人にても語学熱心の者は入学を許さるる事になったが、大村町の語学所落成開校に至る迄は、江戸町の仮語学所に於て修学する事になった。

　翌慶応元乙丑年8月に至り、この仮語学所は、新町の元長州屋敷あとに移りて、新に済美館と称し、外国語以外、歴史、地理、数学、物理、経済など諸学科の教授を開始した。爾後、洋書の取締方は、済美館に於て行るる事になった。従前は、運上所に於て、洋書の取締方にあっていた。

　英語は、フルベッキ、何礼之助、平井義十郎、横山又之亟、柴田大介、柳屋謙太郎、岡田誠一後ち好樹、玉名純之助、島田種次郎胤則、西三保太郎、藤岡雄之助、松尾孝太郎、伊寅太郎などが教へ、仏語は、Bernald Petitjean 羅馬公教会の神父にして、司教となる 名村泰蔵などが、その教授にあたり、それから、フルベッキ氏は、独逸語をも亦教へた。松本銈太郎などは、卒先して独逸語を学んだという。

沢宣嘉総督の着任で学制の大改革

　明治元戊辰年2月、沢宣嘉は、長崎裁判所総督として、長崎に着任した。そして、済美館を広運館と改称し、学事に改革を加へて、本学局、漢学局、洋学局の3部を設くる事にし、4月8日を以て、開局の式を挙行した。

　同年6月、3局の教授時間は、左の如く定められた。

　　本学局　毎日辰刻より未の半刻まで 午前8時より午後2時まで。
　　漢学局　巳の半刻より未の半刻まで 午前11時より午後3時まで。
　　洋学局　辰刻より未刻まで 午前8時より午後2時まで。

　それから、毎月、1と6の日を以て、休日とした。
　同月、本学局は、興善町なる元唐通事会所跡現時新興善国民学校所在地の

南方の部分に移り、沢総督が、親しく臨席して、開講式を挙行した。

　同年8月、新町の広運館並に興善町の本学局は、西役所内に移転する事になった。それは、長崎府庁が、旧立山奉行所あとに移り、西役所があきになったのを校舎に利用したのに外ならぬのであった。

　明治2己巳年の春、教師フルベッキが東京の開成所明治2年12月、大学南校と称すに招聘せられたので、新に米人スタウト Dr. Henry Stout が、その後任として、迎へらるる事になった。

　同年7月、知事野村宗七は、長崎府を改めて長崎県と称する旨、外国領事へ通告した。是に於て、長崎裁判所は、長崎県庁と改称せらるる事になった。

　10月2日、漢学局は、本学局と合併して、中島聖堂の明倫堂に移る事になった。

　明治3年5月、広運館は、大学校の所轄となり、同月27日、民部省より、金1万両を以て年額の経費となし、運上所収税より之を受領すべしとの指令があった。

　10月28日、仏国領事レオン・ジュゥリイ Léon Dury は、仏語の教授を嘱託された。

　明治4年7月、国学局は、廃止となった。

　其頃、広運館の学生は、349人程あった。

| 国学 | 100人 | 漢学 | 17人 | 英学 | 111人 |
| 仏学 | 48人 | 魯学 | 21人 | 算術 | 52人 |

11月、文部省の管轄となった。

　明治5年8月、第六大区第一番中学と改称された。

　明治6年6月、第一番中学は、立山の県庁所在地に、県庁は、中学所在地に移る事に決定し、中学が立山に移転を了したのは、同年10月1日の事であった。そして、第一番中学は、広運学校と改称した

県庁は新築のため、万歳町の旧明治天皇行在所あとに仮官舎を設け、翌明治7年7月落成の上、同月26日、一般市民の新築庁舎の縦覧を許し、28日を以て開庁したが、8月20日の暴風のために、新庁舎は倒壊して了った。

明治7年4月17日、広運学校は、長崎外国語学校と改称した。明治8年1月、長崎外国語学校は、長崎英語学校と改め、明治11年3月に至りて廃止となった。さうして、長崎県長崎中学校が設けられ、其後、明治16年に至り、長崎県長崎中学校は、長崎県長崎外国語学校と改称せられ、英語及び支那語が教へられていた。この外国語学校は、明治19年に至りて廃止せられた。(商業学校及び中学校の設立沿革は省略しておく。)

2. 印刷術の伝来

阿蘭陀印刷術

　嘉永元戊申年1848年に、西洋植字印刷機一式が舶齎されたやうである。楢林家文書蘭訳司楢林鉄之助手記に、次の記事がある。

　一銀六貫四百目　悴定一郎与品川藤兵衛与之差引勘定
　　右者蘭書植字判一式、品川徳三郎世話、品川藤兵衛、楢林定一郎、本木昌蔵、北村元助、右四人名前ニ而借請、嘉永二年酉正月十四日、品川藤兵衛ヱ
　　借渡ス由
　　右植字判元代
　一弐貫三百目　嘉永元申十二月廿九日、御用方ヱ相納ル。
　　此ニッ割半高者、藤兵衛より相払
　　壱貫百五十目　此高、定一郎相払

　この計算は、蘭訳司楢林鉄之助が、心覚えのために、手扣へしておいたもので、詳細な内訳は分からないが、品川藤兵衛と楢林定一郎と両名が、嘉永元申年12月29日に、右植字判一式の元代弐貫300目を各々半高ずつ負担して、長崎会所の御用方へ納付した事だけは、明白である。

　この植字判一式は、予め紅毛人に注文しておいたものらしい。そして、嘉永元戊申年7月入津の紅毛船が持渡ったものであらうと思う。

　これは、洋書の需要に満足を与へんがため、西洋印刷機を利用して、最も必要なる洋書の複刻に着手する為めに外ならぬものと考へたい。

　　楢林定一郎は、蘭訳司楢林鉄之助の悴にして、初め定之丞といい、次に定一郎と称し、後ち量一郎と称す。万延元庚申年正月大通詞となる。文政10亥年7月26日、初めて稽古通詞となりし折には定之丞という。天保元庚寅年8月3日定一郎と改名す。嘉永6癸丑年12月23日、量一郎と改む。楢林文書。

嘉永6癸丑年1853年米海軍提督ペルリ Matthew Calbraith Perry 1794年4月10日米国Newport, R. I. に於いて生誕、1812年の戦役、メキシコ戦役などに参加し、1841年、提督（commodore）なり、嘉永6癸丑年（1853年）来朝す。1858年3月4日、New York に 於いて逝く。来朝の後は、洋学の研究は寧ろ急務となった。しかし、当時舶齎されていた洋書の数は、一般洋学者の需要を満すには余りに少く、且つ之を手に入るるには、余りに不便であった。

是に於いて、安政2乙卯年6月、長崎奉行荒尾石見守は、閣老阿部伊勢守へ、阿蘭陀活字板蘭書摺立方に就いて、下の如く建白する所があった。

阿蘭陀活字板蘭書摺立方之儀ニ付奉伺候書付

荒尾石見守

和蘭書籍之儀ハ、前々ゟ紅毛人為見用持渡候内ヲ以、御用并御調ニ相成、其余ハ御注文次第、年々持渡候儀ニ御座候処、近□諸家ゟ買請方之儀追々相願候ニ付、兎角注文通り部数持渡不申、殊ニ此節柄阿蘭陀通詞共も、別而家学出精罷在候処、蘭書払底ニ而ハ、修業も十分ニ届兼、旁以紅毛持渡之書籍而巳ニ而ハ、差支勝ニ御座候。然ル処、先年紅毛人持渡候蘭書活字板、先勤共承届之上、通詞貫請所持致し居候間、品柄之儀ニ付、会所銀を以買上置、此節摺方等為致試候処可然奉存候ニ付、当節必用之書籍類種本有之分ハ、都而右活字板を以、御役所ニおいて植付摺立、相改候上、当地会所ゟ売渡候様仕候ハバ、世上弁利ニも可相成哉ニ奉存候。尤夫々掛リ之者由渡、去ル戌年蘭書之儀ニ付被　仰渡候御趣意ヲモ厚ク相含、聊不取締無之様取計、摺立売渡可申、尤会所之ものへも評議為仕、価等之見込取調させ候処、別紙之通御座候間、右之振合を以取計候積御座候。依之摺立代銀凡積書付、右永井岩之丞へも申談、此段奉伺候。以上。

〔安政二〕卯六月　　　　　　　　　　　　　荒木石見守

上の建白書の要点は、次の通りである。

（1）　従前紅毛人の見用のため持渡れる洋書の内を以て、御用または御調へ
　　　に充て、其餘は、御注文次第、年々持渡る事になっている。

（2）　然るに、近年諸家より洋書売受方を、追々願出づるので、舶齎洋書のみに
　　　ては、なかなか需要に応じ兼ねるやうになっている。

（3）　時節柄、阿蘭陀通詞たちも、別して家学に出精勉学しているが、洋書払
　　　底にては、修業も十分に行届き難い。

（4）　随って、舶齎洋書だけにては、差支勝ちである。

（5）　先年紅毛人の持渡りたる活字板を、先勤奉行の許可を得て、蘭通詞とも
　　　貰ひ請け所持せるを、好き品柄なれば、会所銀を以て買上げおき、此節奉行
　　　所内に於いて印刷することにし、必要の洋書にして、種本ある分は、之を印
　　　刷し、改めたる上、長崎会所に於いて、一般希望者へ売渡す事にすれば、
　　　世上の便利にもならう。

（6）　但し、右に付いては、嘉永3庚戌年9月蘭書取締方に関する幕令の趣意
　　　に背かざるやうに取計ふ積りである。

（7）　長崎会所役人へも、印刷洋書の価などの見込取調べ方を命じ、別紙の
　　　通りにつき、その振合ひを以て取計ふ積りである。依之、印刷代銀凡積を書
　　　きつけ、尚ほ目付永井岩之丞とも一応談合しておいた。

　上の建白書に、別紙の事が記してあるが、その別紙は、散佚しているの
で、その内容は、分からない。しかし、印刷洋書の値段は、舶来本の値段より
遙かに安値であり、其外印刷費用などの概算を示しているものであったらう
と考へたい。

　同年8月、閣老阿部伊勢守は、長崎奉行荒尾石見守の建白を採り用ふ
る事にした。是に於いて、長崎奉行は、西役所現時県廳の在る処内に、活字
板摺立所を設立し、御勘定方、御目付方など、時に見廻り、印刷全備の上、
役々立会ひ、検査を済ましたる上、印刷の届出をなし、壱部ずつ幕府の天
文方へ納入する事になった。

本木昌造が活字板摺立方取扱掛を命ぜられる

なほ、閣老阿部伊勢守は、甲比丹ドンクル・キュルシュス J. H. Donker Curtius Nederlandsch Commissaris in Japan: を経て、洋活字、銅版、其他一式の品々を蘭国へ注文すべき旨、長崎奉行荒尾石見守、川村対馬守、両名へ命じた。そして、蘭通詞本木昌造は、活字板摺立方取扱掛を命ぜられた。

それから、甲上丹ドンクル・キュルシュス Jan Hendrik Donker Curtius は、蘭国製の日本片仮名字活字板拾枚並に活字手本一包などを提供した。

長崎往来、安政2乙卯年11月7日、往の条に、次の記事がある。

　　和蘭国ニ而致製作候日本片仮名字活字版拾枚並活字手本一包、右
　　ニ付申立候甲比丹横文字並和解共、弐通、差上之。

甲比丹ドンクル・キュルシュスは、長崎に於いて洋書複刻のためばかりでなく、なほ漢字や日本仮名字を用ひて、遠西学術に関する翻訳書、邦人の自著などを上梓する機会を作り、以て日本文化の開発に貢献する事に力を致した。

其外、蘭書複刻の実現に就いては、阿蘭陀通詞品川藤兵衛、楢林量一郎、本木昌造、北村元助なども、いろいろ奔走した事であったらう。

先是、同2卯年6月には、第一期海軍伝習のため、G. C. C. Pels Rijcken de luitenant terzee der le klasse. A. A . s' Graauwen de luitenant le kl. C. Eeg de luitenant 2e kl. C. H. P. de Jonge de Officier van administratie 其他下士官、水夫などが渡来した。

翌安政3丙辰年6月1856年には、文法書『シンタキシス』528部ができあがった。シンタキシスと云ふのは、*Syntaxis of woordvoeging der Nederduitsche taal, uitgegvendoor de Maatschappij tot nut van't Algemeen,* Tweede druk.,1846. の複刻本に外ならぬのである。

是に於いて、長崎より江戸の天文方へ一部を納め、残りの分は、一部につき金2歩にて、長崎会所より売捌く事になった。

なは、長崎奉行荒尾石見守、川村対馬守、両名は、安政3辰年7月附の書面を以て、閣老阿部伊勢守へ、長崎会所だけにては、売捌方広く行届くまじく、長崎会所役人たちの申立により、江戸は阿蘭陀宿長崎屋源右衛門、京都は阿蘭陀宿村上等一、大坂は銅座地役為川住之助、以上3名へ部数を割附けて売捌かせるやうに取計ひたく、なは此件に就いては、目付岡部駿河守とも一応協議しておいた事を附記して、閣老の指令を仰いだ。

ついで、8月には、文法書『スプラァキュンスト』530部ができ上った。これは、*Nederduitche Spraakunst,* door P. Weiland, uitgegeven in naam en op last van het Staatsbestuur der Bataafsche Republiek. Nieuwe door den auteur zelven overziene en verbeterde druk. Te Dordrecht, bij Blussé en Van Braam,1846.の複刻に外ならぬのである。

是に於いて、長崎奉行は、一部を天文方へ差出す事にし、其余は、一部につき金弐歩弐朱を以て定直段と為し、長崎会所に於いて売捌方を取計ふ事にすべきか、閣老阿部伊勢守の指令を仰ぐ事にした。

其後、10月22日、閣老阿部氏より、江戸表の儀は、蕃書調所へ数部廻送し、売捌方の儀は、蕃書調所頭取古賀謹一郎と協議すべき事、京都及び大坂に於ける売捌方の儀は、伺ひの通り取計ふべき旨、書取を以て、長崎奉行へ指令を与へた。安政丙辰丁巳古案抄。

長崎奉行荒尾石見守、9月長崎に着く。川村対馬守、11月長崎を出発す。は、安政3丙辰年12月22日附書面を以て、老中堀田備中守へ、目下レゲレメント、オップ、デ、エキセルシチーン、エン、マノーフルス、デル、インファンテリー *Reglement op de exercitiën en mannoeuvresder Infanterie* という蘭書を複刻中であるが、この洋書印刷済みの上は、別紙洋書の印刷に着手する積りであるという事を申出でた。

安政丙辰丁巳古案抄、安政3丙辰年12月の条に、次の記載がある。

一　於当地摺立候活字板蘭書々銘奉伺候書付

　十二月廿二日、備中守殿ﾍﾞ2

　　　　先達而被　仰渡之趣ヲ以、此度摺立可仕蘭書々銘並大意、別紙認差上、

　　　　御差図次第摺立可為仕、尤此節レゲレメント、オップ、デ、エキセルシチーン、

　　　　エン、マノーフルス、デル、インファンテリー与申蘭書歩兵調練書而軍隊進退之規

　　　　定陣法書摺出居候ニ付、右出来之上、別紙書銘之分取懸り候積御座候。

　　　　　覚

　　ファン・デル・ペイル人名著述

　一　ゲメーンサーメ、レールウェイス1部一冊物

　　　　右者物名を始、交接当用之文言を集、蘭語暎語対訳ニ相成、若初学之

　　　　者必用之書ニ御座候。

　　　　ボイス人名著述

　一　ナチュールキュンデイグ、スコールブック初巻一冊

　　　　　　　　　　　　　　（窮）

　　　　右は学校ニ而教諭之為相用候究理書ニ而修学之者必用之書ニ御座

　　　　候。

　　カラームル人名著述

　一　ベコノップテ、キュンスト、ウヲールデンブック一部一冊

　　　　右者諸蛮語之内、専和蘭術学ニ相用候言葉之大略を集、注解等簡略

　　　　ニ仕立候辞書ニ而、肝要之書ニ御座候。

　蘭書レゲレメント、オップ、デ、エキセルシチーン、エン、マノーフルス、

デル、インファンテリーというのは、*Reglement op de exercitiën en*

manoeuvres der Infanterie. Uitgegeven op last van den Koning

der Nederlanden. Breda, ten drukkerij van Broese & Co., voor

rekening van de Koninklijke Academie voor de zee-en land-magt,

1855. に外ならぬのである。

　本書は、歩兵調練演習規定書にして、蘭国王の命に依り、王立海陸軍

大学のために、ブルース会社印刷所に於いて上梓されたもので、1855年、ブレダ版である。第1巻 Algemeene bepalingen en soldaten school、第2巻 Pelotonschool、第3巻 Bataljonschool、以上3巻より成るので、自然印刷に日数を要し、安政3丙辰年冬より翌安政4丁巳年秋に入りて、全部出来上ったやうである。

本書の印刷にあたり、ペロトンスコールは持合はせがなかったので、阿蘭陀船将より之を借受け、活字掛の通詞より船将に之を返却したのは、安政4丁巳年閏5月13日の事であった。町年寄福田氏日記。

　　町年寄福田猶之進の日記、安政4丁巳年閏5月13日の条に、活字判摺立手本として、船将より借受けておいたペロトンスコール1冊を、活字判掛の通詞より船将へ返却した事が記してある。船将とあるのは、第1期海軍伝習のために長崎に渡来した船将ペルス・レイケン G. C. C. Pels Rijken に外ならぬ者と考へたい。
　　安政丙辰丁巳古案抄、安政4丁巳年の条に、次の記事がある。

　　　　一活字板レゲレメント・オップ・デ・エキセルシチーン・エン・マノーフルス・デ・インファンテリー歩兵調練書三部、下之部五百部出来之儀ニ付申上候書付。
　　　　二月廿三日、伊勢守殿へ、原弥十。

　　下の部とあるのは、Bataljonschool をいひ、伊勢守殿とあるのは、閣老阿部伊勢守に該当す。
　　町年寄福田猶之進の日記、安政4丁巳年6月11日の条に、ソルダートスコール壱部につき金弐歩、ペロトンスコール壱部につき金弐歩、バタイロンスコール壱部につき金三歩、各々百部、合せて三百部が、江戸廻しになり、宿次にて差立つる事になっていると記してある。
　　上の日記、安政4丁巳年6月13日の条にいう。

　　　　一明十四日、活字判弐百五拾部御改御判請之儀、御用人御勘定方ニ申

上置候。但刻限、五ッ半時。

　なほ、8月12日の条に、バタイロンスコール、ペロトンスコール、ソルダートスコール、
都合五百部、奉行所の対面所の敷込の内にて御印を申請けた事、其際、御
小人目付前田右太郎、御手附書方井上広助、御用人斎藤勝之丞、御普請
役谷津孫一郎、掛一人立会ふた事など記してある。

　安政丙辰丁巳『古案抄』、安政4丁巳年10月27日の条に、長崎奉行より、
下の如く、既刊複刻洋書の直下げ方を申請した事が記してある。

セィンタキシス文法書	金弐歩の処	壱歩弐朱
スプラァクキュンスト	金弐歩弐朱の処	弐歩
レゲレメント云々歩兵調練書	金三歩の処	弐歩
ソルダートスコール	金弐歩の処	壱歩弐朱
ペロトンスコール	金弐歩の処	壱歩壱朱

　其頃、レゲレメント、オップ、デ、エキセルシチーン、エン、マノーフルス、ファ
ン、デ、インファンテリー *Reglement op de exercitien en manoeuvres
der Infanterie* の第1巻、ソルダートスコールだけでも、代金13両ほどに売れ
たのであるから、その複刻本が金2歩という破格な安価で売られ、更に長崎
奉行より壱歩弐朱に直下げ断行を申請するに至ったのは、余程洋書の普
及に意を用ひたものといわねばならぬ。楢林家文書。

　当時、外国との交渉いよいよ繁く、国事ますます多端なる折から、洋学の
必要しみじみ感悟せられ、洋書の普及をはかる事は、まさに当路者にとりて、
当面の急務であったに相違は無い。

　ついで、ファン・デル・ペイルの編修に係る『ゲメーンサーメ・レールウェイス』
の複刻本が上梓された。安政4丁巳年1857年長崎版である。

　この原書は、*Van der Pijl's Gemeenzame Leerwijs, voor degenen,
die Engelsch Taal beginnen te leeren.* Het Engelsch naar den

geroemden Walker, en het Nederduitch naar de heeren Weiland en Siegenbeek. Negende en veel verbeterde uitgave. Door H. L. Schuld, JWzn. 'privaat onderwijzer te Dordrecht. Te Dordrecht, by Blussé en Van Braam, 1854. に外ならぬのである。

これは、英語の研究を始むる者のために編修されたもので、英語と蘭語と対照してある。英語は Walker、蘭語は Weiland 及び Siegenbeek に拠りたる者で、蘭語を心得、英語を始むる者にとりては、太だ便利なものである。

其次に複刻すべき予定になっていたのは、次の2部であった。

(1) ボイス著、『ナチュールキュンディグ、スコールブック』初巻、1冊。
J. Buys, *Natuurkundig Schoolboek*, uitgegeven door de Maatschappy tot nut van't Algemeen.
ボイスの著述に係る自然科学の教科書である。

(2) カラームル著、『ベコノップテ、キュンストウォールデンブック』。
Kramer, *Beknopte Kunstwoordenboek* 1855年、Gouda 版ならん。
カラームルの編集に係る工芸辞書である。

これらの洋書は、安政5戊午年1858年に複刻せらるべきものであった。しかし、これらの2部の複刻本を未だ一覧した事がない。なほ史料不足のため、此等の複刻本に就いて詳細なることを知ることが出来ない。後考を俟つ。

それから、安政5戊午年1858年中に、次の書が上梓された。

Volks-Natuurkunde, of Onderwijs in de Natuurkunde voor mingevefenden, tot wering van wanbegrippen, vooroordeel en bijgeloof, Uitgegeven door de Maatschappij: tot nut van't Algemeen. Te Amsterdam, bij Corns. de Vries, Hendk. van Munster en zoon en Johannes van der Hey, MDCCCXI. Nagedrukt te Nagasaki, in het 5de jaar van Ansei(1858).

1811年アムステルダム版、通俗自然科学書を、安政五戊午年（一八五八年）長崎にて複刻したのであった。

なほ、安政5戊午年1858年中、出島蘭館内に、印刷所が設けらるる事になった。紅毛人たちが Nederlandsche Drukkerij と称したのは、この印刷所に外ならぬのであった。そして、この出島印刷所に於いて、邦人たちは、印刷の伝習をうくる事になった。

随って、江戸町の五ヶ所宿老会所内に在った活字板摺立所は、廃止となった。そして、更に出島の阿蘭陀印刷所に於いて、いろいろの洋書や漢字片仮名交りの書が刊行されたのであった。

早業活版師ゲ・インデルマウルの渡来

其間、安政4丁巳年6月初旬1857年第2期海軍伝習開始のため、蘭国海軍将官カッテンデイケ W. J. C. Ridder Huyssen van Kattendijke、ファン・トロエン B.D. van Trojen de Leutenant ter zee 1e klasse. ウィッヘルス Jhr. H. O. Wichers de Leutenant ter zee 2e klasse. ハ・ハルデス de officier ―Machinist, 医官ポンペ・ファン・メールデルフォールト Jhr. L. C. Ponpe van Meerdervoort、其他が渡来した。その中に、早業活版師ゲ・インデルマゥル G. Indermaur が加はっていた。

長崎の名職録には、「早業活版師ゲ・インドマゥル」とある。月給は、468匁7分5厘であった。自余の紅毛人たちの月給と比べてみると、案外に低い給料といはねばならぬ。

長崎の人は、活版師 G. Indermaur を、インドマルと称した。彼は、蘭国ライデンの人で、印刷の技術には、余程巧みであった。その監督の下に、印刷の伝習を受けた邦人たちは、顕著なる進歩を見せた。

是年12月に至り、従前西役所内に在った活字板摺立所は、江戸町の五ヶ所宿老会所内に移転し、同所に於いて、活版師インデルマゥルが、新製植字の仕法を伝授する事になった。そして、遠見番古川由兵衛、保田順

作、別府恵七郎、塩沢善次右衛門、今井泉三郎、以上5名が、江戸町の蘭書活字板摺立所の取締掛となり、日々一人ずつ右の摺立所に詰め、諸事入念勤務すべき事を命ぜられた。自安政3丙辰年9月至安政5戊午年12月「手頭留」。

　自安政3丙辰年9月至安政5戊午年12月「手頭留」、安政5戊午年12月21日の条に、次の記事がある。

　　一江戸町活字板摺立所へ、去巳安政四丁巳年十二月以来相詰候ニ付、出
　　　勤日数ニ応じ、一日壱人銀壱匁ずつ、為手当、取締懸り遠見番へ為取之
　　　候。

　　江戸町活字板摺立所に詰めた遠見番役の者たちは、1日1人銀1匁ずつの手当を受けたのであった。
　大槻如電氏の新撰洋学年表、安政4年丁巳の条に、次の記事がある。

　長崎奉行所に於て、鉛製活字を用ゐ、横文諸書を印行す。
　長崎年表、安政三年条ニ、蘭国活字版ヲ以テ蘭文法セインタキシス印刷とあれど、現存せる蘭英対訳書、歩兵調練書並に安政丁巳及長崎官吏点検の二印あり。故に此年記入。
　○赤沼庄蔵手記ニ、鉛字活字ハ、岡部駿河守長崎奉行ノ時、出島ニ活版器械始テ舶載セシヲ買収シ、立山奉行所へ据付伝習セシム。遠見番組頭塩沢善次右衛門、同筆頭古川由兵衛、遠見番保田慎、今井泉三郎等ハ、活字版摺立所取締被命、之ニ従事セシメ、呈書之間掛リ赤沼庄蔵等総裁シ、其時和蘭人ヨリ伝習ノ兵書、医書ノ類ヲ専反訳シ、英蘭対訳ノ如キ当時有用ノ者ヲ印刷セシムと記せり。
　案に、岡部の崎尹任命も、此年十二月なれば、手記は、誤記の如し。然共、岡部は、目付もて既に長崎に赴任し居り、其儘奉行となりしもの、赤沼は、後より通記せしと覚ゆ。
　大槻如電氏は、金井俊行氏の長崎年表に、安政3丙辰年に蘭文法セィンタキシス印刷とあれども、現存せる蘭英対訳書、歩兵調練書並に安政丁巳及び長

崎官吏点傹の二印あり、故に安政4年丁巳の条に、蘭書印刷の事を記入すと述べている。これは、もとより誤謬である。

赤沼庄蔵手記に、立山奉行所にて印刷せし由記せるも、また誤記と認む。右の手記に、遠見番保田慎とあれ共、それは保田順作の誤りであると思う。

出島阿蘭陀印刷所の影にシーボルトの動き

前述の如く、西役所内に設けられた活字板摺立所は、安政4丁巳年12月に至りて、江戸町の五カ所宿老会所内に移転する事になった。但し、五カ所宿老たちが、上の会所に於いて取調ふべき御用筋ある場合には、印刷を休む事になっていた。

随って、江戸町の五カ所宿老会所内にて印刷に従事する事は、一向落ち着きが無く、甚だ不便であったに相違は無い。

それから、安政5戊午年1858年に入りて、出島に、印刷所が設けらるる事になった。紅毛人は、之を Nederlandsche Drukkery と称していた。そして、この印刷所に於いて、邦人たちは、印刷術を修むる事になった。

東京の日独文化協会がベルリンの日本協会より借入れたシーボルト関係文献の中に、(1)万延元庚申年6月27日附、長崎奉行岡部駿河守より長崎駐在蘭国領事イ・カ・デ・ウイット J. K. de Wit 宛書翰写、(2)同年同月同日附、岡部氏よりシーボルト宛書翰2通がある。

(1)の書翰

別紙

六月九日附〔六十年七月廿六日〕二而、シーボルト活版所并住居向取建候入費として、ドルラル引替方申立候二付、其許一覧附之上、被差出候書面之趣披閲いたし候。無拠筋二は、相聞候得共、普請為入用引替候儀は、外国々より滞在いたし居候士官之向江も差響候事故、難承届候。乍併兼而及通達候通、其許役所用として、一ヶ月ドルラル千枚宛引替候高之壱分銀は備置候間、此方之内を以其許ゟシーボルト江振向ケ遣候様被致候ハバ、都合二可相成哉

被存候ニ付、右等同人ゟ相談及候様申遣置候。依之此段折合方ニ申進
候謹言

万延元年

　　　六月廿七日　　　　　　　　　　　　　岡部駿河守

　　　い・か・て・ゐつと君

(2)の書翰

　　活版所幷住居向被取建候入費銀引替之儀、此程中被申聞候趣は、無餘
　　義筋ニ存候得共、外々響合も有之候ニ付、今般別紙之通、貴国コンシュル、
　　ヘネラール江掛合候間、尚又其許ゟ同人江被折合候方可然哉被存候。依
　　之別紙掛合書写相添、此段申進候不具。

　　万延元年

　　　六月廿七日　　　　　　　　　　　　　岡部駿河守　花押

　　　よんくへる・はん・しいほると君

　これらの書翰にて、シーボルトが印刷所並に住居取建の件に就いて、6月
9日附書面を以て、入費としてドル取替の件を、長崎奉行岡部駿河守へ交
渉した結果、奉行岡部氏は、役所用として1カ月1000ドルずつ引替の件を承
諾し、上額だけ壱分銀を備置く所を通告し、なほ普請入用として引替の件
は、他に差響があるという理由で、此儀は承届難しと、6月27日附の書翰を以
て、回答に及んだ事が分かる。

　役所とあるのは、シーボルトの印刷所を意味するやうである。シーボルトは、
自己の印刷所として、出島阿蘭陀印刷所を借受け、其傍に自己の住宅を建
つると云ふ考へがあったやうにも思はれる。要するに、シーボルトが活版所を
経営する意志をもっていた事だけは、明瞭である。

　シーボルト印刷所の件に就いては、なほ十分な文献の揃ふのを待つ事に
して、今茲に色々推測する事は、避けておきたい。

　シーボルトは、万延元庚申年中、出島阿蘭陀印刷所に於いて、1861年当
用日記の印刷に着手し、同年10月より11月初旬頃までの内に、日記の全部

数何部刷ったか分らない。の印刷を終了したものであらう。

　文久元辛酉年1861年には、シーボルトの『日本よりの公開状』が出島に於て刊行され、文久2壬戌年1862年には、シーボルト持渡参考『書籍目録』が刊行された。これは、シーボルトが、文久元辛酉年12月、関東より長崎に還ってから直に着手し、欧洲へ帰還する前に印刷を終了したものなるや否や、其辺の事も分からない。

　それから、出島阿蘭陀印刷所に於いては、洋書出版の外、実用向きの横文印刷物などをも刷った事もあった。なほ、ポンペ氏の講義を和訳した国字本なども刊行された。

　この出島印刷所は、印刷師ゲ・インデルマゥル G.Indermaur の帰国と共に、やめになったものらしい。文久2壬戌年1862年までの印刷書籍は一覧した事があるが、その以後の印刷物は、まだ一度も見た事がない。

　出島に於いて出版された書冊は、全部で如何程あったか、しかとは分からないが、調査した結果、判明せる分だけを、ここに列挙しておく。

⑴　*Het Universal Instrument,* beschreven door Jhr. H.0. Wichers. Desima, 1858.
　ヨンクヘール・ハ・オ・ウィッヘルス著、ヘット・ウニヘェルサル・インストルメント。1858年（安政5戊午年）出島に於いて印刷。

⑵　『散花小言』
　蘭医官ポンペ・ファン・メールデルフォールト Dr. Pompe van Meerdervoort 原著、八木称平島津斉彬公侍医訳、安政5戊午年、出島に於いて刊行。漢字活字及び片仮名活字交りのものである。

⑶　*Weerkundige waarnemingen, gedaan op het eiland Desima in Japon, gedurende het jaar 1858;* door Jonkhr. J.L.C.Pompe van Meerdervoort, officier van gezondheid bij de Koninklijke Nederlandsche Zeemagt, waarnemend gouvernements geneesheer en ambtenaar voor de Natuurkundige onderzoekingen in Japan. Japan, ter drukkerij te Desima,1859.

1858年（安政5戊午年）出島に於いて行はれた気象観測。蘭国海軍衛生官、日本政府医官、兼科学研究役員、ヨンクヘール・ポンペ・ファン・メールデルフォールト著。1859年（安政6己未年）出島印刷所に於いて出版。

(4) *Traktaat. Gedrukt ter Drukkerij te Desima* （Japan）,1859.

Traktaat, signèe a la fin ; J.H.Donker Curtius. — Au bas de la p23: Gedrukt ter Drukkerij te Desima （Japan）1859. Heuri Cordier.

蘭国領事官ドンクル・キュルシュス署名、条約書。1859年（安政6己未年）出島印刷所に於いて出版。

(5) *Nederlandsche en Japansche Almanak voor het Jaar 1861*, Desima ter Nederlandsche Drukkery,1861.

1861年蘭日当用日記簿。1861年（文久元辛酉年）出島、阿蘭陀印刷所に於いて刊行。題名の頁の裏に、Gedrukt door G.Indermaur.（ゲ・インデルマウル印刷）と印刷してある。

(6) *Open Brieven uit Japan.* Door Jhr. Ph. Fr. von Siebold. Met het portret van den schryver. Dezima, ter Nederlandsche Drukkery,1861.

日本よりの公開状。ヨンクヘール・フィリップ・フランツ・フォン・シーボルト著。著者及び長男アレキサンデル・フォン・シーボルトの写真版掲載。1861年（文久元辛酉年）出島印刷所に於いて刊行。

(7) *Catalogue de la bibliothéque, apportèe au Japon* par Mr. Ph. F. de Siebold, pour servir à l'étude des sciences physiques, geographiques, ethnogrophiques et politiques et de guide dans les recherches et découvertes scientifiques dans cet Empire. Dezima. Imprimerie Néerlandaise,1862.

フィリップ・フランツ・ド・シーボルト氏の日本に持渡りたる書籍の目録。自然科学、地理学、人類学、政治学等の研究並に其帝国に於ける科学的探究及び発見の導きのため持渡りたるもの。

1862年（文久2壬戌年）出島、阿蘭陀印刷所に於いて刊行。本書のタイトル・

ペィジの裏面下部に、Imprimé par G. Indlermaur.（デ・インデルマウル印刷）
と印刷してある。

(8) *Beknopte Handleiding tot de Geneesmiddelleer.* Ten gebruike
van de Keizerlijke Japansche Geneeskundige School to
Nagasaki. Door Jhr. J. L. C. Pompe van Meerdervoort,
officier van gezondheid by de Koninklyke Nederlandsche
Zeemagt, Leeraar by bovengenoemde school, enz. Desima, ter
Nederlandsche Drukkery, 1862.

薬学指南。長崎王立日本医学校用。ヨンクヘール・ポンペ・ファン・メールデル
フォールト阿蘭陀王国海軍衛生官、前記日本医学校教授、等々。著。1862年
（文久2壬戌年）出島、阿蘭陀印刷所に於いて刊行。

　このうち、1861年『当用日記簿』は、シーボルトが、出島印刷所に於いて、
印刷師ゲ・インデルマウルをして印刷させたものと思う。1861年出版となって
いるが、遅くとも1860年12月中に全部印刷済になっていたものであらう。

　この日記簿には、DAGBOEK VOOR HET JAAR 1866 即ち1861年日
記の部ありて、1月1日より年末まで日記を書入れるために空欄が設けてある。
シーボルトの用ひた1861年当用日記簿には、この空欄に書き入れがある。もとより巻頭には、
便覧が附けてある。

　便覧の記事には、(1)王室誕辰日、(2)七曜日表、(3)基督教祭日、(4)日本の祭日、
(5)出島に於ける日出日没表、(6)日本国（一）大島（日本、九州、四国）、（二）小
島（対馬、佐渡、淡路、種子島、壱岐、隠岐、屋久島、大島、八丈島、五島、天
草、平戸）、（三）属島（蝦夷、樺太）、（四）隣国（琉球、高麗^{こうらい}）、(7)長崎に於ける
海水の高低、(8)磁針の偏差度（長崎、下田、横浜、箱館）、(9)出島に於ける気
象観測表（平均気温、風向、雨量）、(10)日本の度量衡及び貨幣、(11)1861年1
月1日現在出島、飽の浦製鉄所、長崎、神奈川在留者姓名表紅毛人及び紅
毛人として認められた外人。などが掲載してある。

　この1861年在留者人名表に、長崎とあるが、長崎には、鳴滝に、シーボルトとア

レキサンデル両人だけ居住していた事を附加へておきたい。

　1861年即ち文久元辛酉年に出島阿蘭陀印刷所に於いて出版された *Brieven uit Japan* の特色と認むべきは、巻頭に掲げてある著者ドクトル・フォン・シイボルト（右）、嫡子アレキサンデル（左）を現せる写真版である。これは、多分吾邦に於ける最初のものであらう。活字の配列など、真に申分なく、出島阿蘭陀印刷所と記してないならば、全く阿蘭陀本国版と考へられるであらうと思う。

　それから、1862年即ち文久2壬戌年に出島阿蘭陀印刷所に於いて上梓されたドクトル・ポンペ・ファン・メールデルフォールト Dr. Pompe van Meerdervoort の著述に係る *Beknopte Handleiding* tot de Geneesmidelleer, ten Gebruike van de Keizerlijke Japansche Geneeskundige School te Nagasaki 『薬学指南。長崎王立日本医学校用』なども、真に見事な印刷物で、外国出版の洋書に比して、秋毫も遜色は無い。de Keizerlijke Japansche Geneeskundige School te Nagasaki、即ち長崎に於ける王立日本医学校とあるのは、大徳寺裏手に在った医学所に該当する事、もとより多言する迄も無い。

　この『薬学指南』の印刷に就いて、ドクトル・ポンペ・ファン・メールデルフォールトは、その著 *Vijf Jaren in Japan* 『日本滞在5年』第2冊、182頁に於いて、次の記事を与へている。

　　後に、政府幕府をいふ。は、予の手引的著作を色々印刷に附せん事を、予に請ふた。予は、薬学に関する手引的著作を、出島の印刷所に於いて刊行する事を試みた。しかし、これは、主として書籍印刷練習の日本人たちによりて行はる可き事になっていたので、高き経費を要し、しかも仕事は延引し、印刷に約一年もかかった。それで、予は、続行を見合せ、後に学力最も進歩せる者をして、予の冊子を色々日本語に訳せしめて、之を印刷せん事を勧告した。斯くて、一部分は成就した。予が編修に費した煩労は、此等の小著.の与ふる有用―予は左様に期待す―によりて、能く酬はれている。『日本滞在5年』、第2冊、182頁。

この『薬学指南』は、出島印刷所に於いて、主として邦人によりて印刷されたのであった。高き経費と約1年とを要したとあるが、なかなか見事に出来ている。それから、ドクトル・ポンペ・ファン・メールデルフォールトは、自己の著作をいろいろ、学識最も優秀なる邦人をして翻訳せしめたる上、之を印刷せん事を当路者に勧告した。その結果、翻訳ものが印刷されたらしい。しかし、どれだけ刊行されたのか、未だ詳らかでない。

　先是、安政5戊午年1858年八木称平島津斉彬公の侍医が Dr. Pompe van Meerdervoort の著作を翻訳せる『散花小言』が出島印刷所にて上梓された事は、真に注目すべき事である。これは、漢字活字と片仮名活字とを用ひたるものである。これにて、出島印刷所に於いて刊行された書籍は、ひとり洋書に限りたるものでなく、なほ漢字活字並に片仮名活字を以て印刷されたものもある事が、判明する。

『和英商賣対話集』、『蕃語小引』、其他

　安政6己未年1859年には、『和英商賣対話集』、翌万延元庚申年1860年には、『蕃語小引』が上梓された。

　『対話集』は、長崎下筑後町塩田幸八の発行に係り、『蕃語小引』は、その奥書に「長崎麴屋町書肆増永文治」とあるから、増永文治の発行と見て差支はあるまい。尤も英語綴り及び蘭語綴りの分には、増永文治の外に、「江戸町内田作五郎（Uch dä sök go lo'. in the street ye do mäch）」と記してある。

　『蕃語小引』は、表向きは「長崎麴屋町書肆増永文治」という事になってゐるが、実は本木昌造の発行である事を十分に証明し得るのである。増永文治の自筆に係る「自天保三辰年至文久三亥年諸事凡書留」に、『蕃語小引』の事が記してある。増永文治は、万延元庚申年4月中、本木昌造の頼みにより、自己の名義を貸し、自己の名義にて、『蕃語小引』、上下2冊（代金1分）出版の願書を年番所へ差出し、同年7月17日に至りて、官許を得た。こ

れにて、『蕃語小引』は、確に本木昌造の著述であり、また其の発行である事が判明する。

『対話集』(*A new Familiar Phrases of the English and Japanese Languages* General Use for the Merchant of the Both Countries first parts Nagasaky sixth year of Ansey December 1859)は、長崎下筑後町塩田幸八の発行という事になっている。しかし、此書も、実は本木昌造の依頼により、塩田氏が名義を貸したものではあるまいかと思う。即ち、この『対話集』に用ひてある洋活字と片仮名活字は、『蕃語小引』のそれと、形と大さとに於いて、全く同一である。唯だ対話集の漢字活字が、『蕃語小引』のそれと異り、甚だ不調和な恰好を持っているのみである。

なほ、文久2壬戌年5月9日、増永文治は、本木昌造の頼みにより、自己の名義を貸し、空蟬艸紙の判本仕立方を、年番所へ届出でた事もあった。其際にも、増永氏は、『蕃語小引』の場合と同様な手続をとった。

上海美華書院長ウィリアム・ガンブルの渡来

其頃、上海に美華書院という印刷所があった。これは、亜米利加のプレスビテリアン教会に関係ある印刷書で、American Presbyterian Mission Press といい、東洋に於いて最も異彩あるものであった。

第19世紀の前半に於いて、米国ニュウヨルク New York のプレスビテリアン教会(the Bleeker Street Presbyterian Church)は、広東に教会の出張所を設け、福音を宣伝するために、宗教書を刊行する目的を以て、印刷機械、其他附属品一式を送り、印刷所を設立する事にした。

その印刷所の事に幹ったのが、Samuel Wells Williams 其人に外ならぬのであった。彼は、後に有名なる支那学者となったが、当初は植物学者であった。この植物学者が、美華書院の長となり、印刷者として、大にその手腕を顕はしたのであった。

彼は、先ず支那文字の組織に就いて大に研鑽し、支那文字の活字印刷上得る所があったが、それが基礎となりて、終に支那語に通暁し、支那学の

郵便はがき

８５０-８７９０

料金受取人払郵便

長崎中央局
承認

1371

差出有効期限
2024 年 1 月
14 日まで
（切手不要）

長崎市大黒町３－１
長崎交通産業ビル５階

株式会社 長崎文献社
愛読者係 行

||||||||||||||||||||||||||||||||||||||

本書をお買い上げいただき、誠にありがとうございました。
ご返信の中から抽選で50名の方に弊社制作の長崎に関するポスト
カード(5枚)を贈呈いたします(12月末抽選、発送をもって発表に
かえさせていただきます)。

フリガナ	男 ・ 女
お名前	歳

ご住所 （〒　　　　－　　　　）

Eメール
アドレス

ご職業
　①学生　②会社員　③公務員　④自営業　⑤自由業
　⑥主婦　⑦その他（　　　　　　　　　　）

 愛読者カード

ご記入日　　年　　月　　日

本書の タイトル	

1. 本書をどのようにしてお知りになりましたか

①書店　　②広告・書評（新聞・雑誌・テレビ）　　③チラシ

④弊社ホームページ　　⑤人にすすめられて　　⑥出版目録

⑦その他（　　　　　　　　　　　　　　　　　　　　　　　）

2. 本書をどこで購入されましたか

①書店店頭　　②ネット書店（アマゾン等）　　③弊社ホームページ

④贈呈　　⑤その他（　　　　　　　　　　　　　　　　　　）

3. 本書ご購入の動機（複数可）

①内容がおもしろそうだった　　②タイトル、帯のコメントにひかれた

③デザイン、装丁がよかった　　④買いやすい価格だった

⑤その他（　　　　　　　　　　　　　　　　　　　　　　　）

本書、弊社出版物に関しお気づきのご意見ご感想ご要望等

（ご感想につきましては匿名で広告などに使わせていただく場合がございます。）

ご協力ありがとうございました。良い本づくりの参考にさせていただきます。

権威として世界に知らるるに至った。そして、嘉永6癸丑年1853年には、米国海軍提督ペルリの通訳官として、日本に来朝した。

　広東に於いて設立された美華書院は、寧波に移り、更に上海にて経営さるる事になった。そして、米人 William Gamble は、上海の美華書院の長となりて、多年印刷に従事し、漢字活字の製造に於いて面目を一新し、支那に於ける外人の印刷業の発達に寄与する所多大なりしのみならず、なほ支那人の印刷の興隆を促して、支那文化の開発に貢献する所があった。随って、支那の文化発達の歴史に於いても、特筆すべき人物といわねばならぬ。

　William Gamble が支那文字活字の製造に於いて、最も心を砕いたのは、小形活字の製造であった。

　西洋人の支那に関する著述の印刷に於いて、漢字活字を西洋活字と共に植字する際には、適当なる漢字活字を用ひなければ、どうしても調和を得る事ができぬのであった。西洋活字と共に配列して恰好見苦しからざる支那活字を製造しなければ、どうしても納まりがつかぬので、ガンブル氏は、色々苦心して、種々支那活字を造ってみても、一向気に入らなかったが、不屈不撓な努力の結果、遂に一種の活字を造り出した。それは、後に日本で行はれた5号活字の原型ともいうべきものであらう。

　ガンブル氏が、此種の活字を作ったのは、慶応頃の事であったらしい。A. Wylie は、之を small Chinese type 即ち小形支那活字と称した。

　A. Wylie は、その著 *Notes on Chinese Literature* 1867年上海美華書院にて上梓。の序文に於いて、次の如く述べている。

　　It has been a great advantage moreover, to have the use of the font of small Chiness type, with which the Appendix and Indexes are printed. This font which has been recently completed, is entirely the result of Mr. Gamble's unwearing enterprise, and will prove the most convenient type for European book-work of any that has yet been cast.

其頃、薩藩の重野氏後に重野安繹と云ふ。が、上海の美華書院より活字並に印刷機を取寄せ、印刷に着手してみやうとしたが、印刷の技術に熟せざるため、どうともする事ができないという事を聞き、本木昌造は、池原香穉の紹介によりて、その活字と印刷機とを買受けたのであった。

　その印刷機は、ワシントン・プレス（the Washington press）であった。Edward H. Knight の編集に係る *American Mechanical Dictionary* 1876年、ニュウヨルク版に拠れば、ワシントン・プレスは、1829年に Samuel Rust が特許権を得た印刷機で、其後改善を加へ、大形紙片の印刷に用ひらるる唯一のハンド・プレス hand press であり、多く行はれているとある。

　活字は、和洋2種1組宛であったと云ふ。『故本木先生小伝』和洋とあるが、支那活字と西洋活字と2種であったらしい。

　本木昌造は、門人陽其二と共に、昼夜を分かたず、分撰に従事した。其際、本木氏は、毎夜眠らず、午餐を喫たる後、僅に30分間ばかり、居睡するくらいに過ぎなかったという。『故本木先生小伝』

　本木氏は、之を摸本として、尚ほ工夫を加へてみたが、どうも面白くないので、当時長崎に居住せるフルベッキ氏（Guido Fridolin Verbeck）と相談の上、フルベッキ氏の紹介と幹旋とによりて、上海の美華書院長（the Superintendent of the American Presbyterian Mission Press）であった William Gamble を長崎製鉄所雇として長崎に迎へ、本興善町の唐通事会所跡現時興善小学校の在る処の南側、もと興善小学校の域内に、活版伝習所を設て、之を長崎製鉄所の附属たらしめ本木氏は、製鉄所頭取であった。其処にて活字製造及び電気版彫刻の伝習を開始する事にした。そして、何幸五が通弁の役を勤むる事になった。時に明治2己巳年1869年であった。

　グリッフイス氏（William Elliot Griffis は、その著 *Verbeck of Japan* 111頁に於いて、次の如く記している。

　　It eventuated that Mr. Verbeck was of great benefit in getting under way facilities for printing Japanese script. In a sense, he was, with Mr. Gamble, the founder of the printing press of Japan.

フルベッキ君は、日本文字の印刷に便宜を与へて、大なる利益を与ふる事になった。或る意味に於いて、彼は、ガンブル君と共に、日本印刷の開祖であった。

Dr. Guido Fridolin Verbeck が、本木氏のために斡旋して、ガンブル氏を長崎に迎ふる事を得しめ、本木氏をして其の印刷術を大成せしむるに至りし事は、日本印刷の沿革に於いて、永久に伝ふ可き事である。

この活版伝習所は、翌明治3庚午年に至り、本木氏が製鉄所頭取の職を辞すると共に、廃止となり、William Gamble の指導を受けて修業した者たちの一部分は、本木氏が新町に於いて経営を創めた活版所に入り、ついで本木氏が大坂や東京に活版所を設くるに及び、それぞれ大坂、東京などに派遣された者もあり、また一部分の者たちは、工部省に属して勧工寮活版所に入り、太政官印刷局に奉職し、其他諸方面に活躍して、吾邦印刷界の基礎を作るに至った。

『故本木先生小伝』明治27年9月初版、明治38年2月再版。

然ルニ、此時薩藩ノ儒臣重野厚之丞今ノ文学博士重野安繹氏上海ヨリ活字ヲ取寄セ、印刷ヲ試ミタレト、未タ其技ニ熟セス、空シク庫中ニ積ミ置ケリト聞キ、乃チ社友池原香穉氏ノ紹介ヲ以テ、其器械及ヒ活字ヲ買受タリ。器械ハ、わしんとん、ぷれっすニテ、活字ハ、和洋二種一組宛ナリシト云フ。之ヲ先生ノ宅ニ運ヒ、先生ト陽其二氏ト、日夜ヲ分タス、分撰ヲナス。此時先生毎夜眠ラス、午餐ヲ喫シタル後、三十分許ノ坐睡ニ止マルノミ。其剛毅忍耐ノ精神、実ニ驚クニ堪ヘタリ。摸本トシテ、尚ホ種々ニ工夫スレトモ、未タ完全ナラサルヲ以テ、米国宣教師ふるべっき氏ニ種々質疑ノ上、終ニ同氏ノ紹介ヲ以テ、在上海美華書院活版師米国人がんふる氏満期帰国ノ便ヲ以テ、暫ク長崎へ留マランコトヲ照会シテ、之ヲ雇聘シ、長崎製鉄所附属トシテ、活版伝習所ヲ興善町元唐通事会所跡ニ設ケ、活字鋳造及ヒ電気版ノ業ヲ創ム。通辯ハ何幸五氏担当シ、専ラ此業ニ従事ス。之ヨリ活版製造ノ技頓ニ進歩シ、遂ニ活版改良ノ淵源トナルニ至レリ。

此時伝習所ニ在リシ者、後一部ハ、先生ニ属シテ長崎新町活版製造所、東京築地活版製造所、大阪久太郎町活版製造所ノ本源トナリ、一部ハ、製鉄所ト共ニ工部省ニ属シ、明治五年東京ニ移シ、勧工寮活版所トナリ、後左院中ニアリシ活版課ト合シテ印刷局トナリタリ。

本木昌造の活字製造並に印刷業の経営

　明治3庚午年、本木氏は、製鉄所を辞して、新町に活版所を創設した。そして、活字製造と印刷とに従事する事になった。是れ即ち吾邦に於ける鉛活字製造業並に印刷業の嚆矢というべきものである。

　　長崎製鐵所は、明治4年4月に至りて、工部省の管轄に属する事になり、改めて長崎造船所と称したが、明治5年10月、更に長崎製作所と改め、明治10年1月、長崎工作分局と称した。翌明治17年、工部省より之を三菱社に貸渡し、明治20年6月に至り、この長崎工作分局は、三菱社の所有となった。

　　是に於いて、本木氏は、社員小幡正蔵、酒井三造両名を大坂に派遣して、五代才助後ち友厚と謀りて、大手町に活版所を創設せしめた。

　　この活版所は、後に北久太郎町3丁目に移った。其後変遷を経て、明治45年の春に至り、谷口黙次が之を経営する事になり、谷口活版所と称した。其際、谷口活版所は、大阪市北区堂島裏3丁目15番地に在った。谷口黙次も亦本木氏の門人谷口黙次の子で、父の名を襲いだのであった。

　明治4辛未年7月48歳本木氏は、門人平野富二が長崎県権大属の職を辞したので、平野氏を新町活版所の事務に幹らしめた。
　同年9月、平野氏は、長崎を発し、大坂を経て、東京に上り、左院に活字数万箇を売込み、其外に、多くの活字を売捌きたる上、12月に至り、長崎に帰った。『故本木先生小伝』

同年、神奈川県令井関盛良の発起により、横浜に毎日新聞発行の計企ありしが、本木氏は、横浜よりの照会により、門人陽其二を横浜に遣し、上原鶴寿と協議の上、活版所を創設せしめ、その活版所に於て横浜毎日新聞を発行せしむる事にした。横浜毎日新聞は、同年12月中旬に至りて発行さるる事になったという。

同年10月、本木氏は、東京に在りて、文部省活版御用掛を命ぜられた。しかし、幾程もなく、之を辞して、長崎に還った。

其際、本木氏は、小幡正蔵を東京に留め、大坪本左衛門と謀りて、神田佐久間町に活版所を設立せしめた。この活版所は、後に大坪氏の所有となった。

明治5壬申年7月49歳本木氏は、門人平野富二の希望を容れ、その上京に承諾を与へた。是に於いて、平野氏は、東京に上り、神田佐久間町3丁目に活版所を設け、之を長崎新塾出張活版製造所と称した。翌明治6年8月、この活版所は、築地2丁目万年橋東角20番地に移転した。是れ即ち今の東京築地活版製造所の前身に外ならぬのであった。

明治6年50歳本木氏は、社員谷口黙次なりしと云ふ。を天草島の高浜村に遣して、アンチモニィの採掘に従事せしめた。しかし、此事業は、失敗に終った。

故本木先生小伝に云ふ。

先生、既ニ数年間ニ、斯ク数箇所ニ活版業ヲ開キタリト雖トモ、当時ハ活版ノ需用未タ多カラスシテ、営業ノ収支相償ハス、印刷スルモノハ、多ク自家ノ著述ニアラサレハ、朋友知己ノ出版ノミニシテ、空ク紙墨ト労力トヲ費スコト多ク、且ツ日々消費スル鉛、あんちもにい、錫等ノ代価、社員ノ手当、其外種々ノ試験等ノ為ニ費ス所ノ金額ハ、実ニ莫大ナルコトニシテ、為ニ家産ノ過半ヲ蕩尽シ、又他借セシ金額モ少ナカラサリシカハ、其困難ノ程モ実ニ想見スヘキナリ。

明治6年、社員某ヲ、肥後ノ天草島ナル高浜村ニ遣ハシテ、専ラ、あんちもにいノ採掘ニ従事セシム。先生、最初活字製造ヲ試ムニ当リ、用キル所ノ伊予白目あんちもにいハ、其質極メテ粗悪ナルノミナラス、産出ノ高モ多カラサ

レハ、数年ヲ経ハ、悉ク皆舶来品ヲ仰クニ至ルベシ、則チ一回ノ損失少ナカ
ラストテ、久シク之ヲ憂ヘタルニ、偶々天草ニ其鉱アルコトヲ探知シ、遂ニ人
ヲ遣ハシテ、採掘セシムルニ至レリ、而シテ、先生、此事ノ為メニ費シタル金
額モ亦尠少ナラスト云フ。然レトモ、其志ヲ果サス、中途ニシテ廃業セリトゾ。

　明治7年、初夏の頃51歳本木氏は、長崎より大坂を経て東京に至った。それ
は、恰も築地に於いて建築中の練瓦造建物の工事既に半ば捗りたる折
であったので、その喜悦一方ならず、門人平野氏、其他を大に激励する所
があった。そして、同年9月、東京を去り、大坂を経て、長崎に帰った。

　明治8年の春52歳本木氏は、病を得たが、まもなく全快したので、同年5月、
保養のため、長崎を発して京坂に遊びしに、旅中、病気再発したので、長崎
の本木家に於いては、人を大坂に遣して、本木氏を連れ帰らしむる事にし
た。

　当初は、重病とは思はれなかったが、是年の盛夏の暑気例年よりも余程
烈しかりしため、本木氏は、日一日いよいよ衰弱し、家族の手厚き介抱のかひ
も無く、9月3日に至りて、遂に捐館した。享年52。法号を故林堂釈永久梧窓
善士と云ふ。大光寺域内、本木家墓地に葬る。

　明治45年2月26日、従五位を追贈せらる。

長崎英学に関する資料

Documents on English Studies in Nagasaki

BOOK

3

フルベッキと本間郡兵衛：年譜と資料
長崎における英学教育の発祥と忘れられた蘭英学者本間郡兵衛

姫野　順一

はじめに

　本間郡兵衛(1822〜1868)は、酒田の豪商本間家の分家信四郎家四代目の信四郎光郷の次男として育った。絵師北斎最後の弟子であり、杉田成卿および勝麟太郎に蘭学を学び、長崎海軍伝習所で通訳を勤めた。長崎に来訪したフルベッキの日本語教師となり、英語を学び、町人の身分でありながら文久遣欧使節の一員に加わった。帰国後は薩摩藩開成所の英学訓導師となって藩士に英語を教え、蘭英和の辞書編纂を手がけ、堺に創設する薩州商社を起案した。このような華麗な経歴を持ちながら、事業の成功を見ずに、戊辰戦争で幕府にあった庄内藩に帰郷中、諜報を疑われ自殺を強いられた。そうして郡兵衛は忘れられた洋学者となった。

　フルベッキと深く交わり注1、蘭学から英学への語学教育の過渡期にあって、郡兵衛は長崎でどのような役割を果たしたのであろうか。

　本章では、郡兵衛を長崎の歴史環境のなかに置き、その活動の軌跡と、特にその蘭学・英学への貢献を、フルベッキ・郡兵衛対照年表、先行研究、書簡を用いて資料的に整理しておきたい。

1. 長崎における英語教育の発祥(以下洋暦を基準としている)

1858年　英語伝習所注2　英語通詞の速成　Native Speaker教師の必要
　　　　岩原屋敷内奉行支配組頭永持享次郎官舎で開設。学生は通詞・地役人の子弟、教師は海軍伝習所の蘭海軍軍人J.H.O. Wichers, 商館員De Vogelや英外交官Lachlan Fletcherであった。

1862年　英語稽古所(英語所)　頭取中山右門太　　　片淵町〜立山町

長崎奉行所立山役所と岩原屋敷　　　　　　　岩原屋敷図面

1863年	洋学所	フルベッキ(オランダ改革派教会)英語教師	江戸町
1864年	語学所	フルベッキ　英・仏・魯語を教える	大村町
1865年	済美館	教員は横山・柴田・柳屋・岡田・玉名・島田・西・プチジャン・フルベッキであった。	新町
1868(明治元)年	広運館	英語の教師は、フルベッキからスタウトへ	東役所跡

2. 長崎におけるフルベッキと本間郡兵衛の邂逅

1856年　郡兵衛、海軍伝習所蘭学通詞として勝と佐藤与之助らと来崎、蘭学の私塾を開く

1859年11月7日フルベッキの長崎到着

　　　　聖公会のリギンズ師とウィリアムズ師に迎えられ崇福寺広徳院に同居。

1859〜60年　郡兵衛、フルベッキと出会う

1860年春　フルベッキの自宅に集まった8名中4名を生徒とする。

　年末　フルベッキは、宗教書以外に地理、植物学、代数、幾何学、歴史といった自然・人文書籍496冊、パンフレット846冊を上海と寧波のミッションに発注。「英語」は宣教の手段。書物販売は条約上不許可。しかし、英文リーダー、地理書、有用教科書を取り寄せて販売。オランダ領事ドンケル・クルチウスの文法書を改定したライデン大学のホフマンの日本語文法書が日本語の手引

きであった。46年から那覇で宣教したイギリス聖公会の宣教師ベッテルハイムの日本語版『路加伝』（唯一の邦訳聖書）を蘭訳・英訳・漢訳の諸書と突きあわせて日本語の理解を深めた。

1861年2月17日　プロシアのオイレンブルグ使節団長崎来航
　　　　　　　随行写真師オーギュスト・ザハトラは海軍伝習所で蘭通訳本間郡兵衛を撮影
　　　　　　　このとき郡兵衛は蘭通訳として活躍したことがうかがわれる。

本間郡兵衛　1861年　長崎
オーギュスト・ザハトラ撮影

1861～1862年　大隈重信と副島種臣フルベッキ訪問、英語講義を受ける。
1862年1月　郡兵衛は町人であったが伊勢屋八兵衛の手代「重兵衛」と名乗って遣欧使節団の一員に加わる。

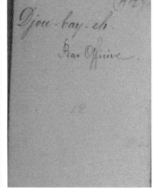

Djou-bay-ch Ras Officire（自筆署名）
ハーグ王立文書館　Paleis Noordeinde注3

1862年ペテルブルグ　東京大学資料
編纂所
（町人の郡兵衛＜重兵衛＞はこのとき撮影のため
刀を借りたようである）

1862年3月　フルベッキは自宅の崇福寺でバイブルクラスを始める。佐賀の
　　　　　　綾部幸熙、本野周蔵、中牟田倉之助、石丸虎五郎らがフル
　　　　　　ベッキのもとで学び始める。

　　　8月　本野は日課の英学の他に聖書を学ぶ。

1863年1月　郡兵衛　ヨーロッパから帰国

　　　5月　フルベッキ　生麦事件による薩英戦争で上海避難。郡兵衛
　　　　　　は留守家財を預かる。

　　　　　　フルベッキ　上海の美華書館でガンブルから印刷術を学ぶ。

1863年10月　フルベッキ　上海から長崎に戻り出島に落ち着く。

　　　2月　フルベッキ　洋学所英語教師

1864年7月　フルベッキ　大徳寺に移る。

　　　8月　フルベッキ　済美館英語教師、学生は何礼之、平井希昌、
　　　　　　大山巌等英語、算術、数学、有用科学を教授

　　　　　　何礼之は私塾を開き、前島密、陸奥宗光、高峰譲吉、安保清
　　　　　　康、山口尚芳、前田正名、白峰駿馬を輩出。済美館で教え始
　　　　　　める。

　　　　　　郡兵衛　薩摩藩開成所英語教師（訓導師）となる。　役料8

石金十両

1865年 1月　第一次薩摩英国留学生15人を送り出す。

　　　 10月　フルベッキ　佐賀訪問

1866年 5月　佐賀藩の重臣村田若狭と弟の綾部恭に洗礼を授ける[注4]

1868年 1月　フルベッキ　佐賀藩校蛮学稽古所(慶応4年8月25日以降は致遠
館)の教師となる。英語、政治、経済、軍事、理学を教授した。
大政奉還の1カ月前の言説:「今〈リバティ〉ということばは、日
本語ではそれに正確に対応することばはありません。しかし自
由という言葉の意味はだんだん進歩した時代の状態に応ず
るような合理的国家に移行する以外に路がないのです」(高谷
『フルベッキ書簡集』)。

1868年 末　王政復古　フルベッキ学校および販売用として商業辞典、民
法、刑法、経済原論、国際公法、統計学、合衆国憲法といっ
た実用的政治経済書を大量にニューヨークのフェリスに注文

1868年 4月　フルベッキ　広運館英語教師

9月5日(旧暦7月19日)　郡兵衛　鶴岡の親戚宅で毒殺

1869年 3月　フルベッキ　大隈および鍋島直正により新政府に推薦されて
上京。

1869年 6月　政治形態、諸外国の法律、司法行政、国家相互間の政治的
平等、教育方法、宗教制度について「ブリーフ・スケッチ」の建
言書提出。
「目で見、肌で感じ取られる」ものであり、そのため「知性と識
見を備えた人物」からなる使節調査団を分業で派遣すべし。
「宗教的寛容」「信教の自由」は一人ひとりの自由に欠かせ
ない。「信教の自由」が欧米で公衆道徳と生活規律の安定
に貢献していることの調査。

フルベッキと佐賀の藩士
上野彦馬撮影　明治元年(1868)10月
長崎歴史文化博物館所蔵

佐賀藩致遠館の教師と学生
上野彦馬撮影　明治元年(1868)10月頃
長崎歴史文化博物館所蔵

フルベッキと広運館の学生
上野彦馬　明治元年(1868)4月[注5]
長崎歴史文化博物館所蔵

3. 本間郡兵衛の先行研究

【美術関連】

1. 本間恒輔　「画狂老人北斎と郡兵衛」『方寸』第5号　酒田古文書同好会、1974年

2. 日本浮世絵協会編　『原色浮世絵大百科事典』(第2巻)　大修館書店、1982年

3. 『北斎展　HOKUSAI』　東京国立博物館・日本経済新聞社、2005年

4. 『北斎一門肉筆画傑作選　―北斎DNAのゆくえ―』　板橋区立美術館、2008年

5. 新井勉『北斎の隠し絵』AA出版、1989年

6. イモン・スクリーチ『阿蘭陀が通る　人間交流の江戸美術史』村山和裕訳、東京大学出版会、2011年

【郷土史研究等】

7. 田村寛三「洋学者本間郡兵衛」佐藤三郎・田村寛三『方寸酒田戊辰秘話』酒田古文書同好会　昭和44年

8. 須田古龍「本間郡兵衛伝」『酒田聞人録稿』酒田市立光丘図書館）

9. 斎藤美澄「本間家家誌稿」で郡兵衛の事跡を調査

10. 田舎紳士(佐藤古夢?)「狛良兵衛先生伝」『江北雑誌』明治10年代

11. 阿部正巳「庄内洋学史年表」『尾関三英伝稿』鶴岡市立図書館 付録

12. 阿部正己稿『本間軍兵衛伝』鶴岡市郷土資料館　大正7〜12年

13. 酒田市史編纂委員会編/『酒田市史』　史料篇7/ 1977:巻頭に「洋学者　本間郡兵衛」の写真掲載、P193〜205　本間郡兵衛の書簡掲載、P431　本間北曜筆　「アメリカ船圖」掲載、P458　本間北曜の略歴掲載

14. 酒田市史編さん委員会編『酒田市史』下巻1995年

15. 庄内人名辞典刊行会編『新編庄内人名辞典』1986年

16. 田村寛三「黎明のマルチ人間本間郡兵衛」『さかた風土記』1998年

17. 佐藤七郎「北斎と北曜の旅日記　長野県宝に指定　信州小布施の祭屋台」『方寸』酒田古文書同好会編、7号、1982年

18. 佐藤三郎「本間郡兵衛」『酒田の今昔』東北出版企画、1964年

19. 長南寿一編『庄内文化芸術名鑑』、1982年

20. 佐高信「西郷と菅と本間郡兵衛」『西郷隆盛伝説』角川学芸出版、2007年

21. 永田生慈「本間北曜との面談」『葛飾北斎』三彩新社、2000年

22. 石堂秀夫『黎明の人　幕末をリードした本間郡兵衛の生涯』1999年

23. 田村寛三「ですかばー庄内人　本間郡兵衛　艶福の洋学」『庄内散歩』12号、1975年

24. 田村寛三「日本最初の株式会社創立　本間郡兵衛」『荘内日報』昭和63年6月17日号

25. 森田正『近代国家「明治」の養父　G.F.フルベッキ博士の長崎時代』長崎外国語大学「新長崎学研究センター」準備室2016年

4. 書簡に見る本間郡兵衛の蘭英学修行

出典：「本間新四郎文書収録目録」(第三分冊)：本間新四郎家文書(酒田湊)マイクロ16リール、『近世の廻漕資料』雄松堂出版　「本間郡兵衛関係」(一)333点、「同」(二)8点

【蘭英学関係抜き書き】

(R-14)11. 本間郡兵衛関係(一)より(主として郡兵衛の来簡である)

11.（「Ⅰ 和蘭文典字類」序）伊沢欽　安政3. 綴

48. 追加（合衆国英国兵学校等其他之学校役割ニ付書状）　6 単独

50.（英書類井重立書類購入等ニ付書状）　中沢見作　本間群兵衛 12. 4 単独

51. 厚(広)徳庵え之遺置ニ付書状〉　4 単独

52. 水口先生ウイリヤムスへ書物贈呈一条ニ付　中沢見作　本間軍兵衛 11. 1 単独

53.（マストルエルヘッキより借受之文典返済ニ付書状　中沢　本間　3. 6 単独〉

55.（ジクチヲネリー清書書損等ニ付　中沢　本間　11. 25 単独

57.（英語扇子二本借受等ニ付書状）　中沢見作　本間軍兵衛　5.21 単独

58.（英吉利文典等書籍入手一条ニ付書状）　中沢見作　本間軍兵衛 7.16 単独

61.（英学文法御指南御礼等ニ付書状〉　中沢見作　本間群兵衛2. 3 単独

66.（英行使節随行ニ付書状）　佐藤恒蔵　本間郡兵衛　12.29 単独

69.（珍物頂戴之御礼并アレキサンデル氏横浜御出等ニ付書状）　竹陽粛友親　本間北曜　1. 26 単独

70. （送付品物問合せ并ホトカラピ伝習入手等ニ付書状）　竹陽粛友親
　　本間北曜8.5　単独

73. （蘭書四冊入手幷学稿蔵板ニ付書状〉　いとや彦助　本間　2.21　単独

79. （ゾーフ四編出来延引并蘭書売捌等ニ付書状〉　彦助　本間8.25　単独

86. （実学開始并帰府願等ニ付書状）いとや彦助　本間郡兵衛　3.26
　　単独

88. （ゾーフ差上并蘭書売捌等ニ付書状〉　いとや彦助　本間　7.25　単
　　独

92. （蘭書四巻入手等ニ付書状）彦助　本間郡兵衛　3.22　単独

99. 〈文学上達之お慶并時候御見舞等ニ付書状〉清田伝右衛門　本間
　　郡兵衛　安政4.7.9　単独

117. （勉学修行出来并西洋書差上ニ付書状）　真島　本間　12.23　単独

118. （原書代残金等ニ付書状）　真島　本間　2.5　単独

120. （一八五五年カラムルのキンスト買入等ニ付書状）　真嶋雄之助
　　佐藤他　12.17　単独

125. （ウエルベッキへ落花生等頂戴ニ付書状）　林泉三　本間郡兵衛6.
　　5　単独

127. （在崎中之御芳情御礼等ニ付書状）　石河確太郎　本間郡兵衛
　　閏8.24　単独

146. （講武所正月十九日ペロン教師御勤申候等ニ付書状）　飯田庄蔵
　　北曜　2.7　単独

147. 〈ミケレエ并クツ着等ニ付書状）飯田庄蔵　本間　2.23　単独

166. （トフトル・シミト之レス開始ニ付書状）　内山成粛　本間　3　単独

（R-15)

169. （ゾーフ并御頼之金子御届等ニ付書状〉　金之助　郡兵衛　4.3
　　単独

170. 舌代（ゾフ御届ニ付）　金之助　本間　11.9　単独

1184. （崎陽滞在中之御厚情ニ付礼状）　小山安也　本間軍兵衛　2. 15 単独

200. （英学修行御教諭ニ付書状）　鈴木良儀　本間　11. 単独

210. （ホットン幾何学書返納ニ付書状）　開成所　本間郡兵衛　8.26 単独

243. （御光来并ボムホフ頂戴ニ付礼状）　中沢見作　本間　7. 28 単独

244. （開成所役料米金被下ニ付申渡書）　本間郡兵衛　5. 単独

273. （本間郡兵衛様御逝去ニ付御悔状）　和州石河武二郎　羽州酒田 渡辺五兵衛　12.19 単独

298. 薩州商社名籍　慶応3. 6. 冊子

326. （蘭人伝習昌盛并活字出来一条等ニ付書状）　杉田玄瑞　本間郡 兵衛　2.19 単独

327. （長崎在留中懇情ニ付礼状）　古川春英　本間郡兵衛　12.22 単独

331. （崎陽行被命一条ニ付書状）　愛之助　本間他　10. 14 単独

（16. 本間郡兵衛関係（二））

2. （江戸節催伺ニ付書状）　中浜万次郎　本間軍兵衛　2 単独

3. （預り書状御届并伊沢君訪問等ニ付書状）　榎本釜次郎　本間郡兵 衛2.5　単独

4. （海防御砲台掛海運所詰等近情報告ニ付書状）本間郡兵衛　佐藤 与之助　長崎編笠町　文久2. 2.13 単独

7. （小説ヲ学ブ者并長崎奉行随行者蕃書取調所名等ニ付書上）　単独

8. （異国船浦賀沖入港絵図）　単独

まとめ

　以上見てきたように、長崎時代の本間郡兵衛は江戸で修行した蘭学を活かし、海軍伝習所の通訳補助をした。そこには勝海舟らの紹介があったように思われる。伝習所が1859年に閉鎖されたあと、同年11月に長崎に到着

したフルベッキはオランダ語を解する郡兵衛と出会い、これを通訳に雇い入れたようである。フルベッキは郡兵衛から日本語を学ぶとともに、郡兵衛も英語を学んだようである。江戸で蘭学修行した郡兵衛は、小笠原藩士でのちに英国領事館の日本語通訳となる中沢見作と交流を持ち、長崎では英語および英学に熱心に取り組んでいた様子がうかがわれる。フルベッキとの交流と、そのパイプを通じて入手した英語の本は、郡兵衛の英語・英学の修行を飛躍させたようである。特に蘭英通訳としての技量が認められたとみえ、元治元年(1860)には、町人の身分でありながら第一次遣欧使節団への随行を認められている。郡兵衛は1861年1月から1年間フランス、イギリス、オランダ、プロイセン、ベルリン、ロシアを使節団の一員として旅行した。これにより語学力は飛躍し、現地体験を通してヨーロッパに関する生の知識が豊富になったと思われる。帰国した文久3年(1863)は攘夷の嵐が吹き荒れていた。郡兵衛は、危険を感じて上海に避難したフルベッキの家財道具を預かる役割を果たしている。これにより郡兵衛とフルベッキの深い仲を知ることが出来る。従って、フルベッキから英学に関わる辞書や文献を譲ってもらっていたことも理解できるのである。帰国1年後郡兵衛は、薩摩の石河確太郎を通じて開成所訓導師の声がかかり着任する。ここで3年半、英蘭学を教授している。その学生たちにはその後の薩摩藩英国留学生も含まれていた。

注
1 長崎のフルベッキに関する先行研究は、森田正『近代国家「明治」の養父G.F.フルベッキ博士の長崎時代』長崎学院長崎外国語大学「新長崎学研究センター」準備室参照。
2 長崎の英語伝習所の詳しい歴史については第一部、二部を参照。
3 東大資料編纂所は重兵衛の姓を「一本」とし撮影者をナダールに帰している。
4 村田と綾部の受洗については中島一仁「幕末期プロテスタント受洗者の研究(1)(2)(3)」『佐賀大学地域学歴史文化研究センター紀要』8,9,10,2014,2015,2016年および同「ある未完訳のフルベッキ書簡:1866年・長崎における村田・綾部への受洗記録」『明治学院大学キリスト教研究所紀要』49、2016年参照
5 フルベッキ写真の撮影者、撮影時期、撮影された人物については別に検討を加える。

英語学習黎明期における英語辞書、文法書、学習書

松田　雅子

1.『諳厄利亜言語和解』　1810年

　吉雄権之助、猪股伝次右衛門、岩瀬弥十郎著。

　旧東京帝国大学図書館に所蔵されていた日本で最初の英語辞書であるが、大正12年、関東大震災によって焼失してしまった。内題『諳厄利亜常用語例』という日本で最も古い英語研究書である。

　17世紀から19世紀にかけて、幕府の鎖国政策のなかで、日本人が本格的に英語学習を始めるきっかけとなったのは、長崎における、文化5年（1808）のイギリス軍艦「フェートン号事件」であった。1689年から1815年にわたって、ヨーロッパではイギリスとフランスが、第二次英仏百年戦争を繰り広げる。1810年、オランダはナポレオンによってフランスの統治下に入ったので、イギリスはフランスに対する攻撃の矛先を、オランダの植民地へも向け始めた。その余波が遠く日本にも及び、「文化5年（1808）8月15日、イギリス船フェートン号（Phaeton）が、オランダ船の拿捕を目的として、オランダの国旗を掲げて長崎港に入港し、オランダ商館員2人を捕らえ、生水、食料品と引き換えに捕虜を釈放して退去した」（永嶋 37）という事件がおこる。

　領海侵犯とそれに対する長崎奉行松平図書守の引責自殺を引き起こしたこの事件によって、幕府はそれまでの外国語政策を根底から見なおさざるをえなくなった。事件再発防止策の一つとして、蘭通詞たちに仏・英・魯語と諸外国語の学習、すなわち「蛮学稽古」を命じ、その研究成果報告のひとつとして英語辞書や学習書が初めて作られた。

　第1冊は文化7年12月、吉雄権之助著、第2冊、文化8年2月、猪股伝次右衛門著、第3冊は、文化8年2月、岩瀬弥十郎の著である。

　旧東京帝国大学図書館に『諳厄利亜言語和解』3巻の写本が所蔵されていたことを、大正11年、新島出が『日英関係図書展観志』で紹介している。内容については、勝俣の『日本英学小史』のなかに、手控えによる記述

がある。豊田は勝俣の記録のなかから、『諳厄利亜言語和解』の天候関係の文章47の引用と『諳厄利亜国語和解』の天候の関係の文章とを比較し、「両写本の間には共通の底本などはなかったもののごとく、文章の内容、配分などでは非常な相違がある」と結論している。それゆえに、この2つの研究書は、内容的に独立して編纂されたと推論している。(豊田5-6)

2.『諳厄利亜興学小筌』 1811年

本木正栄著。

文化8年(1811)に完成した英語学習書が『諳厄利亜興学小筌』である。書名について本木正栄の「凡例」に『諳厄利亜興学小筌』とあるが、著者自筆の3冊本各冊その他に『諳厄利亜国語和解』という名称も用いられていて不統一が見られる。「筌」というのは魚を捕らえるためのかごで、タイトルは「英学事始め手引き」というほどの意味である。(井田21)

正栄による「凡例」には編集にいたるまでのいきさつが、詳しく記されているが、この「凡例」が書かれているのは長崎市立博物館本と大野本だけであり、玉里文庫本には載っていない。井田は全文を引用し、現代語訳をつけているが、ここでは初めの部分だけを引用する。

凡例

嚮（さきに） 文化己巳春（きしのはる）、諳厄利亜文字言語修学の命令を下され、同年秋渡来の和蘭人等、彼の国語に委（くわし）きものを擢択（てきたく）され、遂に加比丹の副官[翁鐸尓官名ヘトル 揚骨郭歩陸無忽桴ヤンコックブロムホフ]と云ふ蘭人をして在留せしめ、彼の国語を教授し、吾党の訳家新に其業を発（ひら）き習学すべきの旨厳命あり。正栄をしてこれが前茅（せわやく）たらしめる……

しかりといへども、正栄訳家に生れながら、命を奉じて其難（かたき）を難（かたき）とし、自ら限り廃するときは、国家の裨益（ひえき）にならざる事を憫（うれ）へ、日夜尋思専精（じんしせんせい）の余り、家学伝来の古書を披験（ひけん）しつるに、50年前(1760年)先人（正栄の父本木良永）勤学（きんがく）の頃（ころお）ひ写蔵せし数本を得たり。この書和蘭の学語を集成したる書にて、一傍（いちぼう）に和

蘭語、一傍に諳厄利亜語と両側に細写したるものなり。つらつら量察するに昔年齎来りし奇書にして蘭人これを授けず。其頃素より諳厄利亜に通じたる人なけれども、蘭語学習の次に鏤版のままに伝写して、原本は蘭人に返したるものなるべし……幸に此書を携へて師とする蘭人に質問し、尚彼が蔵する書とを修行する事にぞなりぬ……

この編を訳述し、吾党の童蒙に授け、熟読暗誦せしめ、尚口授教育するにおゐては、卒に大業成遂して、其功必大いなる基本の一助ともならん事を冀ふのみ。

[学習者]　このように、長崎通詞本木正栄、楢林重兵衛、吉雄幸作らが公命により、オランダ人ブロムホフについて英語を学んだことが、「我が国に於ける英学の初なり」と大槻は述べている。(大槻384)実際の世話役は、本木正栄(庄左衛門)、馬場為八郎、末永甚左衛門の3名で、学習者は岩瀬弥十郎、西吉右衛門、吉雄六次郎(永保・権之助)、猪股伝次右衛門、馬場佐十郎の5名であった。このうち馬場は江戸へ召しだされ、西は文化5年6月に亡くなっているので、結局学習した者も3名であった。

[名称]　「諳厄利亜」というイギリスの名称については、ラテン語起源で、中国語でそのように呼ぶところから来ている。新井白石の『西洋紀聞』(1715)に、すでに「アンゲルア、アンゲリヤ」ともいうと述べられている。英語、イギリス語、あるいはオランダ語でde Engelsch taal/Het Engelschという名前は用いられていない。

[底本]　正栄は「凡例」のなかで、「此の編は諳厄利亜国字音釈呼法より業を発して、言談問答にいたる。……茲に書中解し易き類語を抄出し、傍に音釈の仮名を加へ、毎語訳字を附す」と述べているので、渡辺は、良永が写しておいた「英蘭對訳語学入門書」の一部を英和対訳の形にして、出来上がったものであると推測する。分かりやすい部分だけを取り出して、和訳をつけた抄訳と考えている。(井田87)

また、杉本は「50年前に父の良永が英語を独習して、オランダ語と英語との対訳語彙集的なものを家蔵していた(杉本 1990, 200)とし、一方、『小筌』の第3部「学語集成」が対話集であるところから、正栄がいう「学語を集成したる書」が和蘭語と英語の対訳が載っている会話の本であるという説もある。(豊田 1963, 6)

　正栄の書き方からは対話集のようにも感じられるが、当時の輸入された語学入門書は単語部、簡単な文法部、会話部という構成から成っていて、本書もそれにならい、「類語大凡」「平用成語」「学語集成」の3部に分かれていることを考えると、何らかの語学入門書を訳していると思われる。なお、同じく正栄らによる『払郎察辞範』と訳語が同じ物が多く見られるので、同一の原本を翻訳していると考えられる。古賀は良永が写していたものは「英語捷径とでも謂ふべき者で、後年吾邦で広く行はれたVan der Pijl's Gemeenzame Leerwij(y)s, voor degenen, die Englesche taal beginnen te leeren などに類する者」(古賀 1967, 122)と推測している。

[発音]　発音についてはカタカナで書き込むという形式をとっているが、ブロムホフの教えを受けているので、オランダ語の影響が見られる。Heaven (へーヘン), Earth（エールス), ijear（year)(エール), sir（シル), Familiar Phrases, the first(ハミリエル フレーセス デ ヒルスト)などがその例である。

[構成]

（1）　「類語大凡」(Vocabulary)

　約2400語の単語を、乾坤、時候、数量、官位人倫人事、支体、気形、器財、生植、言辞に分けている。この分類は、日本の伝統的分類法であり、原本によらない正栄ら独自のものだろうと考えられる。(杉本 1978, 329) しかし、一方で多くの英単語を独自に分類することは、非常に煩瑣な作業である。百科事典的な性格をもった辞書を編集するという日本の伝統的な方法と、主題別に能率的な配列が行われた西欧の語学書の編集方法とが巧みに組み合わされたものと考えられる。(井田 29)ちなみに、後述のパイルの『英文典』では、単語部は29のカテゴリーに分かれている。

（2）　「平用成語」(Familiar Phrases)

　日常の短い会話、慣用的表現約570から成っている。

（3）　「学語集成」(Dialogues)

　簡単な日常会話から、やや複雑な文を収録している。約1400の会話文から成る。

[訳語の特徴]　1）　訳語とさらに説明を細字で書き加えているが、漢文体で書かれている。口語体を取る『長崎ハルマ』では見られない方式であり、杉本は英華辞典を使っていたと推測している。(1978, 331)

2）　訳語は同一の編集責任者の手による、『払郎察辞範』のものと類似性がある。

[言語観]　凡例では、イギリスの国民性について「彼れ元卜達意の辞の国にして勇（かん）を好み事の簡径を先とするの俗なるがゆへ、文章を飾る例ありといへとも、其書を読むに、解し易と解し難きとの差別ありて、常話も書籍も同辞なれば、専ら短話習熟することを要とす」とあり、その国語の特徴として、言文一致で考えを十分に言い表す、回りくどくなく、要旨を簡潔に先に述べるととらえている。これは蘭通詞のオランダ語観ともほぼ同様であるということだ。(杉本 1978, 326)

3.『諳厄利亜語林大成』　1814年

　本木正栄、馬場貞歴、末永祥守、楢林高美、吉雄永保著。

　この辞書には、はじめに「叙（本木正栄）」「題言（本木正栄、楢林高美、吉雄永保）」「篇目」、おわりに「尾（本木正栄）」という跋文がある。「叙」では辞書編纂のいきさつを次のように述べている。

　　文化八年の春に『諳厄利亜興学小筌』十巻四十八編を訳述し得て、蘭通詞の家の若きものに与えて英語習学の便たらしめることができたのは、幸いであっ

たけれども、随意に必要な語を引くことのできる辞書のごときものがなければならぬと思い、計画を練っている矢先に、「幸に壬申秋九月言語集成の書訳編の命あり」、ここにオランダの書物やフランス語の語書を参考にして、遂にここに『諳厄利亜語林大成』十五巻の英和辞書を完成した（日本英学史学会による現代語訳　89）

　『諳厄利亜興学小筌』のように部門別に単語を分けて覚えるという方法は、英語を学習する時には便利である。しかし、通常、個別の単語の意味を参照したい時には不便なので、アルファベット順に単語を並べ、辞書としての体裁が整えられている。内容は英単語にカタカナで発音を記し、簡単な日本語訳がつけられている。

　しかし、長崎の蘭通詞の努力の賜物であった『諳厄利亜語林大成』は『興学小筌』とともに幕府の秘本として秘蔵され、その存在が一般に知られるようになったのは、明治に入って大槻文彦が神田の書店で発見して以後のことである。大槻は『史学雑誌』に次のように記している。

　「長崎通詞諸家の夙より博く海外の学に力を盡して事欽すべきなり扨斯る英和對訳辞書の古く成りてありしにつきては安政以後英学の興れるに及びて此辞書など夙くより世に出でもてはやさるべきに然らざりしはいかなる故なりしにか天文台局員は蘭学者のみなりしかば英書は用ゐられず又英文を訳すべき必用も起こらざりしかば自ら深秘のものとなりて後には其書ある事をだに知れる者もなくなりしにもあらむか斯くて後の英和對訳辞書は却て蘭和對訳辞書に拠りて別に新につくられたり扨右の文化の諳厄利亜語林大成は明治十年の頃東京の書林にて其写本一部を購ひ得て因て始めて斯かる書のありし事を知りたるなり」

　こういった経緯から、これらの初期の英語学習書と辞書は日本英学史のなかで、孤立した存在であったといえる。
　ところで、浄書本は英和対訳であるが、草稿本には英単語一つごとに対

訳の蘭単語が朱で書きこまれているので、底本には英蘭辞書が使われていたと思われる。どんな辞書を訳述したのかということが問題となってくるが、日本英学史学会は、『興学小筌』と『語林大成』の底本を、本木良永が写しておいた『英蘭對訳語学入門書』と考え、『興学小筌』では抄訳、『語林大成』ではその同じ語学入門書に現れる英単語を漏れなく拾い、アルファベット順に並べたものであると考えている。

永嶋はふたつの蘭和辞書、Picard, *A New Pocket Dictionary of the English and Dutch Languages* (1843)とCalish, *Nieuw Engelsh-Nederlandshen Nederlandsh-Engelsh Woordenboek* (2nd ed., n.d.) を調査し、それらの辞書と『語林大成』の間には影響関係はないと結論づけている。(永嶋 46-47) 岩崎は底本をW. Sewel, *A Compleat Dictionary, English and Dutch*, 1766 であると推定している。

『語林大成』には『興学小筌』記載の約2000語の単語はすべて収録されている。しかし、全体の単語数が6000と増加しているので、訳語を新たに創造しなければならないという問題が生じてきた。したがって、「叙」で次のような『語林大成』の訳述過程が詳しく述べられている。

1) 「和蘭の書」を参考にした
2) 疑わしいものは、「払郎察の語書」をも参考とした
3) かくして日本語の「俗言」を訳語として定めた
4) この訳語に「漢字」を与えた
5) 推敲を「2回」重ねて、完了した

となっている。(渡辺実 104)こうしてできあがった訳語は、漢字が多く使われていて、同じく蘭通詞による蘭日辞書『長崎ハルマ』の口語的な訳と対照的である。『長崎ハルマ』はゾーフが蘭通詞の会話能力向上のために編纂したものであるが、一方で『語林大成』の訳語、訳文の選定の主導権は通詞にあったので、漢字に頼るところが多かった。(永嶋 46)

『語林大成』には、巻頭にかなりの英文法概説があり、それが『語林大

成』の名を高からしめているという。題言のなかに「詞品」(parts of speech)の説明があるが、これは、中世以来のラテン文法の品詞分類法と同一である。（井田 77）

　　諳厄利亜国は、詞品を区別して、八種となす。静詞、代名詞、動詞、動静詞、形
　　動詞、連続詞、所在詞、歎息詞、この八種の詞品は、詞を綴り、語を成すの淵
　　原にして、詳悉ならずんばあるべからず。

　動・静・実・虚という漢学の対立概念を組み合わせて、品詞を作ってい
る。動詞に対するものを静詞ととらえ、さらに実静詞(substantive)と虚静詞
(adjective)とに分けていて、西洋的文法概念と漢学の二元論的な概念がう
まく組み合わされている。八種の品詞をさらに次のように分けているが、冠詞
は静詞のなかに入れられている。

```
静　詞　　―　実静詞、虚静詞、冠詞
代名詞　　―　真代名詞、復代名詞、普通代名詞、問代名詞、有物代名詞
動　詞　　―　自動詞、被動詞
動静詞
形動詞
連属（続）詞　―　接続詞、不一詞、原始詞、設令詞、雖然詞、唯除詞
所在詞
歎息詞
```

　正栄は英文法書も参考書として用いたと、古賀は考えており、近藤正斎の
『好書故事』、巻第七十九、書籍二十九、蘭書二、字書の条の
　　諳厄利亜国文則
　　原名エンゲル、　スプラーコンスト（レーマン撰）
であるかもしれないと推測している。

4. メドハースト『英和・和英辞書』　（長崎歴史文化博物館蔵）　1830年

メドハースト（W.H. Medhurst, 1796-1857）編　和装本、縦21.2×横14cm　英和和英対訳辞書。

[頁数]

序文　iii-iv、　Japanese Alphabet　v-vii、　目次viii、
英日語彙 1-156ページ、日英語彙 157-344ページ（計353ページ）。

　イギリス人宣教師メドハーストは1819年に聖職につき東南アジアを巡り、1835年より中国各地を伝道、1856年イギリスに帰った。

　英語のタイトルは*An English and Japanese, and Japanese and English Vocabulary, compiled from native works*（Batavia, 1830）。

　世界最初の公刊された英和和英対訳辞典。日本人と話す機会もなかったイギリス人宣教師が、英語も日本語も知らない中国人の石版工を助手に作成した。

　英和の部は15の部門に分けられ、約5400の英単語に、ローマ字の訳語・仮名、時には漢字を当てる。和英の部はイロハ順で、約6500のカタカナで書かれた見出し語に、ローマ字による発音表記と英訳語が当ててある。

　この辞書は長崎から持ち込まれ、『英語箋一名米語箋』の書名で、前編（英和の部）3冊（1857年）、後編（和英の部）4冊（1863年）、計7冊が復刻出版され、日本人の英語学習に大いに利用された。

5.『エゲレス語辞書和解』　（長崎歴史文化博物館蔵）　1851-54年

　西成量（1809-55）、森山憲直（1820-71）、楢林高明（1830-60）、名村元度（1826-76）、筑辰一郎志（利忠）（1832-57）、中山兵馬（武和）（1829-65）、岩瀬弥四郎（1830-91）、川原又兵衛（1817-65）、西吉十郎（1835-91）、品川藤十郎（1830-86）編。

　美濃判和装本、横20.3×縦27.5cm、英語辞書7冊本、Aの部は4冊、Bの部は3冊、Bの途中で未完に終わっている。表紙にはオランダ語の表題

「Engelschen Japansch/Woordenboek/L'A/N°1」がありその下に縦に日本語の題が書かれている。総語数約3500。2丁（序文）＋275丁（本文総数）。

序文にホルトロップ『暎語字典』（『英蘭々英辞典』）を訳したとある。

John Holtrop, *English and Dutch Dictionary/Engelsch en Nederduitsch Woordenboek*, Dordrecht en Amsterdam,1823–24,1032 pp/2 vols.

内容的に35年前成立の『諳厄利亜語林大成』（右綴じ）とほとんど変わらないが、左袋綴じで英語表記が重視されている。「英語」が「暎咭唎語」と書かれている。

この辞書は、1850年秋「暎語訳二巻を捧くへし」との幕府の命令が、蘭通詞たちに出され、その成果が嘉永4年（1851）8月に『エゲレス語辞書和解』（Aの部）として、出来上がったものである。さらに安政元年（1854）まで継続して作られたが、Bの途中で未完に終わっている。合計で7冊本、Aの部は4冊、Bの部は3冊である。

Aの部第一冊に、西成量、森山憲直、楢林高明、名村元度連名の序に、「近年異船の来ること屢にして漂泊の異民頻に多し是に語の通るは暎咭唎のみなり」とあり、続けて「『ホルトロップ』著す所の暎語字典を訳し以て此一巻を捧ぐ」とあり、John Holtrop's *English and Dutch Dictionary*, revised, enlarged, and corrected by A. Stevenson, Dordrecht, 1823 を指すとみなされている。（豊田 17–8）

本書の表紙と『和蘭辞書和解』（ヅーフ・ハルマ）の表紙は非常に似ているので（石原 111）、同一の編者がかかわったなど、関係があるようだ。辞書の体裁は英単語の横に赤で発音を記し、簡単な訳語をつけている。37年前の『諳厄利亜語林大成』と書き方が違っていて紙を縦にして英語を書き、訳語は紙を横にして書かれている。また、単語以外の句・短文など例文があげてあるところが長所である。

総語数は約3500語であるが、Aの部だけで、『語林大成』の約6倍の語彙数を持っていて、完成には20年以上かかることが予測された。しかし、嘉永6年に浦賀にペリーが、嘉永7年にはプチャーチンが長崎に来航した後、

編者である蘭通詞たちは、長崎、浦賀、下田、江戸、箱館などで、通訳の仕事に忙殺され、辞書編纂は中断されてしまった。

　長崎で英語を学んだ蘭通詞たちは、次第に江戸へと居を移し、江戸を中心とする外交と教育の場で活躍するようになる。森山栄之助と堀達之助は下田条約の時の通訳をつとめ、森山は幕末にはロシア、フランス、プロシア、イタリアなどとの外交交渉にあたった。堀達之助は蕃書調所英学教授として、新時代のために語学力を活用、『英和對訳袖珍辞書』を刊行した。

6. パイル『英文典初歩』（長崎大学経済学部武藤文庫）1857年翻刻

　ファン・デル・パイル、オクタボ判、洋装和紙、横本（縦12.2×横19.1cm）、1854年出版、翻刻1857年。英語学習書。序文2ページ＋本文192ページ。

　ファン・デル・パイルの原書、Van der Pijl's *Gemeenzame Leerwijs, voor Degenen, die de Engelsche Taal Beginnen te Leeren*（ドルドレヒト、1854年刊）を長崎西役所で日本人が復刻した英文典。本木昌造に始まると言われる洋式印刷が軌道に乗り、翻刻が刊行された（日本英学史学会92）。鉛活字を用いて印刷されたわが国で最初の英文典と言われている。

　オランダ語による英語学習の初歩の本で、オランダ語と英語とを対照して示している。

　このパイルの英語書は、公・私にわたり幕末の英語学習には最も影響を与えたものである。蕃書調所の"Familiar Method"以前に、すでに長崎西役所で復刻翻が刊行され、テキストとしてかなり用いられていたことも知られている。（杉本1990, 297-8）

　本木昌造が1855年に長崎奉行所の活字板摺立所の取扱掛になり、洋式印刷が軌道に乗った結果、一連の蘭書翻刻が行われた。

　蘭英対訳形式をとっていて、単語編（84ページ）・文法編（85-99ページ）・慣用句（99-110ページ）・会話編（111-192ページ）から成っている。単語編は品詞から始まり、29のカテゴリーに分かれている。文法事項は14項目、慣用句が1項目、会話は24項目、最後はことわざが1項目になっている。

本書は英語学習のテキストとしてよく用いられた。その後、この原本は書名は異なるが、さまざまな英語テキストとして出版されている。杉本は（1990, 299）その系譜を詳細にたどっているが、その一部を紹介すると次のとおりである。

"Van der Pijl's"　（原本）
　　＊a. 単語、b. 文法、c. 会話の3部よりなる
　　＊原本にも1822年（第2版・旧版−〇で示す）と1854年（改訂版・▲で示す）の2種がある
（A）▲ Van der Pijl's（1冊）安政4年（1857）、長崎西役所、復刻本
（B）〇 Familiar Method（1冊）万延元年（1860）（第二版）、
　　　　　　　　　　　蕃書調所・開成所（堀達之助）復刻本（英語部分のみ）
（C）〇 英吉利単語篇／Vocabulary（1冊）、慶応2年（1866）、開成所、
　　　復刻本（英語部分のみ）a. 単語の部分
（D）〇 暎蘭対訳（2冊）刊年未詳、須原屋伊八、復刻本、a. 単語篇・c. 会話篇の部分

この学習書は「ヨーロッパ式の鋳造法で作られた長崎製の洋活字」（桜井1989, 43）で印刷されている。これまでの『諳厄利亜興学小筌』『諳厄利亜語林大成』、次に述べる『エゲレス語辞書和解』などの辞書で、英語表記は手書きの筆記体だったのに比べると読みやすさは格段の違いがある。辞書の発達と印刷技術の向上には密接な関連がある。

7.『長崎版会話書』　（長崎歴史文化博物館蔵）　1859年

ビジネス用会話集。表紙、裏表紙を除き、全40丁、80ページ。

発行　長崎下筑後町/塩田幸八とあるが、古賀は著者は本木昌造（1824−75）だと考えている。

横本（縦13.0×横17.5cm）、和紙、和装。表紙には「長崎版会話書」と書いた和紙が貼られている。木活字と木版を混用した最初の民間本である。（大谷）桜井は木版と鉛鋳造活字を用いたとしている。

英学研究者用ではなく、貿易業者向けの商業英語会話集で、裏

表紙に「発行　長崎下筑後町／塩田幸八」とある。内題には、*A new FAMILIAR PHRASES of the ENGLISH and JAPANESE LANGUAGES GENERAL USE for the MERCHANT of the BOTH COUNTRIES first parts NAGASAKI sixth year of ANSAY December 1859* とあり、日本の商人には英語を、外国人には日本語を学べるようになっている。凡例は3ページで、正誤表が添付され、3-19 ページは発音、20-75ページは 本体をなす会話部分で、255の例文があげられ、英文と日本語訳文が併記されている。別名、和英商買対話集、初編。

　大谷は木活字と木版を混用した最初の民間本であると述べているが（大谷 167）、桜井によると漢字カタカナ混じりの訳語は木版で、アルファベットと発音用のカタカナは鉛鋳造活字であるということだ。

　発音や文章強勢に対する注意が払われ、凡例に編集上の特徴である発音に関する3点が明記してある。

　　　一仮名附ノ中－アルハ呼音ヲ永ク引ク徴トス仮令ハ正ノ字ニショート附ルカ如シ

　　　一片（き）タルモノハ呼音ヲ縮メテ言フ徴ト知ルヘシ仮令ハ貫ノ字ニクワント附ルカ如シ

　　　一●ハ弱クシテ有カ如ク無カ如シ▲ハ強ク高調ニ言フ徴トス此余ノ口調ニ至テハ紙上ニ述難シ因テ之ヲ除ク

発音上、長くのばすところ、短縮して言うところ、さらに、発音を表すカタカナの横に、弱く発音するところ（●）と、強く発音するところ（▲）を符号で示すなど、アクセント記号を使用しているところは、英語学習上も画期的な試みである。

　また、分かりやすい日常語を訳語として使い、会話の例文を3連の対話として構成したので、実用会話のテキストとしてすぐれたものとなっている。さらに、凡例にまだ当時珍しかった「英語」という言葉を用いるなど、著者の先見性は高く評価されている。（大谷 168）

　著者に関しては、発行人は「塩田幸八」になっているけれども、本木昌造という説が有力である。（古賀、渡辺庫輔）それではなぜ、他人名義にして出版

したかという理由はふたつ推測され、1）安政2年（1855）に本木昌造が入牢か、何らかの処分を受ける事件があり、謹慎の意味で名前を伏せたのではないかということと、2）1858年以来本木は、出島の印刷所で通詞という公職にあったので、この印刷所で印刷したと思われる私家版会話書を他人名義にすることで、公私の別をつけようとしたということである。（大谷 181）

著者はこの会話書の持つ先駆的な要素を意識していなかったようだが、縦13x横17.5cmという小さな本はポケットに簡単に入って、商取引の役に立ったことは間違いない。「Yes」の訳語は「ヘイ」となっていたり、当時の商人たちの使った言葉を彷彿とさせる。

その後本木昌造は、フルベッキから上海のミッションプレス（美華書院）の活版技師ガンブルのことを聞き、明治2年（1869）興善町に開いた「長崎活版伝習所」に彼を招いた。ガンブルから伝授された電胎法という活字母型製造の技術を使って、門人の平野富二は1872年、東京に進出、その後社名を東京築地活版製造所とした。

8.『蕃語小引』 1860年

出版者　長崎麹屋町書肆増永文治。古賀によれば『長崎版会話書』の続編で、著者は本木昌造ということである。横本（縦13.5×横18.5cm）、和紙、和装。

万延元年（1860）出版、1st year of BAN-EN October,1860とある。

英語名は*Japanese Translation of the English and DUTCH. with pronounceation.* 英蘭和対訳語彙集、重さ、数、長さ、日にち、時刻の表し方を示している。123ページ。

9.『英語箋』（長崎歴史文化博物館蔵、長崎大学経済学部武藤文庫）1861年

石橋政方（1839-1923）著、中山武和（1830-68）校正。

著者石橋政方は、蘭通詞。七代目助左衛門の曽孫で、安政2年（1855）神

奈川詰になり、以降神奈川奉行支配として外交交渉に参与し、明治元年(1868)以降も新政府に出仕して活躍した。文学者、石橋思案の父。

　校正者中山武和は蘭通詞中山兵馬で、武和は諱。嘉永2年(1849)に渡来し、長崎に幽閉された米人ラナルド・マクドナルドに一年足らずの間ではあるが、直接英語を教授された14人の蘭通詞のうちの一人である。ホルトロップの蘭英辞書を訳した『エゲレス語辞書和解』の編集にも関与している。中本(縦17.6×横12.3cm)、上巻1冊。

10.『英和對訳袖珍辞書』　1862年

　堀達之助(1823–1894)編。

　幕府の洋書調所(文久3年に開成所と改称)より発行した辞書『英和對訳袖珍辞書』は、実質的には日本で最初の英和辞書である。

[編者]　編者は洋書調所の堀達之助で、英文で序を書き、その中に協力者として、西周助、千村五郎、竹原勇四郎、箕作貞一郎をあげている。さらに、高島太郎、手塚節蔵が関わった。

[底本]　底本はH. Picard, *A New Pocket Dictionary of the English and Dutch Languages; Part I.* Eng.-Dutch. 2nd edition, 1857 である。第2版によったというのが定説であったが、杉本の調査では初版本や、他の英蘭辞書も参照している。(杉本 1990, 300)訳語は派生語を含めて約6万語、千ページに近い辞書である。

　『長崎ハルマ』やそれを刊行した『和蘭字彙』を利用して訳語を考え、1年9カ月という短期間で完成した。また、訳語訳文の60-70%は『和蘭字彙』によるということなので、長崎通詞が蘭語の知識を駆使して英語学習と辞書の編纂を続け、この辞書によって、ひとつの頂点に達したとみなされている。(杉本 1978, 334)

[名称]　一般には「開成所辞書」として知られ、また1867年以後の版は形が木枕に似ているところから、「枕辞書」と呼ばれる。

[印刷]　英語はオランダからきた鉛活字で、訳語は木版によって、洋書調所

で印刷された。「初は一冊の価弐両程なりしに英学の勃興するに随いて需要極めて多くなりて後には一冊の転買拾両乃至弐拾両にも及べり」（大槻201）といわれ、極めて貴重なものであった。

１１.『改正増補英和對譯袖珍辭書』　（長崎大学経済学部武藤文庫）
　　１８６７年

　堀達之助編、堀越亀之助(1835-1921)補、英和辞典。

　堀達之助は蘭通詞中山作三郎の五男で、蘭通詞堀儀左衛門政信の養子となった。黒船で来航したアメリカ海軍のペリーとの外交交渉で活躍し、のちに蕃所調所の英学教授となった。

　1862年に洋書調所から刊行された『英和對訳袖珍辭書』は200部しか印刷されなかったので、高まる需要に追いつくことができなかった。そこで、1866年に堀達之助の弟子堀越亀之助ら数人による『改正増補英和對訳袖珍辭書』が開成所から1000部出版され、それもたちまち売り切れ、さらに版を重ねる。また、薩摩の学生高橋新吉らによる『改正増補英和對訳袖珍辭書』の海賊版、通称『薩摩辞書』が上海のAmerican Presbyterian Mission Press から出版された。この辞書及びその亜流は広く普及したので、長崎の蘭学の影響は明治20年頃まで及んでいたことになる。また、『袖珍辞書』には単語の発音は記されていないが、『薩摩辞書』の第2版以後はウェブスター式の発音記号で発音を表している。

１２.『改正増補　和譯英辭書』　（通称　薩摩辞書）（長崎歴史文化博物館蔵）
　　１８６９年

　英和辞書、上海・美華書院(American Presbyterian Mission Press)。表紙、目次、本文　1-677ページ、不規則動詞表　679-697ページ、記号と略語のリスト　698-700ページ。

　著者は'A Student of Satsuma'とあるが、前田献吉（正穀）、前田正名

(1850-1921)、高橋新吉（良昭）(1843-1918)という3名の薩摩出身の学生である。高橋は長崎の唐通事、何礼之の塾で英語を学び、本書出版に際しては長崎滞在のアメリカ人宣教師、フルベッキに指導と助力を得て、上海で印刷することになった。英語と訳語のチェックをフルベッキにしてもらったようである。

　通称薩摩辞書とよばれ、柴田・子安編の『附音插圖英和字彙』とならんで、明治前半期の英和辞書の代表的なもの。

　英文タイトルは*An English Dictionary,Together with A Table of Irregular Verbs, and A List of English Signs and Abbreviation. Third Edition Revised.*

　第3版とあるのは、①堀達之助他編『英和對譯袖珍辭書』(洋書調所)と②堀越亀之助改訂『改正増補英和對譯袖珍辭書』(開成所)を継承しているからである。特徴は英語見出し語すべてにカタカナで発音を表記し、訳語中のむずかしい漢字に読み仮名をふっていることと、不規則動詞表を加えていることである。

　明治4年版では、ウェブスターの発音表記を用いたことで、発音辞典の役割を果たした。

13.『英文典直訳』 （上巻のみ長崎大学経済学部武藤文庫所蔵）　1870年

永嶋貞次郎訳。

　福沢諭吉が開いた「慶応義塾」には、明治維新後に洋学・特に英語を学習する生徒が殺到した。そこでは、1869年に翻刻されたピネオの*Primary Grammar of the English Language for Beginner*を教科書として使っていた。本書はその参考書である。教科書の和訳を原文の語順のまま、返り点で示す逐語訳方式である。

14.『英文典便覧』（長崎大学経済学部武藤文庫所蔵）　1871年

青木輔清編。

1856年に発足した江戸幕府直轄の洋学研究教育機関である蕃書調所が、1862年に洋書調所と改称、さらに1863年に「開成所」が設置された。開成所は現在の東京大学の源流と見なされているが、蕃所調所以来、英語学習には『英吉利文典』を教科書として使用してきた。その参考書が数多く出版され、本書はそのうちの一つである。内容は、『英吉利文典』と前述のピネオの文法書をわかりやすくまとめたものである。

15.『英国単語図解』（長崎大学経済学部武藤文庫所蔵）　1872年

市川央坡（1824-?）著。

開成所で広く用いられた単語教科書『英吉利単語篇』に、発音、和訳、挿画をつけた手引書として、『對訳名物図篇』が出版された。しかし、編者買山迂夫は、1867年の序文で、挿画をつけるに至らなかったことを述べている。本書は、その版木を用いて、挿画を入れる予定だった空白部分に、茶色の彩色木版画をはめ込んだと推定される。

半丁に10単語が、挿画、カタカナによる発音、漢字とカタカナによる和訳をつけて表記されている。語の分類は、『英吉利単語篇』のままで、全720語が体系的に配列されている。

発音の特徴としては「レイヌ（Rain）」「ヒーリン（Hearing）」などからうかがえるように、綴り字重視ではなく、実際の発音を示そうとしている。また、「Diligence」は「勉強ツトメタルユダンナキコト」と和訳しているが、適当な単語が見つからず、句によって説明しているものがある。挿画には「Motion」に手ぬぐいをかぶって、はたきを使っている女性の絵や、「Scent」には、線香がくゆっているところが描かれており、興味深い。

16. 『英和對譯辭書』 （長崎大学経済学部武藤文庫所蔵） 1872年

荒井郁之助(1836-1909)編。

荒井郁之助は、徳川家家臣で後に明治政府官吏となり、北海道各地の三角測量を行った。1873年、札幌農学校設立準備のために作られた東京の開拓使仮学校長になり、本書の序文で、開拓のためには学問をすすめなければならないので、本書を編纂したと述べている。

英語辞書で『英和對譯袖珍辭書』の類書のひとつである。「例言」には「1.英華辞典「ウェブストル」氏辞書等ヲ校シテ之ヲ梓行ス」とあるが、薩摩辞書の再版である『大正増補和譯英辭林』(1871年)とほとんど変わらず、増補のあとは見られないという。

ただ、特筆すべきは、武藤文庫所蔵本は末尾を欠いているが、もともと全580丁で、本文534丁のあとに、「諸元素名称及其略称表訳」があるということである。これは「例言」の「3.測量算術ノ語ハ「ダヴース」氏算術辞書ヨリ抜萃。4.科学語ノ末ニ比較量ヲ記シテ初学ノ便覧ニ備フ」という記述に対応している。

17. 『附音挿図英和字彙』 （長崎歴史文化博物館蔵） 1873年

柴田昌吉(1841-1901)・子安峻編。(フォンソウズエイフジイ)

英和辞典、発音辞典、収録語数約55,000語、文字をつづりなおして示す音声表記である。洋装、洋紙、縦24×横18cm。1873年、日就社(横浜)。柴田は馬田永成の第6子、1841年長崎の生まれ。長崎の英語伝習所で何礼之、平井義十郎に英語を学び、22歳の時に江戸の洋学所の教授となった。

英語タイトルは *An English and Japanese Dictionary, Explanatory, Pronouncing, and Etymological,Containing All English Words in Present Use, with An Appendix*,全1556ページ。

明治初期のベストセラーで「柴田辞書」とよばれ、後の英和辞書に及ぼした影響は大きい。明治前半期の英和辞書界を代表し、近代的訳語の源泉

となった。漢語的表現が多い。その後、著者たちに関係なく、初版の覆刻本が種々の形式で出版されている。

底本はJohn Ogilvie(1797-1867)の*Comprehensive English Dictionary*(1863)と考えられる。この辞書には多くのイラストがあり、これは底本となった辞書のものを使用したと思われるが、わが国の英語辞書の歴史では初めての試みである。再版の緒言には、「一萬余言挿図一百余箇」とある。活字に関しては、本木昌造が長崎新町で鋳造した活字が、1個1銭の割合で明治4年11月横浜日就社に売り渡され、すべて日本で活版印刷した画期的なものである。日就社とは、柴田と子安がこの辞書の出版のために作った会社で、明治7年11月創刊の「読売新聞」はこの辞書の印刷設備を活用して日就社が発行した。

柴田は明治28年まで、再版本の増補訂正を続け、5098ページを脱稿したが、その完成を見ずに亡くなった。

18. MacDonald's *Glossary of English-Japanese Words from his original notes made in Japan, 1848-1849,*「日英語彙」(The Eastern Washington State Historical Society, U.S.A. and The Provincial Library, Victoria, B.C., Canada所蔵)　1923年

この語彙集は　William S. Lewis and Naojiro Murakami, *Ranald MacDonald (1824-1894)* (1923) のなかに、Appendix 3 – Glossary (pp.287-301) として編集されている。ラナルド・マクドナルドが1848年から10カ月の日本滞在中に作った単語集を、友人のMalcolm MacLeod がアルファベット順に整理し、さらに編集者の村上が日本語の標準語をローマ字でつけてまとめたものである。English, MacDonald's English, Standard or Recognized Japanese という3つのセクションに分かれている。吉町は『方言』に載せた論文のなかで、村上のつけたローマ字による日本語訳に、さらに日本語を付け加えている。

インディアンと白人の混血であるアメリカ人マクドナルドはアメリカからの偽装漂流民で北海道に漂着し、その後長崎に送られたが、桜町の牢獄から松の森神社参道の大悲庵(崇福寺の末寺)に移され、その座敷牢で7カ月間、蘭通詞たちに英語を教えた。25歳のマクドナルドは嘉永元年(1848)アメリカの捕鯨船プリマス号の乗組員として日本近海へやってくる。難破を装って北海道の利尻島に上陸しようとするが、捕われて長崎送りとなった。彼が日本へやってきたのは、インディアンと日本人は人種的に似通っているので、自分のルーツを日本で探したいと思ったことと、日本との通商にそなえて日本語を学びたいという希望を抱いたからである。翌年1849年に米艦プレブル号で帰国する。その後'Japan, Story of Adventure'という紀行文をまとめようとしたが果たせず、1923年ルイスと村上が前述の *Ranald MacDonald*『日本回想記』を出版した。

マクドナルドは日本における初めてのネイティブのアメリカ人英語教師で、オランダ人を教師として作成した『諳厄利亜興学小筌』と『諳厄利亜語林大成』の時代から比べると、本格的なコミュニケーションをめざして、発音を正確に学ぼうとする通詞たちの努力がここから始まったといえる。マクドナルドに教えを受けたのは次の通詞たちである。

西与一郎、植村作七郎、森山栄之助(憲直)、西慶太郎、小川慶十郎、塩谷種三郎、中山兵馬、猪俣伝之助、志筑辰一郎、岩瀬弥四郎、堀寿次郎、茂鷹之助、名村常之助、本木昌左衛門の14名

堀達之助や本木昌造なども加わったらしいが、確証がないと古賀は書いている。

学生たちは彼の前で音読をしてみせることが習慣で、一回に一人ずつ音読した。彼の仕事は通詞たちの発音を直すことと、できるだけ日本語で意味や構文の説明をすることだった。通詞たちは子音の発音に問題があって、RとLの区別がつきにくく、また子音を単独で発音できず、イやオという母音を加える癖があったが、勉学熱心で、文法の面での上達はすばらしかったという

ことである。(ルイス.147-48)

　「日英語彙」はローマ字で表記され、約550語が収録されているが、発音表記および方言語彙に北海道と長崎の地方性が現れている。

[長崎方言の音韻的特徴]

河元は長崎方言の音韻的特徴を6つあげ、それを示す単語を列記している。(河元 1997, 158)

---

1) セ、ゼがシェ、ジェになる（口蓋化）Shepuk – cut the belly（切腹）、
　　　　　　　　　　　　　　　　　　O'gen – tray（お膳）

2) リがイになる（語尾で子音が脱落）Enabeky –（稲光）, Bakii – only（ばかり）

3) カ、ケ、コがクァ、クェ、クォになる（合拗音化）Quage – house fire（火事）

4) ニ、ヌ、ノ、ム、モがンになる（語末の撥音化）Nom-drink（飲む）

5) 濁音ジ、ヂ、ズ、ギ、グの清音化　Onaskoto – the same（同じこと）

6) k、t、ch音が語頭で濁音化　Gamme-turtle（亀）

[方言語彙]

次に方言語彙については、長崎方言では形容詞を「－か」というが、その例は以下のとおりである。

Bad	*Warka* [悪い、悪か]	Black	*Kufraka* [黒い、黒か]
Calm	*Nage* [凪ぐ、凪]	Cheap	*Yaska* [安い、安か]
Clean	*Kerce or Kreen* [綺麗な]	Dark	*Katraka* [暗い、暗か]
Dirty	*Eswashy* [汚い、よそわし]	Entertaining	*Omosroka* [面白い、面白か]
Good	*Youka* [好い、好き]	Pain	*Etaka* [痛い、痛か]
Pretty	*Tsukuseka* [美しい、美しか]	Sleepy	*Neptaka* [眠い、眠たか]
Small	*Comaka* [小さい、こまか]	Tired	*Kiska* [疲れた、きつか]
Warm	*Atse* [暑い、暑か]	Way-long	*Toga* [遠い、遠か]

　このなかで特に[Dirty, *Eswashy*] [Good, *Youka*] [Tired, *Kiska*]などは、長崎方言の特徴と言ってよいだろう。*Comaka* は、「小さい」という意味である。その他には、[Glass, *Vetro* (probably from French vitre, introduced by

French Jesuits)]とあるが、これはポルトガル語のvidroから来ている。(吉町 34)
しかし、マクドナルドは日本では、まず北海道に漂着したので、発音などには
東北訛りが影響を与えている面も大きい。

他にも次のような特徴がある。

1) マクドナルドのオリジナル原稿には対訳語彙のみが挙げられている
   が、マクラウドが編集した「日英語彙」には多くの文化的説明が加え
   られている。(河元 1997, 154)

2) マクラウド編集の「日英語彙」はマクドナルドが収集した語彙の約4
   分の1を間違って転載しているらしい。(園田 1988)

3) 吉町が紹介した語彙集には単語のみが挙げてあったが、実際は会
   話文もふくまれていた。(園田 1989)

この語彙集の英語の訳語や会話に使われている長崎や東北の方言は、
マクドナルドと日本人の交流を偲ばせるものがある。

まとめ

フェートン号事件をきっかけに本木正栄を世話役として英語学習が始まっ
たが、幕末になって長崎で英語を学んだ蘭通詞たちは、江戸を中心とする
外交と教育の場で活躍する。森山栄之助は通訳としてロシア、フランス、プロ
シア、イタリアなどとの外交交渉にあたり、堀達之助は蕃書調所英学教授と
して、教育と辞書編纂にその語学力を活用する。こうして幕府の外国語学
奨励策は成功を収め、明治政府へと受け継がれた。堀達之助が『長崎ハ
ルマ』や『和蘭字彙』などをもとに編集した『英和對訳袖珍辞書』、その海
賊版である『薩摩辞書』、さらにその亜流は明治20年頃まで広く普及したの
で、長崎の蘭学の伝統は長い間日本の英学に影響を与え続けた。

参考文献

石原千里「『エゲレス語辞書和解』とその編者たち」『英学史研究』第17号、日本英学史学会、1984。

井田好治「長崎本『譜厄利亜興学小筌』の考察」『長崎原本「譜厄利亜興学小筌」「譜厄利亜語林大成」研究と解説』大修館書店、1982。

岩崎克己「徳川時代における英語辞書の舶載」『書物展望』第11巻3、1941。

岩堀行宏『英和・和英辞典の誕生―日欧言語文化交流史』図書出版社、1995。

大谷利彦『長崎版会話書考』武蔵野英米文学 Vol.17,武蔵野英米文学会、1984。

大槻文彦「和蘭字典文典の訳述起源(其二)」『史学雑誌第九編第五号』史学会、1898。

勝俣銓吉郎『日本英学小史』研究社、1936。

河元由美子「ラナルド・マクドナルドの『日英語彙集』―発音と表記の関係から方言語彙をさぐる―」『英学史研究』No.30、日本英学史学会、1997。

――――「二つの『日英語彙集』―マクドナルドの原典とマクラウドの編集によるもの」『紀要』10, 早稲田大学日本語研究教育センター、1998。

古賀十二郎『徳川時代における長崎の英語研究』九州書房、1947。

――――長崎学会編『長崎洋学史』長崎文献社、1967。

桜井孝三「幕末における本木昌造の書物と活字」『印刷雑誌』Vol.72,2月号印刷学会、1989。

杉本つとむ『江戸時代蘭語学の成立とその展開.第3部―対訳語彙集および辞典の研究』早稲田大学出版部、1978。

――――『辞書・事典の世界―杉本つとむ日本語講座3』桜楓社、1979。

――――『西洋人の日本語発見―外国人の日本語研究史1549-1868』創社、1989。

――――『長崎通詞ものがたり―ことばと文化の翻訳者』創拓社、1990。

鈴木重吉、速川和男訳、エヴァ・ダイ『英学の祖―オレゴンのマクドナルドの生涯―』雄松堂、1989。

園田健二「マクドナルドの日英語彙集改訂」『英学史研究』No.21、日本英学史学会、1988。

――――「マクドナルドの日英会話集」『長崎大学医療技術短期大学部紀要』第2巻長崎大学医療技術短期大学部、1998。

豊田實『日本英学史の研究』岩波書店、1939。

――――『日本英学史の研究』千城書房、1963。

永井智「『ラナルド・マクドナルドの貢献とは?』―長崎での蘭通詞への初の英語教授―」『英語教育研究』Nos.37&38、広島大学教育学部、1995。

永嶋大典『蘭和・英和辞書発達史』講談社、1970。

日蘭学会編『洋学史事典』雄松堂出版、1984。

日本英学史料刊行会『長崎原本「譜厄利亜興学小筌」「譜厄利亜語林大成」研究と解説』大修館書店、1982。

新村出『日英関係図書展観志』大正11年6月(ただし同年4月英国皇太子京都帝大に行啓のおり付属図書館において展観された図書の解説)

山下真澄『幕末期に出版された英語辞書について』長崎純心大学卒業研究論文、2000。

吉町義雄「ラナルド・マクドナルドの「日英語彙」:八十年前の長崎方言資料」『方言』春陽堂、1932。

ルイス、ウィリアム、村上直次郎編、富田虎男訳訂『マクドナルド「日本回想記」—インディアンの見た幕末の日本』刀水書房、1979。

渡辺庫輔「崎陽論攷」親和銀行済美会、1964。

渡辺実「英語習学の方法と論理—『諳厄利亜語林大成』の誕生まで」『長崎原本「諳厄利亜興学小筌」「諳厄利亜語林大成」研究と解説』大修館書店、1982。

編集後記

■本書により、長崎の英学史が見直され、日本の英洋史のなかで正しく評価されることを願っています。

■研究書を出版することは、新長崎学研究センター積年の課題でした。このたび委員の先生方と職員の皆様の協力を得て実現に至り感謝しています。校正に携わっていただいた新美達也、山川欣也、小西哲郎、土居智典の諸先生方、浦川美子、中野真琴、高橋浩美の職員の皆様ありがとうございました。

■本学創設者である青山武雄先生が60年前に手がけられた『長崎における英語教育百年史』の復刻を促していただいた粟屋 曠理事長と原書を提供していただいた石川昭仁学長に感謝申し上げます。

■写真掲載の許可を頂いた東京大学史料編纂所、長崎歴史文化博物館にお礼申し上げます。

■原稿の全てに目を通し小見出しなどを補強していただき、編集全般にわたりアドバイスを頂いた長崎文献社の堀憲昭編集長、編集実務の一切を担当していただき、行き届いた研究書に仕上げていただいた、川良真理副編集長に深く感謝いたします。

■本書を風格のあるスマートなデザインに仕立てていただいたデザイナーの納富 司様ありがとうございました。

＊本書の出版にあたり、公益財団法人長崎バス観光開発振興基金から、2019年度助成事業としてご支援をいただきました。また、新長崎学研究に関わる寄付事業に基づく寄付金を一部充当させていただきました。記して感謝申し上げます。

資料に見る 長崎英学史　　索引

240

わ

著者紹介

姫野 順一（長崎外国語大学　副学長・新長崎学研究センター長, 長崎大学名誉教授）

九州大学大学院経済学研究科博士課程修了。博士（経済学）。専門は経済学史、社会思想史、イギリス経済思想史、古写真を中心とする長崎学。主著『J.A.ホブソン人間福祉の経済学』昭和堂、2011、編著『社会経済思想の進化とコミュニティ』ミネルヴァ書房、2003、共著『マルサス ミル マーシャル: 人間と富の経済思想』昭和堂、2013、編著『地域環境政策』ミネルヴァ書房、2013、編著『知的源泉としてのマルサス人口論』昭和堂2019など。長崎学の関連著書として編著『海外情報と九州』九州大学出版会、1998、『龍馬が見た長崎: 古写真が語る幕末開港』朝日新聞出版、2009、『古写真に見る幕末明治の長崎』明石書店、2014、共著『外国人カメラマンが見た幕末日本Ⅱ』山川出版社、2014、論文「明治初期における上野彦馬の作品と作風−ヨーロッパの「知」と日本の「技」の融合」『洋学史学会研究年報　洋学』21:洋学史学会、2014、論文「初期高島炭坑の日英合弁会社とお雇い外国人の役割再論」『長崎外大論叢』25号2017年など。

藤本 健太郎（長崎市役所　文化観光部　長崎学研究所　学芸員）

九州大学大学院人文科学府博士後期課程修了。博士（文学）。専門は日本近世・近代史、アーカイブズ学。主な論著に「『長崎市史』編纂事業と古賀十二郎」（『長崎学』創刊号、2017年）、「長崎区連合町会の開設と展開」（『長崎学』第4号、2020年）等がある。

松田 雅子（長崎外国語大学 新長崎学研究センター客員研究員）

九州大学大学院博士課程中退、バーミンガム大学大学院卒。修士（文学、TESOL）、博士（学術）。専門はイギリス文学、カナダ文学、英語教育。ウィリアム・ゴールディング、マーガレット・アトウッド研究と英語教育ではスピーキング力の養成を行った。著書『マーガレット・アトウッドのサバイバル』（小鳥遊社）、『辞書遊歩』（九州大学出版会）訳書『キャッツ・アイ』（開文社）など。近年では「カズオ・イシグロと音楽」「長崎の観光英語」に取り組み、大学では「英米文学研究演習」「観光英語」を担当している。

新長崎学研究叢書第 1 巻

資料に見る長崎英学史
―日本における英学と英語教育の発祥―

発 行 日	2020 年 7 月 25 日　初版発行
監　　修	姫野 順一
発 行 者	長崎学院長崎外国語大学 新長崎学研究センター 長崎市横尾 3 丁目 15 − 1
編集・販売	**株式会社 長崎文献社** 代表取締役社長　片山 仁志 編集長　堀 憲昭　　副編集長　川良 真理 〒 850-0057 長崎市大黒町3−1　長崎交通産業ビル 5 階 TEL. 095-823-5247　FAX. 095-823-5252 ホームページ http://www.e-bunken.com
印 刷 所	オムロプリント株式会社

©2020 Nagasaki Bunkensha, Printed in Japan
ISBN978-4-88851-345-6　C0082